www.ingramcontent.com/pod-product-compliance
Lightning Source LLC
LaVergne TN
LVHW091302150826
845673LV00006B/1506

* 9 7 8 9 9 4 8 8 0 0 1 2 5 *

من تأريخ الحدث إلى تأريخ اللغة

الكتاني حميد

من تأريخ الحدث إلى تأريخ اللغة

مقاربة معرفية نقدية

إصدارات دائرة الثقافة، حكومة الشارقة 2023 م

الناشر: دائرة الثقافة - حكومة الشارقة - الإمارات العربية المتحدة
الهاتف: 5123333 6 971+
البرّاق: 5123303 6 971+
الموقع الإليكتروني: www.sdc.gov.ae
البريد الإليكتروني: sdc@sdc.gov.ae

الطبعة الأولى 2023

910.4
ح ك . م
حميد، الكتاني
من تأريخ الحدث إلى تأريخ اللغة : مقاربة معرفية نقدية / الكتاني حميد.- الشارقة، الإمارات العربية المتحدة : دائرة الثقافة، 2023.
252 ص؛ 21X14 سم.
يشتمل على إرجاعات ببليوجرافية.
1 – الرحلات في الأدب العربي
2 – الرحالة العرب
3 – المؤرخون
4 – التأريخ
أ – العنوان
ISBN: 9789948800125

في البَدْءِ كَانت كَلمةُ صاحب السُّمُو الشيخ الدكتور سلطان بن محمد القاسمي حاكم الشارقة، ومُؤَسّس نهضة اللغة العربية في القرن الحادي والعشرين:

«... لقدْ حدَّثَتْني نفسي كثيراً، وأنا رجلٌ مُهتمٌ بالتَّاريخ: لماذا لا يكونُ للعربِ مُعجمٌ تاريخيٌ يؤرّخُ للغتهم؟ هل اللغويون والمعجميّون العربُ عاجزون عن إنجازِ هذا المشروع؟ كلّا، أبناءُ العربيّة ومُحبّوها وعلماؤها ليسوا عاجزين عن كتابة هذا المعجم وإخراجِه للعالمين، وأدركتُ أنّ المشروعَ يحتاجُ إلى حَشْدِ القِوى وتحفيزِ النفوس وتوحيدِ الصّفوف وتنظيمِ الجهود، وإلى تغطيةٍ ماديّة تُناسبُ عظمةَ هذا المشروع، والحمدُ لله لقد وفّقنا الله تعالى مع علماء اتّحاد المجامع إلى تذليل كل الصعوبات والعوائق التي كانت تقفُ أمامَ المشروع...»(*).

* مُقتطف من كلمة ألقاها صاحب السمو الشيخ الدكتور سلطان بن محمد القاسمي حاكم الشارقة بمناسبة إطلاق المجلدات الأولى للمعجم التاريخي للغة العربية، انظر: كلمته على موقعه الرسمي: https://sheikhdrsultan.ae/

تقديم

تأتي هذه الدراسة في سياقين اثنين، مُتلازمين ومتكاملين؛ يتجلى السياق الأول في مقاربة النص الرحلي مقاربة تاريخية معرفية، تعمل على استخلاص ما تكتنزه الكتابات الرحلية من معرفة تاريخية. أما السياق الثاني فيتجلى في إعادة النظر في مختلف الأحكام النقدية التي وصفت النص الرحلي من حيث هو نمط كتابي بالهجانة والتشعب، هذا الوصف الذي صنّفه ضمن دائرة الكتابات الهامشية التي يغلب عليها الانطباع السطحي، وتتداخل فيها الذاتية بالموضوعية. مما لا شك أن هذه التصورات والأحكام النقدية تشكل مثلبة وانتقاصاً لأهمية نصوص الرحلات، دون أن تنظر فيها نظرة عميقة، أو تعمل على فرز أنماطها، قصد استخلاص مبادئ عامة ترفع النص الرحلي إلى مصاف الأشكال التعبيرية الأخرى.

إذا كان النص الرحلي قد ظلّ طيلة عقود يمثل حقل الأدب من خلال خصائصه الفنية والجمالية، وظل التاريخ في الجهة المقابلة يمثل حقلاً علمياً، خاصة مع المدرسة التاريخية الوضعانية، فإنّ هذه الدراسة تحاول عبر شقّيها النظري والتطبيقي، أن تبحث في نقط

الاشتراك بين الرحلي والتاريخي، استناداً إلى الطابع الموسوعي الذي تميزت به الكتابات الرحلية العربية، فهي تجمع بين حقول معرفية متنوعة، منها الجغرافي، والأنثروبولوجي، وعلم الاجتماع، والتـاريخ، والتصوف. واستناداً إلـى خاصية التـأريخ التي يجنح إليها الرّحّـالة العـرب، في معظم كـتاباتهم، وكأن شيئاً ما يدفعهـم لكتابة التاريخ.

غير أن تحقيق هذا المسعى، يبقى محفوفاً بهواجس منهجية، ومُحاطاً بأسئلة إشكالية تجعل مهمّة رتق الهوة بين التاريخ والرحلة ليست بالمهمة السهلة، وفي هذا السياق سنحاول الإجابة عن الأسئلة الإشكالية التي ليست سوى إشكال صغير ضمن إشكالات كبرى ذات صلة بموضوع علاقة الأدب بالتاريخ عموماً، وأهمها: كيف يمكن اعتبار الرحلة كتابة تاريخية؟ ما مُسوغات التواشج بين الرحلي والتاريخي؟ إذا سلّمنا بأن الرحلة نص تاريخي، هل يجوز لنا مقاربتها باعتبارها وثيقة تاريخية؟ هل يمكن أن يرقى الرّحّالة إلى درجة المؤرّخ؟ إلى أي حد استطاعت النماذج الرحلية المنتقاة في هذه الدراسة أن تمثل التاريخ؟ هذه بعض الأسئلة الإشكالية التي عملنا على الإجابة عنها في أتون هذه الدراسة.

إن مقترح المقاربة المعرفية التاريخية للنصوص الرحلية من شأنه أن يبدّد الكثير من المعضلات المتصلة بالحقائق التاريخية من جهة إغناء المعرفة التاريخية ومناقشتها وتحليلها، خاصة إذا علمنا، أن أكبر عقبة تُواجه المؤرخ، بله الباحث في التاريخ، هي عقبة الوثيقة، فلا «تاريخ بلا وثائق». ومن هذا المنطلق نقدّم مقترحاً نقدياً، يجعل

الرحلة إضافة إلى طابعها الأدبي، وثيقةً يمكن الاستناد إليها في إعادة كتابة تاريخ حقبة ما.

إن توفيد «النسبي» من الحقل الرحلي الموسوعي، إلى «المطلق» التاريخي، يدفعنا إلى التعامل مع النصوص الرحلية تعاملاً حذراً من الناحية المنهجية، حتى يتسنى لنا المشي في المنطقة البَيْنِيّة المُلغمة بأسئلة التوثيق والتدوين، والانتقاء والتأويل، والذاتية والموضوعية، وعملاً بهذا الحذر المنهجي، اتكأنا على توليف منهجي يجمع بين عصارة المنهج التاريخي الوضعاني، والمفاهيم التي أفرزتها التأويلية التاريخية.

قمنا بتقسيم هذه الدراسة إلى قسمين كبيرين، خصصنا القسم الأول منها إلى تتبع مفهومي الرحلة والتاريخ في النقد العربي، وتفكيك نقط التقائهما، واستجلاء ما يربض بينهما من وشائج، كما عرّجنا على المفاهيم التي تتحرك في فلكهما، مثل: المؤرخ، والرّحّالة، والوثيقة، إضافة إلى مفاهيم جزئية استدعت الدراسة التطرق إليها. أما القسم الثاني، وقد فرّعناه إلى ثلاثة فصول، فقد عملنا فيه على اختبار الطرح النظري الذي صُغناه في القسم الأول، وذلك من خلال اختيار نصوص رحلية عربية أندلسية، انتخبنا منها للفصل الأول رحلة «تقاييد الارتحال في كشف المآل» التي قام بها أحد فرسان الأندلس بأمر من القائد «علي المنظري» وعنونّاه بـ: «رحلة المنظري ذريعة للتأريخ». أما الفصل الثاني، فقد اخترنا له رحلة «أفوقاي الحجري الموريسكي» المسماة «رحلة الشهاب إلى لقاء الأحباب» ووسمناه بـ: «رحلة أفوقاي وتأريخ الجرح العربي القديم: أو الرحلة عندما

تصير هوية فرد وأمّة». وفي الفصل الثالث والأخير، المعنون بـ «الرحلة وتأريخ اللغة: نحو اقتراب أولي من عربية الرحلة» ، استندنا إلى نصوص رحلية أندلسية متنوعة منها: رحلة «الوزير في فكاك الأسير» للرحّالة السفير «محمد الغساني الأندلسي»، ورحلة «نتيجة الاجتهاد في المهادنة والجهاد» للرّحّالة «أحمد بن المهدي الغزّال»، وكذلك رحلة أفوقاي «مختصر رحلة الشهاب إلى لقاء الأحباب».

مدخل نظري جدلي

الرحلة والتاريخ

الرحلة وثيقة تاريخية: من جدل «المصدر» إلى «جدل إعادة كتابة التاريخ العادل»

المؤرخ والرحّالة: توارد الصفات وتبادل الأدوار

تركيب

الرحلة والتاريخ

سننطلق في هذه العتبة من مبدأ أساس يتمثل في تركيز الاهتمام على كل ما يتصل بموضوع علاقة الرحلة بالتاريخ؛ وذلك عبر سبر الأحياز الثقافية لمفهومي الرحلة والتاريخ، والعمل على جرد الروابط التي من خلالها يتواشجُ[1] الرحلي والتاريخي، والتاريخي بالرحلي، ويمكنُ تحقيق هذا المسعى من خلال تأمل ما يثيرهُ مفهوم الرحلة في بُعديه اللغوي والاصطلاحي من دلالات تُؤكّد تَجَذُّر التاريخ بمعناه الواسع في النصوص الرحلية؛ حيث تدلُّ لفظة الرحلة في التراث اللغوي العربي على معانٍ مُتنوّعة، جاء في «لسان العرب»: «السير والترحال والسفر، يُقال ارتحل البعير رحلة: سار فَمَضى، ويُقال: ارتحل القوم عن المكان ارتحالاً، ورحل عن المكان يرحل وهو راحلٌ من قوم رُحّلٍ»[2] وجاء في معجم «مقاييس اللغة»: «رحل: الراء والحاء واللام أصل واحد، يدل على مُضيٍّ في سفر يُقال: رحل يرحل رحلة والرحلة: الارتحال الراحلة: المركب من الإبل ذكر كان أم أنثى ومعنى الرحلة والرُّحلة: القدرة على السير»[3].

إذا حاولنا الوقوف على التنويع الاشتقاقي الذي نشتقُّه من مادة

[ر، ح، ل] في اللسان العربي سنجد اشتقاقات متنوّعة الدلالة، منها: الارتحال، والرّاحلة، والرّحّالة، والرحلة، والرّحّالون..، وكلها ألفاظ تنماز بمقومات دلالية مَكّنتْها من تجاوز الحقل الدّلالي اللغوي الأصلي إلى حقل تداولي جعلها - أي الرّحلة - منوطةً باستدعاء أحداث التاريخ، وما يُصادفهُ الرّحّالون في رحلاتهم، وما يرصدونهم من تجارب الآخرين التي أصبحت تُمثل ذاكرة حيّة ينهل منها الرّواة الذين يروون الحكايات والأحداث، ويستقي منها المؤرّخون مادّتهم الأولية لكتابة التاريخ، ففي المهاد الأول لمرحلة التدوين كان «المؤرخُ في مجالات التأريخ يحكي التاريخ»[4] ويأخذهُ مُشافهة عن الذين ارتحلوا إلى بقاع بعيدة وعادوا مُحمّلين بما شاهدوه، وبما مَرُّوا به من أحداث صغيرة أو كبيرة، ثم يعمدُ إلى تدوينه في أسفار التاريخ؛ وفي هذا السياق يمكن التمثيل ببعض الرحلات التي قام بها الإنسان منذ العصور القديمة، كرحلة «حانون» إلى السواحل الأطلسية الجنوبية، المُؤرّخة في القرن الخامس قبل الميلاد[5] والتي تؤرّخ للوجود الفينيقي بسواحل المغرب القديم، وقد استقى منها «المؤرخون المعلومات التي تخصُّ العهد الفينيقي في الغرب الإفريقي»[6]. وكذلك رحلة «حملكون إلى السواحل الأطلسية الشمالية»[7] التي انطلق فيها من قادس بجنوب إسبانيا، حتى وصل إلى الجزيرة المُقدّسة (Sacra Insula) والتي تُسمى اليوم بإيرلندا.

وفي المدونة التاريخية العربية نقف على عشرات الرحلات التي قام بها أصحابها لأغراض مختلفة، ومن بينها رحلة أبي القاسم بن حوقل (ت: 367هـ) المعنونة بـ«المسالك والممالك»[8]

والتي أرّخ فيها لجغرافية العالم العربي في زمانه، ومنها رحلة «مجهول المراكشي» في القرن السادس الهجري (587هـ) المُسماة بـ «الاستبصار في عجائب الأبصار»[9] التي تعدّ مصدراً أساسياً من مصادر تاريخ المغرب العربي، والمغرب الأقصى بوجه خاص، ومنها أيضاً رحلة «أبي عبد الله العبدري»[10] (ت: 700هـ) التي احتلت بمواضيعها الفكرية والحضارية مكانة بارزة كوثيقة مصدرية ومرجعية في التأريخ لأوضاع المغرب في القرن السابع الهجري. وغيرها من الرحلات التي تؤكد من خلال نصوصها تجذّر التاريخ في صلب الارتحال، ولعل هذه العلاقة الجدلية بين الرحلة والتاريخ هي التي دفعت الناقِدَيْن «بديع يعقوب وميشال عاصي» إلى القول بأن «انطباعات الرّحَّالة تشملُ نُبذاً عن تاريخهم – يعني أهل بلد ما – البعيد والقريب، مما جعلها في بعض الأحيان مرجعاً وثائقياً تاريخياً مهماً، وموضوعاً للدراسات المقارنة في مختلف مجالات الأدب والفكر والحياة»[11].

بناءً على هذا الأساس فإنه من أولى علاقات التواشج بين التاريخ والرحلة هو كون هذه الأخيرة تحيل إلى ذلك الارتحال في الزمان والمكان؛ فالرّحّالة وهو يشرع في كتابة رحلته، يبدأ أول ما يبدأ به تدوين تاريخ القيام برحلته، ويعمل على تخزين الأحداث التاريخية، ووصف البلدان، وذكر المعاملات بين الناس، ورواية الأخبار بالمشافهة والمُكاتبة، وهكذا يصبح التأريخ هو لبُّ الكتابة الرّحلية، بل الباعث الحقيقي من وراء الارتحال، هذا من جهة. ومن جهة أخرى، فإن فعل التأريخ في السياق الرّحْلي يأخذ شكلين، أوّلهما: زمني،

ونقصد به تأريخ الرحالة لأزمان سابقة خاصة بالأماكن التي زارها. وثانيهما: تَزامني، ونعني به تأريخ الرحالة للحظة التي يعيشها أثناء سفره، حتى تصبح رحلته هي الأخرى حدثاً تاريخياً. ومن هنا يتفاعل ما هو تاريخي وما هو جغرافي مع الرّحلي، وقد تصبح الرحلة حسب هذا المعنى غير مقصودة لذاتها، وإنما تصير ذريعة للتأريخ.

لكن، ثمة أسئلة إشكالية تُعاود طرح نفسها في سياق العلاقة بين الرحلة والتاريخ، خاصة إذا علمنا أن الرحلة حُوكِمت في النقدين الأدبي والتاريخي، وحُصرتْ في طابعها الأدبي! بينما بقي التاريخ مرتبطاً بمجال علمي يقوم على مفاهيم أقرب أنْ تكون يقينية لا تقبل الجدل. الأمر الذي يدفعنا إلى تمحيص هذين المفهومين، ومحاولة البحث بشكل أعمق عن خيوط العلاقة التي تتواشج وتتنسج بينهما. ومن بين تلك الأسئلة: ما مفهوم الرحلة؟ وما أنواعها؟ وما مفهوم التاريخ؟ لماذا يعمد بعض الرّحّالة إلى تطعيم نصوصهم بالتاريخ؟ هل يمكن اعتبار الرحلة مصدراً موثوقاً لكتابة التاريخ؟ كيف يمكن استخلاص التاريخ من الكتابات الرحلية؟ ما الحدود الفاصلة بين المؤرّخ والرّحّالة؟ ما درجة التفاعل بين الرحلي والتاريخي؟

1 - في الرحلة:

يتخذ مفهوم الرحلة (Travel) في الموسوعة النقدية العربية طابعاً إشكالياً من حيث التعريف؛ إذ يجد الباحثون المهتمون بالكتابة الرحلية عشرات التعريفات التي وضعها دارسو الرحلة على هذا المفهوم، ولعل هذا التعدد والاختلاف في تعريفها راجع إلى تنوع الخلفيات

النظرية التي يصدر عنها دارسو الرحلة، إلى الحد الذي دفع أحدهم إلى القول بأن أغلبيتهم قد انطلقوا في دراستها من «نهاية الطريق، عوض التعامل مع الطريق ذاتـه»[12] وهكذا نقف على تقسيمات الرحلة حسب المضمون، ولا نكاد نظفر بتعريف جامع مانع لها.

انطلق بعض الباحثين أثناء تعريف ظاهرة الكتابة الرحلية من المنظور الجغرافي، وجعلوا النص المرحلي مقترناً بالمعنى الجغرافي المحض، نقف على هذا الملمح النقدي عند الناقد «سيد حامد النسجاج» الذي يقول: «أسهمت كتب الرحلة في تأصيل لون من الكتابة أضيف إلى تراثنا العربي في جوانبه المختلفة، ففي مجال الكشف الجغرافي ووصف الأقاليم لعبت الرحلة دوراً كبيراً في ما تضمنته تلك الأعمال من معرفة»[13] ويضيف كل من «إيميل بديع يعقوب وميشال عاصي» تعريفاً يكرّر الطابع الجغرافي نفسه، فـ «أدب الرحلة هو الأدب الذي يضمنه الكاتب الرحالة انطباعاته ومشاهداته في الأقطار المختلفة التي يزورها وتشتمل على وصف الطبيعة الجغرافية»[14]، وينحو الناقد «سعيد علوش» المنحى نفسه أيضاً، فيقول: «أدب الرحلة هو أدب يدخل في درس الصورلوجية، أي دراسة صور شعب عند شعب آخر»[15]، وهذا تعريف يؤكد الوسم الجغرافي والتسجيلي للكتابة الرحلية، أما «شوقي ضيف» فقد حاول أن يدفع بالدراسات الرحلية إلى مستوى أعمق حيث قدم تصنيفاً لبعض الرحلات، في ضوئه تصبح الكتابة الرحلية تُحَدد حسب مضمونها، وقد قسم الرحلة من حيث المضمون إلى رحلات جغرافية ورحلات بحرية، ورحلات في الأمم والبلدان[16].

من ناحية ثانية، ينطلق «عبد الرحيم المودن» من الخصائص الأدبية للنص الرحلي في سياق تعريفه للرحلة، فهذه الأخيرة سردٌ، إنها حكاية انتقال سارد من مكان إلى مكان، وانتقال – من جهة أخرى – مكان نحو مكان آخر، أو بمعنى آخر إنها حركة تفاعل الزمان بالمكان والمكان بالزمان[17]، ويقرر أنه لا تعد كل رحلة سرداً إلَّا إذا توفرت على عناصر بنائية «تحقق للرحلة سرديتها»[18] على حد تعبيره وتلك العناصر هي:

– القصدية: قصدية السفر، وقصدية الكتابة عن السفر.

– القناة الخطابية الثلاثية: مرسل ورسالة ومرسل إليه، يوازيها سارد وسرد ومسرود له.

– إخلاص الرحلة لتقاليد الكتابة العتيقة مثل: الافتتاح بالبسملة أو الحمدلة، ووضع عنوان الرحلة، واختيار وجهة السفر...، والاختتام[19].

ومن جهته يركز «خالد التوزاني» في تعريفه للرحلة على السمات المعجمية وهي سمات مهمة، لأنها تؤكد ارتباط الميسم الجغرافي بالرحلة، وبالتالي فالرحلة لا تعدو أن تكون انتقالاً جغرافياً، يقول: «في منظور اللغة الرحلات جمع رحلة، وهي مصدر رحل يرحل رحلة إذا سار وسافر»[20] وانطلاقاً من المنظور المعجمي يستخلص الباحث تعريفاً اصطلاحياً لا يختلف عن التعريفات السابقة ذات التحديد الجغرافي.

فالرحلة «مصطلح أدبي وجغرافي يقصد به غالباً ذلك المنتوج

الفني الذي يروم التنظير لأدبيات السفر والمسير، ذلك الخطاب الذي يتبع نشاط الرحالة وهو يجوب البلاد، ويقطع المسافات، إما عمرة أو استبصاراً أو حجّاً أو اعتماراً، أو ربما نزهة واستطلاعاً، أو طلباً للمعارف والعلوم، أو سعياً لاكتساب التجارة والعروض»[21] ويضعنا هذا التحديد أمام مرجعيتين؛ الأولى: تتشكل في الطابع الجغرافي للرحلة، والثانية يمكن تلمسها في الغاية من الانتقال الجغرافي، وهكذا فالرحلة لا تكون إلا بدوافع محددة مسبقاً.

من ناحية ثالثة، يتكئ «إبراهيم الحجري» في تعريفه لمفهوم الرحلة على مرجعية أنثربولوجية[22] فيراها «نصاً مكثفاً بعالم الأسماء والأزياء والصحة والمرض والزواج والطعام وغيرها من الظواهر التي تميز الإنسان عن غيره من الكائنات»[23] ويعلل سبب اختياره لهذه المقاربة بقوله: «إن النص السردي الرحلي هو أكثر الأنواع السردية استجابة لهذه المقاربة، لكونه يضع بين يدي المتلقي بيانات ثرية وتقارير شاملة حول إنسان المرحلة أشبه ما تكون بالعمل الذي يقوم به الإثنوغرافي لكنه غير واعٍ، أي أن الهدف بين العملين - العمل الوصفي والعمل الرحلي - كان واحداً»[24]. يستفاد من التعليل، أن اعتبار الرحلة نصاً أنثروبولوجياً يعود في الأساس إلى طبيعة المتن الرحلي المدروس، الذي اختاره الباحث متناً لدراسة، وهو رحلة ابن بطوطة الشهيرة، والتي تميزت «بخصائص الكتابة الأنثربولوجية»[25] لكن حصر مفهوم الرحلة في الطابع الأنثروبولوجي يثير تساؤلاً مهماً: هل يمكن تعميم هذا التعريف على جميع النصوص الرحلية؟ من المسلم به أن النصوص الرحلية ليست

على صعيد واحد، كما أن دوافعها تختلف من رحلة إلى أخرى.

يلاحظ إذاً، من خلال هذه التعريفات، أن الرحلة لم تَحْظَ بتعريف مانع جامع لها، بل إنَّ كل دارس يُعرّفُها انطلاقاً من الخلفية النظرية التي يصدر عنها، إضافة إلى الخلط بين الرحلة كسلوك متجذر في حياة الإنسان، فهذا الأخير ولد راحلاً[26] بتعبير شوقي ضيف، والرحلة بوصفها نصاً مكتوباً، ذلك أن ليس كل الرحلات كتبت وبقيت أثراً مكتوباً يمكننا بعد الاطلاع عليه من تعريفه وتصنيفه.

وهكذا، فكل المحاولات السابقة لتحديد كنه الكتابة الرحلية إنما حددت الرحلة انطلاقاً من الخلفيات التي انطلق منها أصحابها، وغايتهم من دراسة الرحلة، كما نلاحظ أيضاً أن التاريخ لاحظ له في تعريف الرحلة، إذا استثنينا إشارة إيميل يعقوب وميشيل عاصي عندما وصفا الرحلة بكونها مرجعاً وثائقياً تاريخياً مهماً[27] وهي إشارة تبقى مُحتشمة، إذا قارناها بالتعريفات السابقة.

بناءً على ما سبق، يظهر غياب الجانب التاريخي من مفهوم الرحلة، وهو غياب غير مبرر علمياً، خاصة إذا علمنا أن مدونة الرحلة العربية غنية بالنصوص التي تعد مصدراً تاريخياً لمعرفة أحوال الشعوب من معاملات اقتصادية وأحداث وسفارات سياسية.. وهذا سبب كافٍ يدعونا لمحاولة إعادة تعريف الرحلة واستجماع أطرافها المفهومية، المترامية والموزعة بين الجغرافي والأنثروبولوجي والأدبي.

تُقَسَّم الرحلة في الأدبيات النقدية العربية إلى عدة أنواع حسب عرض كل رحالة فمنها: الرحلة الدينية-الحجية، والرحلة السياسية -

السفارية[28] والرحلة التجارية والرحلة العلمية[29] والاستكشافية...، يفيد هذا التقسيم في إعادة لملمة مفهوم الرحلة لأن كل غرض رحلي يعد مدخلاً للحديث عن حضور التاريخ فيها، فالرحلة الحجية تعد مصدراً لمعرفة أحوال الحج على مر العصور، والرحلة السياسية تعد مصدراً لمعرفة تاريخ العلاقات الدبلوماسية بين الدول والسلاطين، والرحلة التجارية، تصبح مصدراً لمعرفة التاريخ الاقتصادي للشعوب، والرحلة العلمية تصير تأريخاً لنظريات علمية[30].

وهكذا فإن الغرض الرحلي يجعل الرحلة حاضنة للتاريخ إن لم تكن – أي الرحلة – قادرة على فعل التأريخ قياساً على أنماط كتابية سردية أخرى مثل الرواية التي راكمت تفاعلاً مهماً مع التاريخ، تأريخاً وتآرخاً[31].

إضافة إلى مدخل «الغرض الرحلي» ثمة مدخل آخر هو المدخل الخبري ذلك أن الرّحالة أثناء رحلته يقوم بتسجيل سردي تراكمي لأحداث الرحلة بناءً على قصدية منه، فالمرتحِل إلى «الأماكن البعيدة يريد أن يعرف، يريد أن يفهم، يريد أن يرى الجانب الآخر من النهر أو الجبل أو البحر... والجانب الآخر من الإنسان ومن تجاربه من أجل الحياة والتقدم»[32] وبهذا يتشكل الخبر ويتحول إلى مادة موضوعية قابلة للرواية والحكي، وحاضنة للمعارف المتبوعة التي يتكون منها الرصيد التاريخي للإنسان، ويحرص الرحالة كل الحرص بعد عودته على حكاية كل ما راكمه من أخبار في رحلته، فالذي «يسافر إلى بلاد أخرى ويعود يُحدِّثُ أهله عما رأى هو فيلسوف»[33] بتعبير الناقد أنيس منصور.

يضاف إلى المَدْخَلين السابقين، مدخل ثالث هو ما نسميه بـ«المدخل المقارن»، فمن الملاحظ أن الكتابة الرحلية تميلُ إلى عقد مقارنات في مواضع كثيرة بين الأماكن التي يزورها الرحّالة، أو يعبر منها ولو على وجه الاستعجال؛ فأسلوب المقارنة هذا، يسمح ببناء تصور دقيق حول المعطيات التاريخية التي يشوبها الغموض في مصادر تاريخية أخرى، كما يسمح بتعميق البحث التاريخي، يمكننا في هذا المضمار أن نقدم مثالاً يعكس أهمية «المدخل المقارن» في إبراز الجانب التاريخي في الرحلة، ففي جانب المعاملات التجارية يقارن الرحالة ابن بطوطة (ت: 779هـ) بين الأسعار في بلاد الشام ومصر وبلاد الغرب فيقول: «إن لحوم الأغنام بديار مصر تباع بحساب ثماني عشر أوقية بدرهم نقرة[34] ودرهم نقرة ستة دراهم من دراهم المغرب، وفي المغرب يباع اللحم إذا غلا سعره ثماني عشرة أوقية بدرهمين، وهما ثلث النقرة... وأما بلاد الشام فالفواكه بها كثيرة، إلا أنها ببلاد المغرب أرخص منها...، فإذا تأملت ذلك كله تبيّن لك أن بلاد المغرب أرخص البلاد أسعاراً»[35]، وفي بعض المواضع يقارن بين أسواق مراكش وأسواق بغداد فيقول: «إلّا أنَّ أسواق بغداد أحسن»[36] وتجدر الإشارة – هنا – أن أسلوب المقارنة قد لا يحضر في النص الواحد أحياناً، غير أنه يمكن استخلاصه من نصوص رحلات مختلفة، وهذه ميزة من ميزات النص الرحلي، خاصة الرحلات التي تتخذ المسار الجغرافي نفسه في أغلب الأحيان، مثل الرحلات السفارية التي كانت تعبر نفس المسالك تقريباً.

في هذا السياق نقف على رحلتين مختلفتين زمنياً متفقتين في نقطة

الوصول، الأولى رحلة «التمكروتي» (ت: 1003هـ) إلى عاصمة الدولة العثمانية، وقد قام بها سنة (997 هـ / 1589م) بأمر من سلطان الدولة السعدية أحمد منصور الذهبي (ت: 1012هـ / 1603م) والثانية رحلة الرحالة والمؤرخ المغربي «المكناسي (ت: 1799م)»، إلى إسطنبول، وذلك بأمر من السلطان العلوي المولى محمد بن عبد الله (ت: 1790م).

يقول الرحالة والسفير «التمكروتي» عن إسطنبول: «وهذه المدينة مثلثة الوضع ثلثاها دار بها البحر داخلة فيه، وفي رأسها الداخل في البحر قصر السلطان يسمونه بلغتهم السراية..»[37]. أما الرحالة «المكناسي» فيقول عن المدينة نفسها: «وأما أرض القسطنطينية خاصة، فقد مررت بوسطها من باب إلى آخر بقصد الاختبار، فقطعتها على مسيرة ساعتين بسير الراكب المتوسط، وقد دُرت بسورها من جهة البر من البحر إلى البحر، في مسيرة ساعة وربع، وما يلي البر منها إلا قليل نحو الربع، وثلاثة أرباعها موالية للبحر، ويدل على ذلك قطع مساحتها طولاً في مسيرة ساعتين لأنه ثلث الدائرة، لأنه إذا كان مساحة ربع منها ساعة وربع، فيكون في جميع أرباعها خمس ساعات وهذا بالتقريب، وثلث ذلك ساعتان إلى ثلث، ونحن سرنا ساعتين فيحتمل أن يكون في ناحية البحر أكثر من ثلاثة أرباع»[38].

يؤرخ النصّان السَّابقان للحالة التي كانت عليها عاصمة العثمانيين في زمنين مختلفين، نهاية القرن (16 الميلادي)، والنصف الثاني من القرن (18م)، ونلاحظ من خلال المقارنة الحسابات الدقيقة التي

يقدمها الرَّحالة «المكناسي» في مقابل شح المعلومات بما قدّمهُ الرَّحالة «التمكروتي» وهذا يُسعف الباحثين في تاريخ المدن والعواصم لتقديم معلومات وافية، ونحن إذ نُورِد هذين النَّصَّيْن ليس الغرض هو التأريخ لهذه المدينة أو تلك، أو المفاضلة بين الرحَّاليْن «المكناسي» و«التمكروني» لأن قُدرات كل واحد منهما تختلف عن الآخر، وكل واحد منهما قام برحلته في شرطية تاريخية خاصة[39] وإنما الغرض من إيراد هذين النصين هو إبراز الجانب المعرفي التاريخي الذي تتميز به الرحلة، إذ لاحظنا كيف عَدل الرحالة المكناسي من التعبير عن انبهاره بإسطنبول إلى تقديم قياسات لمساحة هذه المدنية، وهذا لا يخفي رغبة المكناسي في فعل التأريخ.

كحوصلة لما سبق عرضه حول مفهوم الرحلة، نستنتج بأن هذه الأخيرة يتنازعها قُطْبان، قطب فني، وقطب معرفي، يتجلى القطب الفني في السمات الأدبية والجمالية المتمثلة في اللغة نثراً وشعراً. والغرائب والطرائف التي ترصدها عَيْنُ الرَّحالة، وقد شكل هذا القطب رحًى الْتَقى عندها الكثير من الدارسين لهذا النمط الكتابي، وانطلاقاً منه استخلصوا استنتاجات عامة تردّد صداها في مفهوم الرحلة. وأمّا القطب المعرفي، فقد تمثل فيما يكتسبه الرحالة من معارف مادية وفكرية أثناء مسيره، وتعدُّ الجغرافيا والتاريخ والأنثربولوجيا ضمن تلك المعارف، فلا غرابة إذا اعتبرنا الرحلة قائمة على هذين القطبين، ولهذا نلفي في أغلب النصوص الرحلية تواشُجاً بين التاريخي «المعرفي» والأدبي «الفني»، وهذان القطبان يعكسان جوهر الإنسان الرحّالة، فهذا الأخير في مسعاه المعرفي

يرصد حصيلة الأفكار والأنشطة البشرية والأحداث وكل ما يتصل به، فرداً أو جماعة، وفي مسعاه الفني يبحث عن كل ما يتفاعل مع وجدانه وعواطفه في حالتي الحزن والمسرّة، الرضا والسخط، القناعة، والجشع، وبهذا المسعى يُلَبّي شيئاً من وجوده.

إن التواشج بين القطبين التاريخي والأدبي ليس اعتباطياً، بل هو تواشج ينتج عنه نمط كتابي لا يمكن أن يكون إلّا رحلة، وهذه الأخيرة تتحقق بصفتها الجامعة بين المعرفي (تاريخ، جغرافيا، أنثربولوجيا، سياسة، اقتصاد...) والفني «سرد، شعر، حكايات مُضَمنَّة[40] طرائف، غرائب».

2 – في التاريخ:

يُعدّ الوجود البشري وجوداً تاريخياً لا مجال فيه للمطلق، بل إنَّ مجاله هو مجال الفعل البشري المشروط بإطاره التاريخي، ومجال الصيرورة الجدلية التاريخية التي تعكس صراع الإرادات والمصالح البشرية التي تترتب عنها تغييرات في جميع مظاهر الحياة من جيل إلى جيل ومن عصر إلى عصر، تلك الصيرورة التي تكشف عن المفارقة التالية في الوجود التاريخي الإنسان: فالبشر هم الذين يصنعون تاريخهم، والتاريخ من جهة أخرى قوة تفرض نفسها عليهم، إن لم تكن قوة تصنعهم.

فضلاً عن هذا، إن الإنسان يعد كائناً تاريخياً ليس فقط، لأنه ينخرط في مجرى التاريخ وصيرورة وقائعه، بل لأنه يهتم بمعرفة ماضيه

قَصْدَ فهم حاضره، وبناء مستقبله ولتحقيق هذا الوعي التاريخي لا بدّ من تكامل الجهود بين المؤرخ وفيلسوف التاريخ، بحيث يضطلع المؤرخ بمهمة استرجاع التاريخ، وإعادة بنائه معرفياً متحدياً بذلك حاجز التّمَاسُف الزمني الذي يفصل الماضي عن الحاضر، ويطرح إشكالية الموضوعية في المعرفة التاريخية، في حين يكرّس فيلسوف التاريخ مهمته في الكشف عن قوانين الصيرورة التاريخية ومنطق التقدم التاريخي ودور الإنسان في التاريخ، وبتضافر المجهودين معاً «مجهود المؤرخ ومجهود فيلسوف التاريخ» يتحقق الوعي التاريخي الذي هو ضروري لفهم الحاضر والتطلع إلى المستقبل، وضروري لمعرفة الإنسان لذاته وللآخر.

في هذا السياق، تعترضنا بعض الأسئلة الإشكالية الفرعية المتناسلة من رحم الإشكالية الكبرى لهذه الدراسة، تَمْثُلُ هذه الأسئلة على النحو الآتي: ما هو التاريخ؟ وماذا نقصد بالمعرفة التاريخية؟ وكيف يكون التاريخ تاريخاً؟

إنَّ الإجابة عن هذه الأسئلة تَفرض علينا العودة إلى حقلي اللغة والاصطلاح؛ ذلك أن الألفاظ عندما تستعمل في الحقل اللغوي، تكون بمقتضى دلالتها اللغوية الظاهرة والملفوظة، بينما تستعمل في الحقل الاصطلاحي بمعانٍ جديدة يولدها السياق التداولي والمرجعية الفكرية التي يقع في دائرتها المصطلح المتداول في مجال ما، وانطلاقاً من هذه الرؤية المنهجية فإن تحديد مفهوم «التاريخ» يتحقق من خلال لفظ «التاريخ» في المعاجم العربية، وذلك بقصد استجلاء أصله وتركيبه وأنماط صيغه الصرفية. وثانيهما، نناقش فيه مفهوم التاريخ

من زوايا مختلفة[41] تعكس تعدد وجهات النظر حول هذا المفهوم.

عند تتبع لفظ «التاريخ » (History) في المعاجم العربية نقف على توارد معنى «الوقت» في أغلب التحديدات، قال «ابن منظور»: «التأريخ تعريف الوقت، أرخ الكتاب وَقّتَ »[42] وجاء عند «ابن فارس ت: 395هـ» في معجم مقاييس اللغة ما نصه: «الهمزة والراء والخاء كلمة واحدة عربية، وهي الإراخ لبقر الوحش، وأما تأريخ الكتاب فقد سُمِعَ، وليس عربياً ولا سُمِعَ من فصيح» [43] وقال: «السخاوي، ت: 902هـ» «التاريخ في اللغة الإعلام بالوقت، يقال أرختُ الكتاب وورّخته، أي بيّنت وقت كتابته. قال الجوهري: التاريخ تعريف الوقت» [44] ويضيف معجم «اللغة العربية المعاصرة» أن التاريخ هو «جملة الأحداث والأحوال التي يمرُّ بها كائن ما ويصدق على الفرد والجماعة والظواهر الطبيعية وغيرها»[45] أما معجم «الغني الزاهر» فيميز بين لفظتي «التاريخ» و«التأريخ» فهذا الأخير «مصدر أرَّخَ قام بتأريخ الأحداث التاريخية: تسجيلها وكتابة أحداثها ووقائعها وكيف حدثت، وأسبابها في الماضي أو الحاضر، تاريخ: الوقت الذي نحن فيه»[46].

نلاحظ انطلاقاً من هذه التعريفات المعجمية أنَّ التاريخ يرتبط ارتباطاً قوياً بمعنى «الوقت» خاصة عند «ابن منظور» و«ابن فارس» و«السخاوي» في مقابل الإضافة النوعية التي قدمها «معجم اللغة العربية المعاصرة»، حيث نقل معنى كلمة «التاريخ» وميزها عن بعض مفردات عائلتها اللغوية «تأريخ»، كما نلاحظ أيضاً أن لفظة «تأريخ» متجذرة في اللسان العربي، وليست دخيلة عليه، كما

يرى «ابن فارس» ما يؤكد هذا هو ما ذكره السخاوي في «الإعلان» أن «بني تميم يقولون وَرَّختُ الكتاب توريخاً، وقيس تقول أرّخته تأريخاً»[47] ويضيف المؤرخ المعاصر عبد الله العروي في هذا السياق مُصِرّاً على عروبة مصطلح «التاريخ» أن «تأليف التاريخ الإسلامي من إبداع العرب، لقد فشلت المحاولات للعثور على مؤثرات خارجية – يونانية أو فارسية – على غرار ما كشف عنه المنقبون من مؤثرات أجنبية في الفلسفة وعلم الكلام، ليس التاريخ الإسلامي نقلاً أو اقتباساً أو استعارة من الغير، إنّ كلمة «تاريخ» كلمة عربية، والكلمة الأجنبية «أسطورياً» التي من الممكن استعارتها، استعملت فعلاً، لكن في معنى آخر؛ للتعبير عن القصص الخيالية والميثولوجية، التي لا تخضع لقوانين المراقبة والفحص والتدقيق، كحوادث التاريخ القريبة أو البعيدة»[48].

عندما نتأمل الدلالات اللغوية للفظة «تاريخ» نجد لها امتداداً غير مباشر في الدلالات الاصطلاحية، فـ «السخاوي» يعرّف التاريخ بأنه «التعريف بالوقت الذي تضبطُ به الأحوال من مولد الرواة والأئمة ووفاة وصحة وعقل وبَدَنٍ ورحلة وحج وحفظ وضبط وتوثيق وتجريح وما أشبه هذا»[49] أمّا «الكافيجي» فيرى أن التاريخ هو «تعريف الوقت بإسناده إلى أول حدوث أمر شائع كظهور ملة، أو وقوع حادثة هائلة من طوفان أو زلزلة عظيمة ونحوهما من الآيات السماوية والعلامات الأرضية، وقيل التاريخ مدة معلومة بين حدوث أمر ظاهر وبين أوقات حوادث أخرى»[50].

نلاحظ من خلال هذين التعريفين أن «التاريخ» ارتبط بمعنى

«التحقيب»[51]، بحيث يكون التاريخ علامة زمنية فاصلة بين حدث وآخر أو بين مولد ووفاة، أو علامة زمنية على وقوع حدث ما، وفي مقابل هذين التعريفين عرّف المؤرخ ابن خلدون (ت: 1406م) التاريخ بـأنه «في ظاهره لا يزيد على أخبار الأيام والدول والسوابق من القرون الأولى، تنمق لها الأقوال وتصرف فيها الأمثال، وتطرف بها الأندية إذا غلّها الاحتفال، وتؤدّي لنا شأن الخليقة كيف تقلبت بها الأحوال، واتسع للدول النطاق فيها والمجال وعمروا الأرض حتى نادى بهم الارتحال وحان منهم الزوال، وفي باطنه نظر وتحقيق، وتعليل للكائنات ومباديها دقيق، وعلم بكيفيات الوقائع وأسبابها عميق، فهو لذلك أصيل في الحكمة عريق وجدير بأن يُعدّ في علومها وخليق»[52] وهذا التعريف يتضمن مفهومين للتاريخ، أولها أنه فن سرد الأخبار الماضية، وثانيهما يتمثل في كونه حركة تأملية في الأحداث والوقائع الماضية قصد الوعي بقوانينها، وإدراك تسلسلها السببي والتدقيق في فهم مضامين الحكايات والأخبار والتحقق من سلامة الراوي والرواية، ورفض الحكايات الخرافية المخالفة لطبائع الموجودات وقوانين العمران ونظُم السياسة والحكم، وبهذا يكون «ابن خلدون» قد منح «التاريخ» صفة «العمل» ولم يكتفِ بصفة «الحفظ» التي رافقت التاريخ منذ العهد الأرسطي؛ حيث كان التاريخ دالاً على السرد المنظم للأحداث والوقائع.

من جهته حاول المفكر «عبد الله العروي» في إطار ما يعرف بالتاريخانية (Historicism) صياغة تعريف لمفهوم التاريخ إذْ يقول: «تحمل – هذه المفردة – وفي كل اللغات ومنذ القرن الثامن عشر على

الأقل معنيين: تعني سلسلة الوقائع الماضية، مجموع الأحداث الواقعة فعلاً، وتعني في نفس الوقت الكيفية التي تسرد فيها تلك الوقائع، ومن المحتمل، بل ومن المؤكد أن الصعوبات التي تواجه المفكرين عندما يحاولون تحليل مغزى التاريخ تنحدر كلها من هذا الازدواج في المعنى»[53] تكمن إذاً معضلة التاريخ حسب ما وصل إليه «العروي» في كونه يتأسس على إشكالية التعدد التي تشكل عائقاً إبستمولوجياً في تحديد مفهومه «التاريخ»، فهو من جهة يَسْردُ الماضي الذي يستحيل استرجاعه كما حدث في الواقع، ومن جهة ثانية يدل على الحدث، من جهة ثالثة، يشير إلى الكيفية التي تمرُّ بها أحداث الماضي، فنجد أنفسنا أمام إشكالية تتموقع بين ثلاثة أسئلة: سؤال «الموضوعية التاريخية» هل ما يسرد ما وقع حقاً؟ وسؤال «الفحوى» ماذا وقع؟ وسؤال «الكيفية» كيف تبنى المادة التاريخية؟

لعل هذه الأسئلة تتصل أيضاً ببروز عنصر آخر لا يقل أهمية في الجانب الإبستيمولوجي للمفهوم، وهو «المؤرخ» لأن التاريخ كما يقول في موضع آخر «صناعة لا مجموعة حوادث، إذْ الماضي التاريخي هو عالم ذهني يستمدُّ من الآثار القائمة»[54] والصناعة تستلزم الصانع، وصانع صناعة التاريخ هو «المؤرخ» وإذا استعرنا عبارة «كولينكور» فإنه «لا تاريخ بدون مؤرخ»[55] وبهذا يصبح المؤرخ هو المتحكم في الأسئلة الإشكالية الآنفة الذكر، فهو المسؤول عن الرواية، والمسؤول عن المضمون، والمسؤول عن الكيفية.

إن هذه المحصلة المفهومية تدفعنا للتساؤل مرة أخرى، إذا كان التاريخ هو ما حفظه المؤرخون فقط، فهل هذا التاريخ يقول الحقيقة؟

ثم ماذا عن التاريخ الذي لم يحفظه المؤرخون؟ تقودنا محاولة الإجابة عن السؤال إلى الفكرة العامية والتقليدية التي ترى أن «المؤرخ يقول الحق فيما اختلف فيه السابقون وأنه يظهر فضائل المحسن، ومثالب المسيء أبَدَ الآبدين»[56] وهكذا اتصلت فكرة الوثوقية بكل ما حفظه المؤرخون، لكن مع تطور الفكر والنقد التاريخيين خاصة مع بروز مدرسة التاريخ الجديد (The new history)[57] أصبحت «الوثوقية التاريخية» محل تشكيك، الأمر الذي أدى إلى مطارحة الادعاء الذي يجعل «التاريخ القديم» مستأثراً بتسجيل الحقائق، وتصبح هذه المطارحة على قدر من الوجاهة النقدية، إذا علمنا الضّعف الذي يُصيب أدوات وآلات التوثيق في عصرنا، والتي على قدرِ تطورها التيكنولوجي الرهيب؛ بحيث أصبحت قادرة على توثيق معظم الأحداث التي يشهدها العالم المعاصر بالصوت والصورة، بقدْرِ ما تلحق تلك التوثيقات الرقمية للأحداث، الفبركةُ والتعديلُ من خلال تقنيات القطع واللصق، قصد تزييف الحقائق وتضليل الرأي العام، وتوجيهه أو إقناعه على تبني تصور محمولي ما إزاءَ حادثة حدثت بالفعل، والحال هذه، أين نلتمس الحقيقة في التاريخ القديم؟ ونحن نعلم آليات المكر والتدليس والتزوير التي تلحق أدوات التوثيق الرقمية المتطورة، فمن سيضمن أن السلوكات الماكرة، والتصحيفات والتحريفات لم تصب المدونات التاريخية، وقد كانت سبل التزوير والتعريف أيسر بكثير مما هي عليه الآن، الأمر الذي يجعلنا أمام معطيات تاريخية «منتقاة» إن لم يلحقها «التعديل» في بعض الأحيان، فما نجده في صدق المؤرخين «خطابات وليس وقائع»[58].

بينما تقودنا محاولة الإجابة عن السؤال الثاني إلى الاتكاء على المبادئ التي أفرزتها مدرسة «التاريخ الجديد» حيث المقاربة الأفقية للتاريخ، مقاربة تعتمد على التنويع في «الوثيقة التاريخية» والبحث عمَّا أهمله المؤرخون، – وهنا – قد تنبثق مصادفة غير متوقعة تتصل برحم الإشكالية الكبرى التي نروم الإجابة عنها في هذه الدراسة، وتتمثل في طبيعة النص الرحلي الذي يتميز بطابعه المُهَجَّن[59]، بحيث يشكل التاريخ بلا شك جزءاً أساسياً من تركيبته النصية والمضمونية، وحيث تغدو الرحلة «وثيقة تاريخية» وهذا ما سنعمل على تعميقه في محور لاحق.

3 – أطروحة الرحلي في مواجهة التاريخي: تقويض وبناء:

لقد كان هدفنا في المحورين السابقين تبيان مفهومي «الرحلة» و«التاريخ» واستجلاء ما يربط بينهما من وشائج جعلت الرحلة منوطة بوظيفة التأريخ في كثير من مواضعها، فالرَّحالة يقبض على اللحظة الزمنية في «الآن والهنا» ويسجلها كما رآها بعينِهِ، بحيث يصعب الحديث عن الرحلة دون استدعاء التاريخ، وعدم تفادي التاريخي في الرحلي يعني الأخذ بعين الاعتبار الأحداث، والقوميات، والأعراف، والعلاقات السياسية...، في الزمان والمكان. أما في هذا المحور، فسنعمل على تقويض الأطروحة التقليدية القائلة بطغيان الرحلي على التاريخي، ومن ثمة الحكم على الرحلة بالانطباعية والذاتية، وأحياناً بالتخييلية.

لا خلاف في أن العناصر الأدبية للنص الرحلي، خاصة الرحلات العربية الكلاسيكية، تكمن في الإمكانيات الأدبية للرحالة، والمتمثلة في اللغة البيانية، والقدرة على نظم الشعر وارتجاله، والسلاسة الأسلوبية، والبراعة في الحكي، ولا غرابة في هذا، لأن الرحالة العربي القديم غالباً ما كانت تجتمع فيه هذه القدرات الأدبية[60] التي انعكست على النص الرحلي الذي أنتجه، وقد أسهمت تلك القدرة الأدبية على تكريس مفهوم «أدبية الرحلة» في كثير من الدراسات النقدية العربية[61]، غير أن بعض الأنظار النقدية – خاصة الغربية – نظرت إلى الرحلة من زاوية أشمل، فإغناطيوس كراتشكوفسكي لا يكترث بالجوانب الأدبية، فيبحث في الرحلة عن الجغرافية، مانحاً إياها صفة علمية «الجغرافية»[62] إذا قِسْنا هذا على الجانب التاريخي في الرحلات العربية فإننا لا نعدم أن يكون هذا الجانب مقابلاً مكافئاً للجانب الرحلي الذي يكمن في البناء النصي وعناصره الفنية فنحصل على المعادلة التالية:

الرحلي (الأدبي) = التاريخي (المعرفي)

يمكن بناء هذه الأطروحة التقابلية انطلاقاً مما ذهب إليه «رولان بارت» حيث قال: «لا وجود لما هو طبيعي في أي مكان، فليست هناك إلا ما هو تاريخي»[63] على النحو الآتي:

أولاً: ارتبط معنى التاريخ في القرون الوسطى بسرد الأخبار ورواتها، وكان رواة الأخبار يحرصون أشد الحرص على تحبيك سردياتهم الخبرية، وبعبارة «بول ريكور» إنّ المؤرخ «مجبر على

حبك مجموع القصص التي تُكوّن سرده على شكل قصة»[64] وفي المقابل اضطلعت الرحلة بمهمة جمع الأخبار، فالرَّحالة يعمل على البحث عن الأخبار وسردها تتابعياً، فالأحداث والمعلومات التي يدوّنها المؤرخون وتصبح تاريخاً / خطاباً الأجيال اللاحقة لا تختلف جوهرياً عما يدوّنه الرحالة في رحلته.

ثانياً: تفاعلت الرحلة العربية القديمة والحديثة مع «التاريخي» تأريخاً وتآرخاً[65] فهي من خلال نسقها الرحلي تؤرخ للحظتها الراهنة، ومن خلال خطابها تتآرخ مع «التاريخي» المدون في المصادر الأخرى، فثمة تشارك في فعل التأريخ، ولا أدل على هذا أكثر من المقدمة الطويلة التي كتبها الأديب الرحالة «شكيب أرسلان ت: 1946م» لرحلته الشهيرة «الحلل السندسية في الأخبار والآثار الأندلسية» حيث قال: «وبعد فإنَّ من غرائز الجِبِلَّة البشرية التي لا جدال فيها تذكُّر الحوادث الماضية، والتحدث بالوقائع الخالية والاعتناء بحفظ الغابر إلى الحد الذي جعل الناس ينقشون الأخبار على الأحجار... وبأن الإنسان يجتهد أبداً أن يحفظ الماضي كما يجتهد أن يستدرك الآتي، فحياته عن وَصْلِ آخِر بأوَّل»[66] وقد قرَّظ لها «محمد المهدي الحبابي» في طبعة أخرى فقال في تقديمه: «فهذه الرحلة في جملتها وتفصيلها تاريخ حي ماثل للعيان في أسلوب رائع من البيان وهي أصدق مرجع لمن شاء من المحققين والمؤرخين، وهي قبل ذلك وبعدهُ المثل الأعلى في التحقيق العلمي بأحدث الوسائل العصرية»[67] وتجدر الإشارة في هذا السياق إلى أن «شكيب أرسلان» كان ينوي أن يسمِّي كتابه السابق بعنوان آخر هو «الحلل السندسية في الرحلة

الأندلسية» لكنه عدَل عن ذلك لمقاصد مقترنة باستراتيجية الكتابة، بحيث يتواجه الرحلي (القَدَم) بالتاريخي (القَلَم)، وتتواشج الرؤية مع الرواية، ويظهر من خلال سياق الرحلة أن المدة الزمنية لرحلته في الأندلس قد دفعته لتغليب «التاريخي» على حساب «الرحلي»: «كنت قدمت بين يدي هذا التأليف رحلة قمت بها من ست سنوات في أكثر أنحاء إسبانية، لأقرن الرواية بالرؤية، وأجعل القَدَم ردءاً للقلم، ونويتُ أن أجعل الرحلة أساس الكلام وواسطة النظام، وأن أضم التاريخ إليها وأفرّع التخطيط عليها»[68].

وفي السياق ذاته يتعالق «الرحلي» بـ «التاريخي» بطرق مباشرة، بلغت أحياناً أن يرتحل الرحَّالة من أجل البحث في تاريخ الأمم والحضارات والاطلاع على مصادر تاريخها، كما فعل الرحالة التركي «أوليا جلبي»[69] (ت: 1684م)، حيث قال في تقديم رحلته: «وبينما كنت أبحث عمَّن أقام تلك الأبنية ذات الطلاسم وتلك القصور العالية، رجعت إلى ما لا يحده الحصر من التواريخ القيمة: تاريخ المقريزي، وتاريخ ابن جرير الطبري، وتاريخ الشيخ الإمام السيوطي»[70].

وقد تستخرج الرحلة – أحياناً – من كتاب تاريخي شكلت جزءاً من مكوناته، وحلقة من مواضيعه كما هو الشأن بالنسبة إلى «رحلة السلطان خليفة بن حارب إلى أوروبا»[71] التي استلتْ من كتاب «جهينة الأخبار في تاريخ زنجبار» ووجود هذه الرحلة ضمن كتاب تاريخي محض دليل قدرة «الرحلي» على الانسراب بين تخوم «التاريخي».

ثالثاً: يتبدّى «الرحلي» في الأحياز الوجودية للرَّحالة في صورة

حكّاءة لعناصر الزمان والمكان دون اهتمام مطرد بتسلسل الأحداث، نظراً لتعدد الحكايات المضمنة في الحكاية الإطار للرحلة، ورغم هذا الاختلاف الذي قد يناقض تسلسل سردية «التاريخي» كما يرى «بول ريكور» في إشارة سابقة، لا يعد مثلبة للمعطى الرحلي في مقابل المعطى التاريخي، فذلك الاضطراب أو التداخل السردي الذي نلفيه في معظم النصوص الرحلية ينعكس على مرآته الواقع اليومي للرحالة من جهة، والجانب الحضاري للفضاء الزمكاني الذي يرتحل في إطارهِ، فضلاً عن خاصية «التوثيق» الواقعية التي ترصد تفاصيل دقيقة متصلة بمشاعر الناس وهواجسهم، وعاداتهم اليومية، ونظامهم الغذائي...، في انصهار تام مع صفة الواقعية، بعيداً عن أي انسراب خيالي وتخييلي؛ فالواقع ماثل وشاخص أمام الذات المرتحلة، وممَّا يزكي كفة هذا المعطى هو أن قارئ التاريخ عندما يقرأ نصاً رحلياً كتبهُ صاحبه عن سفره في حقبة تاريخية ما، ترتسم في ذهنه صورة ذلك المجتمع وتاريخه الذي يتحدث عنه الرحالة في نَصّه، ولكي نعضد هذا الطرح يُمكننا أن نقوم بتحوير جزئي للمقولة الشائعة «الأديب ابن بيئته» فنقول: «الرحّالة ابن بيئته» فهو لا يتوانى لحظة واحدة، عن تسريد المجتمع الذي يعبر منه، من خلال توثيق كل ما استطاعت رصده عيناه من جوانب سياسية، وثقافية، وتاريخية، ونفسية، واقتصادية، على غرار عمل المؤرخ في تأريخه للأحداث الماضية، ولتوضيح مسعانا في هذا الطرح نستحضر رحلة «مفاكهة الخلان في رحلة اليابان»[72] للأديب والرحالة «يوسف القعيد»، هذه الرحلة قسمها صاحبها إلى اثنين وثلاثين فصلاً، في كل فصل منها، يتحدث عن وقائع وأحداث، ويصور مشاهد بلغة سردية شفافة، وأحياناً بلغة

تقريرية أقرب ما تكون لغة «المؤرخ»، ولا يربط بين فصل وآخر رابط في البناء السردي للرحلة، غير الرحلة الإطار أو «الرحلة – الحكاية المُضمّنة» التي تتحيز في بنياتها كل الحكايات الفرعية، ففي الفصل الأول، يتحدث الرحالة عن ظروف استعداده للرحلة، ويذكر أنّ استعداده دام نصف عام، وجمع كتباً كثيرة صدرت عن اليابان لكنه تركها و«نحّاها جانباً» مدركاً أنه مقبل على «المعايشة وطرح الأسئلة على الواقع»[73] وهكذا يمضي في تسريد المجتمع الياباني مستعرضاً تفاصيله الثقافية والاقتصادية والعلمية، ناقلاً عبر النسق الرحلي تجربة النهضة اليابانية وكيف استفادت من دروس التاريخ لتأسيس نهضة جديدة. إن المعطى الرحلي في «مفاكهة الخلان في رحلة اليابان» يمرر التاريخ الياباني في صورتين اثنتين: صورة الماضي، وصورة الحاضر، بما هو واقعي-آني، وبهاتين الصورتين يكتسي «الرِّحْلي» صبغة «التاريخي» ويصير متناً تأريخياً للماضي والحاضر والمستقبل، وكأن «الرِّحْلي» يقبض على اللحظة التاريخية في أبعادها الزمنية الثلاثة، الأمر الذي يدفعنا إلى القول، حيث يوجد الرحلي يوجد التاريخي.

رابعاً: تُصِّر بعض المواقف النقدية على حصر الخطاب الرحلي في دائرة الخطاب الأدبي؛ فالناقد «محمد حسين فهيم» يرى «أن ارتقاء الوصف في كثير من أعمال الرحالة، وبلوغه حدّاً من الدقة علاوة على الأسلوب القصصي السلس والمشرق أدخلت أدبيات الرحلة ضمن فنون الأدب العربي»[74] ولا يخفى أن موقفاً نقدياً مثل هذا، من شأنه أن يَحُدَّ من الطاقة الخطابية المعرفية الكامنة في النص

الرحلي – أيّاً كانَ – ومن شأنه أيضاً أن يُعَرِّضَ كل النصوص الرحلية وما تتضمنه من خطابات إلى نوع من التعالي (Transcendence) من قبل «التاريخي»، وبهذا نصبح أمام مسارين متباعدين بينهما هُوّةٌ يصعب ردمها نقدياً؛ مسار خاص بالخطاب التاريخي باعتباره خطاباً سابقاً للرحلي، ويدعي لنفسه الوثوقية وامتلاك الحقائق، ومسار خاص بالخطاب الأدبي الرحلي الذي يبقى محصوراً في دائرة ما هو أدبي، ومرهوناً بجدل عقيم حول تداخل الواقعي والتخييلي في أتونه النصية.

وعلى الرغم من التقاء الرحلي والتاريخي في خاصية «السردية»، فإنهما حسب الموقف النقدي أعلاه، يتباعدان على مستوى الواقعي والمتخيل الذاتي والموضوعي الحقيقي، والنسبي الرسمي، والهامشي، وهكذا نكرس «دونية» الرحلي، في مقابل «علوية» التاريخي. غير أننا عندما نتأمل الخطاب الرحلي في معظم النصوص الرحلية – نلفيه خطاباً موازياً للتاريخي، ولا يقل أهمية عليه، بل يمارس تعاليه – أحياناً خاصة عندما نعلم أن التاريخ القديم ارتبط بما هو رسمي «السلاطين – الحكام – الجيش – المعارك الكبرى...» وتأريخه لكل ما هو رسمي كان على حساب «الهامشي» هذا الأخير اضطلعت الرحلة بالتأريخ له، بل والاحتفاء به عبر التفاصيل التي يهتم بها الرحالة؛ تسجيل حقائق الأمور، خصائص ومميزات المجتمعات، والمظلومين الذين لا تاريخ لهم، والأسواق، والمساجد، والزوايا، والمواسم الاحتفالية، من هنا نحصل على تاريخ آخر من خلال النسق الرحلي يوازي التاريخ الرسمي الانتقائي.

لنختبر هذا الطرح بالسؤال الآتي: ماذا نجد في كتب المؤرخين

عن التاريخ الاجتماعي أو تاريخ المرأة على وجه خاص في العصر الوسيط؟ صحيح أن الإجابة عن هذا السؤال تستدعي استقصاء شاملاً لجميع ما كتبه المؤرخون عن هذه الحقبة على مستوى الكتابة التاريخية والتي اتسمت بفقر ملحوظ[75]، خاصة ما كتبوه عن الحياة الاجتماعية للمرأة، وهذه مهمة يضيق المقام بها في هذا السياق، وإن كانت مهمة صعبة لكننا إذا استقصينا المتون الرحلية التي كتبت في هذه الحقبة من التاريخ العربي الإسلامي، خاصة رحلة «ابن جبير» التي استغرقت ثلاث سنوات، وقد بدأها في شهر شوال 578هـ/ 1182م، ورحلة «العبدري» البلنسي الأندلسي، من سنة 688هـ/ 1289م إلى 691هـ/ 1292م ورحلة «ابن بطوطة» التي بدأها سنة (725هـ / 1323م) نستطيع أن نقدم صورة عن المرأة في العصر الوسيط، واستخلاص مختلف الانطباعات والتأملات حولها، كما تفيدنا هذه النصوص في تجاوز مستوى استدرار المخزون التاريخي لهذا الصنف المصدري من الكتابة إلى مستوى أعمق يتمثل في تفكيك أوصاف بعض الرحالة للكشف عن الصيغ التي اتخذها خطاب الرحالة عن النساء والتعرف كذلك على حدود خضوعه للتوجيه الدلالي والأفق الذهني السائد وقتئذ؛ ولا نبالغ إذا قلنا إن النصوص الرحلية قد تكون منفذاً مهماً لدراسة «تاريخ الذهنيات»[76] فابن بطوطة عندما وصل إلى الحجاز أحجم – عن قصد أو عن غير قصد – عن ذكر ووصف ما يتعلق بالنساء، ولكنه عندما دخل مدينة مكة لم يجد بدأ من تسجيل صورة المرأة في تلك البقعة المقدسة فقال: «نساء مكة فائقات الحسن، بارعات الجمال، وذوات صلاح وعفاف، وهنَّ يكثرن التطيّب، حتى إن إحداهن لتبيتُ طاوية[77] وتشتري بقوتها

طيباً وهنّ يقصدنَ الطواف بالبيت في كل ليلة جمعة، فيأتين في أحسن زيّ، وتغلب على الحرم رائحة طيبهنّ، وتذهب المرأة منهن فيبقى أثر الطيب بعد ذهابها عبقاً»[78].

فهذا المقطع على قصره، يعكسُ صورة مشرقة من تاريخ المرأة العربية المسلمة في العصر الوسيط، على مستوى النظافة، والتطيُّب، والعبادة، كما يعكس هذا الوصف رؤية دلالية يصدر عنها الرحالة، وتكمن في الحرص على ذكر هذه الإشارة لكونها ذات دلالة فارقة جديرة بالذكر والتوثيق، ويزداد هذا الرأي وجاهة أن «المرأة» كانت مختفية عن مجمل ما ذكره «ابن بطوطة» حين وصل إلى الحجاز.

خامساً: تزداد الوشائج بين «الرحلي» و«التاريخي» متانة عندما ندرك أن كثيراً من النصوص الرحلية العربية سواء الكلاسيكية أو الحديثة – المعاصرة عمد مؤلفوها إلى «فعل التأريخ» وأعلنوا ذلك في «مقدمة» نصوصهم، وإعلان الرَّحَّالة عن رغبته تلك، هو في العمق تسويغ أولي للفعل الذي يروم إنجازه في كتاباته وبيان للحوافز الكامنة وراء انكتاب عمله الرحلي.

في هذا المنحى نستحضر «رحلة التيجاني»[79] بوصفها ذريعة للتأريخ، حيث أعلن للقارئ في مقدّمة رحلته الأسسَ الكبرى التي بنى عليها مشروعه «الرحلي» يقول: «فهذا تقييد يشتمل على وصف ما شاهدته في هذه السفرة المباركة من البلاد مضمن ذكر أحوالها، وصفاتها، وبيان طرقها، ومسافاتها، والإشارة إلى مُفتتِحيها وبُنَاتِها، وأحوال من اشتملت عليه من أصناف العوالم، وما يتميز به كل بلد

من الآثار والمعالم، وما يتشوّف إليه، ويتشوفُ إلى الاطلاع عليه، وقد أُلبس ذلك في حلة من النظم والنثر مما ورد في هذه السفرة إليَّ، أو صدر عني استفتاح خطاب أو رد جواب ما تحسن المحاضرة به، وتحصل الإفادة إن شاء الله تعالى بسببه»[80].

تَظهر من هذا البيان المقدّماتي، الاستراتيجية الكتابية التي ارتآها التجاني لكتابة رحلته «تقييده» وهي استراتيجية تقوم على المراوحة بين الأدبي والمعرفي؛ «الرحلي» و«التاريخي»؛ فالرحالة يضعنا أمام «ذكر أحوال البلاد» و«بيان طرقها ومسافتها»، ويؤكد أنه سيشير إلى «فاتحيها وبُناتها وآثارها ومعالمها» وغير ذلك مما يدخل في الحقل التاريخي. ويُبَين أن «المعرفي – التاريخي» سيلبس «حلة من النظم والنثر» وسَيُقدّم على هيئة المرغوب فيه مما «يتشوّفُ إليه، ويُتشوّق إلى الاطلاع عليه».

إنّ التواشج بين الرحلي والتاريخي في رحلة التجاني يمكن أن نلمسه في مواضع كثيرة في رحلته، فحتى وإن كانت رحلته مساراً جغرافياً في الأساس، فإن الجغرافيا تتوارى للخلف وتفسح المجال للتاريخ والتأريخ، فيتضاءل المرئي ويتكاثر[81] التاريخي، فالكاتب – الرحالة نراه يؤرخ للحظة والآن التي يعيشها، ويؤرخ للماضي الخاص بالبلاد التي يعبر منها، أو يصل إليها، يقول عن مدينة «رادس»: «ورادس هي المنزلة الأولى للمحال والعساكر، دائماً إذا خرجوا من تونس لا يتجاوزونها إليها غيرها، وهي قرية قديمة الرسم، شهيرة الاسم وبها كروم كثيرة ومزارع متسعة، وجامع للخطبة عتيق (...) ولم تزل رادس في القديم رباطاً مشهوراً بالفضل

(...) وذكر أبو إسحاق إبراهيم بن القاسم الدقيق في تاريخه أن علماء المشرق وفقهاءه كتبوا إلى أهل إفريقية: من رَابَطَ عن رادس يوماً واحداً حَجَجْنَا عنه حجَّة، وكان الروم أغاروا عليها في ولاية عبد الملك بن مروان في مراكب لهم فقتلوا من بها، وسبوا وغنموا ولم يكن للناس إذ ذاك شيء يحصنهم فبلغ أمرها من المسلمين كل مبلغ فانتقل إليها أمير إفريقيا حسان بن النعمان الغساني، فأقام مرابطاً بها وكتب بذلك إلى عبد الملك، وأرسل مع كتابه أربعين رجلاً من أشراف العرب يخبرونه بما نال المسلمين»[82].

إن المزاوجة بين الرحلي والتاريخي بما هي قصدية مرتبطة باستراتيجية الكتابة عند الرحالة لا يختص بها النص الرحلي العربي القديم فقط، بل نقف عليها في نصوص رحلية عربية حديثة ومعاصرة، الأمر الذي يؤكد أنها استراتيجية كتابية كامنة في وعي الرحالة العربي، على اختلاف الزمان والمكان، فالرحّالة «جرجي زيدان، (ت: 1914م)» في كتابه «رحلة إلى أوروبا» يصرح بهدفه من كتابة رحلته ويقرن الهدف بـ«التأمل» و«إعمال الفكرة» في كل ما يراه في أوروبا يقول: «(...) وإنما نريد أن نمثل للقارئ ما طبع في ذهننا أثناء هذه الرحلة بعد إعمال الفكرة في أحوال تلك الأمم»[83] ويمضي مباشرة بعد هذه الإشارة إلى الحديث عن تاريخ «نظام الحكومة الفرنساوية»[84]. أما الرحالة «علي سالم» فيجعل رحلته رافداً لتأمل التاريخ المعاصر، وفرصة لتوثيق أحداث تاريخية فارقة، إذ يقول في مفتتح كتابه «رحلة إلى إسرائيل»: «في نهاية عام 1993 وبعد إعلان اتفاقية أوسلوا مباشرة بين الإسرائيليين والفلسطينيين،

أعلنت أنني أفكر في زيارة إسرائيل بسيارتي لتأليف كتاب يجيب عن سؤالين: من هم هؤلاء القوم؟ وماذا يفعلون؟ ونشرت مقالاً في مجلة الشباب بعنوان: السلام الآن، كنت أرى الاتفاق بين الفلسطينيين والإسرائيليين يشكل لحظة نادرة في التاريخ إنها لحظة اعتراف الأنا بالآخر، أنا موجود وأنت أيضاً موجود»[85].

على الرغم من اختلاف نمط الكتابة الرحلية العربية بين الرحالة القدماء والمحدثين، فإن الاختلاف لا يمس جوهر التماس بين «الرحلي» و«التاريخي» فالمزاوجة بينهما في الرحلة العربية حاضرة في وعي الرَّحَّالة، وحاضرة في تمثيل التاريخ، وإن بمستويات متباينة تختلف من نص لآخر.

الرحلة وثيقة تاريخية: من جدل «المصدر» إلى «جدل إعادة كتابة التاريخ العادل»

من يتأمل المدونة التاريخية التقليدية وكتابات المؤرخ العربي المعاصر يقف على ملاحظة لافتة للنظر، وهي أن المؤرخ العربي كثير الشكوى؛ فهو دائماً يُذكر القارئ بالمعاناة التي يواجهها كلما أمسك القلم وشرع يكتب في التاريخ، ويبدو أنه محق في شكواه، ذلك أن الكتابة في التاريخ العربي الإسلامي تضعنا أمام عائقين تقنيين؛ الأول يتمثل في الشتات المتناثر الذي خلفه المؤرخ التقليدي؛ إذ نلمس في الكتابة التاريخية الكلاسيكية مجموعة من البياضات والفراغات والحُفَر التي جعلته تاريخاً متداعياً وبعيداً عن البناء المحكم، أما العائق الثاني فيتجلى أساساً في ندرة الوثائق والمصادر التي يتكئ عليها المؤرخ لإنجاز أبحاثه التاريخية، وإزاء هذين العائقين التقنيين لم يجد المؤرخ العربي المعاصر بدأً من تغيير الاستراتيجية في عمله فعمد إلى دراسة خطورة «البياضات» أولاً، وانعكاسها على «المعرفة التاريخية» ثم أردف ذلك بالبحث، عن مصادر جديدة، غير المصادر الرسمية قصد ملء تلك البياضات ورتق تلك الفراغات.

في هذا السياق، اتجه الباحثون في التاريخ العربي الإسلامي إلــى الاستفادة من كتب مـوازيـة لكتب المؤرخين، فظهرت دراسات[86] تعتمد على كتب «الفقه» وكتب «الأنساب» و«عقود البيع والشراء» و«الفتاوى» وقاموا باستخلاص ما تحتويه من معلومات ومعطيات في دراساتهم التاريخية قصد ملء الثقوب التي تعتري الكتابة التاريخية الرسمية، وإعادة بناء التاريخ من جديد وفق رؤية عادلة تنظر إلى التاريخ نظرة شاملة وغير انتقائية. ومن جهة ثانية هذه «المصادر» كانت إلى وقت قريب «مصادر هامشية» لا يعتد بها ولكنها مع بروز تيار الكتابة التاريخية الجديدة أصبحت تُعَدُ «مصادر إرادية» لتاريخ الحضارة العربية الإسلامية، لكونها تعكس الواقع الاجتماعي، والسياسي، والديني والاقتصادي، وتعكس وجهات نظر مؤلفيها تُجاه مشاكل عصرهم، ونظراً لهذه الأهمية هناك من عَدَّها مصادر أساسية للمؤرخ «إذ لا يمكن اعتبار ما نكتبه من تاريخ عملاً كاملاً وقريباً من أعمال الماضي إلا إذا تم الاستفادة من كتب النوازل»[87].

في هذا الإطـار، نستحضر «النص الرحلي» بالمعنى الذي توصلنا إليه في المحور السابق لنقيم بينه وبين «الوثيقة التاريخية» جسراً معرفياً، نستطيع من خلاله تقديم صورة تاريخية متكاملة نسبياً عن الموضوع الذي انتقيناه لهذه الدراسة، فإلى أي مدى يمكن اعتبار الرحلة وثيقة تاريخية؟ وكيف يمكن اعتماد النص الرحلي في إعادة كتابة تاريخ حقبة ما من زاوية أخرى؟ وما المخاطر المنهجية التي تواجه الباحث في التاريخ أثناء تعامله مع النص الرحلي؟

1 - الرحلة و«الوثيقـة التاريخية»: نحو تقريب مفاهيمي بينهما:

إن الحديث عن النص الرحلي بوصفه وثيقة تاريخية يستدعي أولاً الحديث عن مفهوم «الوثيقة التاريخية» نفسه، ذلك أن هذا الأخير عرف تطوراً ملحوظاً في علاقته بتطور المنهج التاريخي، فكلما تطور المنهج تطور مفهوم الوثيقة التاريخية، ولذلك ليس من السهل الحديث عن «الرحلة» باعتبارها وثيقة تاريخية، دون تحديد مفهوم الوثيقة نفسه، تسعفنا هذه الرؤية المنهجية الحذرة في بناء تصور جديد لمفهوم الرحلة في علاقتها بـ«المصدر» في البحث التاريخي، فما المقصود بالوثيقة التاريخية؟

1 – 1 – مفهوم الوثيقة التاريخية:

مرَّ مفهوم الوثيقة التاريخية حسب تطور البحث التاريخي من ثلاث مراحل كبرى، المرحلة الأولـى تمثلت في ما قبل التاريخ الوضعاني، والمرحلة الثانية تجسدت بين الوضعانية والتاريخانية، أما المرحلة الثالثة فنلمسها في التاريخ الجديد والدراسات الإبيستمولوجية المعاصرة.

ففي المرحلة الأولى، أي ما قبل التاريخ الوضعاني، كانت الوثيقة التاريخية تستعمل بمعنى «المصدر (source)» وهو لفظ يطلق على المادة التي ينطلق منها المؤرخ لبناء المعرفة التاريخية، وتذهب بعض الدراسات إلى أن لفظ «مصدر» أطلقه المؤرخ «توسيديس

(Thucydide)» حين كشف عن مصادره التي اعتمد عليها في كتابة تاريخ الحروب البيلوبونيزية، وتضيف هذه الدراسات أن الاهتمام بـ«المصدر» كوثيقة تاريخية شهد تطوراً ملحوظاً في القرن 16 الميلادي، حيث ظهرت مؤسسات رسمية تعني بالأرشيف وقضايا التوثيق[88].

هذا بالنسبة إلى التاريخ الغربي، أما التاريخ العربي فقد كانت الوثيقة التاريخية في بداية الأمر تعني «الشهادة الشفوية» التي يرويها الحاضرون للحدث التاريخي، ثم تطورت الشهادة الشفهية، إلى «الشهادة المروية» ثم إلى «الشهادة المدونة» تدويناً شخصياً أو رسمياً في دواوين الدولة[89].

وفي المرحلة الثانية عرف مفهوم الوثيقة التاريخية تبايناً بين المنظور الوضعاني، والمنظور التاريخاني، فعلى مستوى المنظور الوضعاني يرى «مارُّو» أن المؤرخ ليس هو «من يصوغ إشكاليات فقط ويبني فرضيات، بل من يتوفر على برنامج عملي يمكنه من إبراز وثائق عديدة وأكثر موثوقية وأكثر كشفاً»[90] يحيلنا هذا القول إلى الاستكشاف الوثائقي من قبل المؤرخ، حيث يشرع المؤرخ في البحث عن الوثائق بعد فراغه من صياغة أسئلته الإشكالية التي يروم الإجابة عنها، والبحث عن الوثيقة ليس عملاً آلياً ميكانيكياً، بل هو مهارة فنية وأسلوب شخصي يعكس ثقافة المؤرخ[91] وحسه المعرفي.

أثناء عملية الاستكشاف الوثائقي، يجد المؤرخ نفسه أمام مصدرين، أحدهما الشهود الذين عاصروا حدثاً ما، أي ما يسمى في

الثقافة العربية بالروايات الشفهية، وثانيهما الوثائق المدونة تدويناً شخصياً أو رسمياً، والتي غالباً ما توجد في الأرشيفات أو المكتبات الوطنية والمكتبات الشخصية المشهورة.

إن مفهوم الوثيقة التاريخية من المنظور الوضعاني لا يرتبط بمرحلة الاستكشاف فقط، بل يتجاوزها إلى مستوى بناء المعرفة التاريخية، في هذا المضمار يرى المُؤرِّخَان الوضعيان «فكتور لانجلوا» و«شارل سينيوبوس» أن «التاريخ يصنع بالوثائق»[92] و«حيث لا وثائق، فلا تاريخ»[93]، ويقول «فوستيل دوكولانج»: «لا تاريخ بدون نصوص»[94].

نستشف من هذه التعريفات أن الكتابة التاريخية حسب التصور الوضعاني مرهونة بتوافر الوثائق، وبالثقة التي تحققها. غير أن المؤرخ «مارو» يعمل على تنسيب المعرفة التاريخية التي تتحقق بدراسة الوثيقة، فهذه الأخيرة لا توصل المؤرخ إلى اليقين والمطلق في البحث التاريخي بل تقوي افتراضاته، وفي هذا يقول متحدثاً عن المنهج الوضعاني «ينبغي أن يستخلص المؤرخ الحقيقة التاريخية من الوثيقة، ولكن الأخيرة لا تثبت بشكل قطعي حدوث الواقعة، إذ إن النقد لا يمكن أن يحدد إلا المصداقية التي تستحقها شهادة الوثيقة... ولكن إذا تمكنا من تجميع شواهد عديدة، فإن احتمال حقيقة حدوث الواقعة يصبح كبيراً وينتهي بالوصول إلى المعرفة اليقينية»[95].

إذا كان المنظور الوضعاني يرى الوثيقة التاريخية مادةً أولية يستند إليها المؤرخ في بناء المعرفة التاريخية، فإن المنظور

التاريخاني الذي تطور كبديل للتصور الوضعاني، فقد تجاوز إشكال ماهية الوثيقة التاريخية إلى النظر في محدودية المعرفة التاريخية الوضعانية المبنية على الأساس الوثائقي، ويُجْمل المؤرخ «عبد الله العروي» مختلف الانتقادات التي وجهها التاريخانيون إلى المدرسة الوضعانية في ثلاث نقاط أساسية[96] هي:

* المعرفة التاريخية الوضعانية محدودة؛ ذلك أن مفهوم الوثيقة عند الوضعانيين ارتبط بالنصوص الرسمية المحفوظة، والبقايا الأركيولوجيا، والمتأمل في هذا المفهوم يلفيه مفهوماً سياسياً تأثر بالسياق التاريخي للقرن 19، هذا إضافة إلى كونه يغفل التاريخ غير المحفوظ، وبعبارة «العروي» التاريخ غير الرسمي.

* يرى التاريخانيون أن المسافة التي وضعها الوضعانيون بينهم وبين الوثيقة تحول دون فهم حقيقي للتاريخ، لأن الموضوعية التي ينشدها المؤرخ الوضعاني عبر تلك المسافة تحصره في نطاق تحقيق الحدث التاريخي، ووصف سيرورة وقوعه وتجعله – أيضاً – بعيداً عن فهم الوقائع التاريخية فهماً حقيقياً، وفي هذا الإطار يقترح التاريخانيون، تقليص المسافة بين المؤرخ والوثيقة إلى درجة التماهي مع الشخصيات الماضية لتحقيق فهم عميق للوقائع والأحداث التاريخية.

* يبرهن التاريخانيون أن بناء المعرفة التاريخية بعيداً عن ذاتية المؤرخ يبدو أمراً مستعجلاً، فالتاريخانيون لا يتصورون تاريخاً بدون مؤرخ، وقد وردت إشارة عند «مارو» تحمل التصور التاريخاني؛ فالوثيقة «هي كل مصدر الأخبار يتمكن من خلاله فكر المؤرخ من

استخلاص شيء من أجل معرفة الماضي البشري منظوراً إليها من زاوية السؤال المطروح، وشيئاً فشيئاً يتسع المفهوم ليشمل نصوصاً وآثاراً وملاحظات من كل نوع»[97]. هكذا تُعد الوثيقة التاريخية في التصور التاريخاني مادة أولية نسبية بقدر ما تنفع في التحقق من وقوع الأحداث ووصفها، فإنها تبقى قاصرة عن الإحاطة بظروف الواقعة التاريخية من بدايتها إلى نهايتها، أسبابها وانعكاساتها، ولهذا رأى رواد التاريخانية أن «الحقيقة التاريخية تلاشت مع تلاشي اللحظة التاريخية التي ولدت داخلها، ولم يتبقَّ لنا سوى سرديات ومرويات عن التاريخ والثقافة»[98].

إذا كان مفهوم الوثيقة التاريخية في التصور الوضعاني محدوداً وقاصراً كما يرى التاريخانيون، فإن مفهوم الوثيقة سيعرف تطوراً في المرحلة الثالثة الموسومة بمدرسة الحوليات والتاريخ الجديد، حيث عرف حقل التاريخ تلاحقاً مع مختلف العلوم خاصة العلوم الاجتماعية.

إن التطور الذي عرفه مفهوم الوثيقة في إطار التاريخ الجديد يمكن أن نلمسه، في مستويين[99]، الأول تمثل في توسيع مفهوم الوثيقة أفقياً، ففي هذا المستوى لم تعد الوثيقة التاريخية محصورة في الطابع الرسمي، بل أصبح مفهوم الوثيقة يشمل أنواعاً جديدة من الوثائق أما المستوى الثاني، فيمكن وسمه بالتوسعة العمودية لمفهوم الوثيقة نفسه؛ حيث أصبح المفهوم يتخذ أبعاداً جديدة عمّقت مفهوم الوثيقة.

تصدَّى التاريخ الجديد لثلاث مهمات أساسية: تمثلت الأولى في موضوعات الكتابة التاريخية، والثانية في مادتها المصدرية، والثالثة في خطِّها الزمني، فالتاريخ الجديد بقدر ما عمِل على إقحام شرائح

اجتماعية «متروكة» و«مهمشة» كمواضيع أساسية، عمل أيضاً على «اعتماد أنواع جديدة من المصادر (مثل دفاتر العدول، والتاريخ الشفهي، والتراث المادي) وسلط عليها الضوء من زوايا جديدة بنوعية التساؤلات المطروحة ونوعية القضايا المتناولة»[100] إضافة إلى أن «التاريخ الجديد لم يُبْنَ على فصل التاريخ عن بقية العلوم بشتى أنواعها، على قاعدة ما هوصحيح من العلوم وما هو تقريبي منها، وإنما على النظرة الشمولية التي تتناول الظاهرة من مختلف الجوانب، وتعتمد كل ما أمكن من الأساليب العلمية رياضية وطبية وبيولوجية وجغرافية وغيرها»[101].

انطلاقاً من الأسس التي يقوم عليها التاريخ الجديد، نلاحظ أن توسيع مفهوم الوثيقة في إطاره، اتخذ مستويين؛ مستوى تطور المنهج التاريخي والتحاقل مع العلوم الاجتماعية، ومستوى تعقد مفهوم الوثيقة.

2 – 1 – مستوى تطور المنهج التاريخي والتحاقل مع العلوم الاجتماعية:

سنركز في هذه النقطة على التلاقح مع العلوم المجاورة للتاريخ مثل الجغرافيا والأركيولوجيا، وعلم الاجتماع.

أ – التلاقح بين التاريخ والجغرافيا: المشهد الجغرافي بوصفه وثيقة:

يقدم «مارو» في سياق حديثه عن توسيع مفهوم الوثيقة عند

الحوليات، ثم عند التاريخ الجديد مثالاً على التلاقح بين التاريخ والجغرافيا فيقول: «إن مشهداً منظوراً إليه من الطائرة أو مجالاً على خريطة بمقياس كبير هو وثيقة تاريخية بالنظر إلى أنه يمكننا أن نرى فيه شيئاً آخر غير الانعكاسات المرتبطة بالقوانين الطبيعية (علم البيولوجيا، وعلم التربة، وعلم المناخ، وعلم النباتات) ونتعرّف فيه على تدخل الإنسان»[102] يحيلنا هذا القول إلى اعتبار المشهد الجغرافي وثيقة تؤكد على تجذر العلاقة بين التاريخ والجغرافيا، وبعبارة أدق التعلق الوثيق بين الزمان والمكان في دراسة التاريخ، وهناك من ذهب إلى اعتبار العلاقة بين التاريخ والجغرافيا «ذات بعد تأويلي للظواهر والأحداث الإنسانية فاللقاء بينهما منذ بدايته لم يكن آلياً، بل نتج عن ضرورات تأويلية»[103].

ب ـ الأثر المادي: تلاقح التاريخ والأركيولوجيا:

يذهب «ألان شناب Alain Schnap» أن المخلفات الأركيولوجية ـ في ظل الفضول المعرفي في القرنيين 16 و17، لم تكن تمثل سوى جزء بسيط من المعرفة العامة، والتاريخية على وجه الخصوص، ولم تكن معظم الدول الأوروبية تتوفر على قوانين تشريعية ومؤسسات بحثية في الأركيولوجيا على الأقل في الجزء الأول من العصر الحديث، غير أن تنامي الصراعات القومية منح الأركيولوجيا مكانة مرموقة وجعلها في صلب النقاشات التاريخية[104]، وبفضل التطور الذي عرفه البحث الأركيولوجي، على مستوى المفاهيم والأدوات الإجرائية، أصبحت الأركيولوجيا رفيقة التاريخ في البحث عن

الحقيقة التاريخية بل «نجحت الأركيولوجيا في تغيير نظرة الإنسان إلى ذاته وتاريخه الماضي، بحيث لم تعد معرفة التاريخ مرتبطة بروايات شفوية أو شهادات قابلة للزور؛ بل أصبحت دراسة الماضي تعتمد على معطيات تجريبية ومخلفات كل حقبة فيتم تأسيس الحدث التاريخي على ما وجد من آثار تدل على كل حدث أو واقعة تاريخية»[105]، فالأثر الأركيولوجي أصبح هو الآخر وثيقة تاريخية تساعد الباحثين في إعادة تحليل المعطيات التاريخية وتفكيكها لبناء معرفة تاريخية متسمة بالطابعين العلمي والعقلاني.

ج – الأثر الشفهي: التحاقل بين التاريخ وعلم الاجتماع:

يُقرِّر «جوطار Joutard» أن الاهتمام بالتاريخ الشفهي يعود إلى ثلاثينات القرن العشرين في الولايات المتحدة الأمريكية[106] في إطار بحث تاريخي ضخم حول ذاكرة «العبيد السود»[107]. إن الرجوع إلى الأثر الشفهي باعتباره تقنية تاريخية قديمة[108] في عالم تغلب عليه الكتابة بشتى أنواعها يعود حسب «جوطار» إلى عاملين اثنين؛ الأول تطور المجتمعات الغربية وانفجار الاتصالات الشفهية بفضل وسائل الاتصال الحديثة. والثاني نلمسه في تحولات المعرفة التاريخية؛ فقد أصبحت مجالات المؤرخ الجديدة تفرض عليه استعمال الأدوات الشفهية، من تاريخ الحياة اليومية والتقنيات[109] وفي هذا السياق يمكن أن تقدم مثالاً حياً على أهمية «الأثر الشفهي» في صناعة التاريخ، ألا وهو التفاعل بين المؤرخ المعاصر والمرويات الشفهية حول جائحة «كورونا» سواء كانت مرويات إعلامية أو مرويات متداولة على

ألسنة الناس؛ إذ ساعدت المؤرخ على فهم الأزمة الوبائية التي يشهدها العالم مع الاتكاء على حقول معرفية أخرى[110].

ولا يمكن إغفال في هذا السياق انفتاح التاريخ على العلوم الاجتماعية خاصة في مدرسة الحوليات والتاريخ الجديد على مستوى الموضوع والمنهج، وقد أدى هذا الانفتاح إلى «استثمار وثائق هي من صلب أدوات الإثنولوجي أو علم الاجتماع وهي الرواية الشفهية، رغم الموقف السلبي أو المتحفظ الذي يبديه المؤرخ تجاه الشهادة الشفهية»[111]. تبعاً لهذا يمكننا أن نقول إن ما توفره وسائل التواصل الحديثة عن مرويات شفهية غزيرة ستحدث لا محالة أثراً بالغاً في الكتابة التاريخية المعاصرة.

إذا كانت هاتان النتيجتان مرتبطتين بالتوسع العمودي للوثيقة، هذا التوسع يصل إلى درجة تعقد المفهوم في ظل تطور البحث التاريخي وتعدد الوثائق وظهور أنواع جديدة منها.

3 – 1 – تعقد مفهوم الوثيقة أو التوسع العمودي للوثيقة:

أورد «عبد الله العروي» أن الوثيقة في التقليد العربي تحيل على المكتوب[112] واقترح مصطلحاً بديلاً يراه أوسع من الوثيقة المكتوبة وهو «الشاهدة»[113] وقد صاغ هذا المصطلح واقترحه بديلاً انطلاقاً من الإشكال اللغوي الذي يطرحه مفهوم الوثيقة المكتوبة، والذي يَحُدُّ من نوعية الوثيقة ويحصرها في دائرة المكتوب حصراً، غير أن الوثيقة حسب العروي تكون وثيقة في موضوعها فكل موضوع له

وثيقته المتميزة، يقول العروي: «لو سألنا باحثاً في متحف أثري عن ماهية الوثيقة، لقال على الفور هي بقايا حجرية أو نباتية أو حيوانية، ولو سألنا باحثاً على عتبة مكتبة وطنية، لقال: هي المخطوطات والرسائل والكُنّاشات، لو سألنا متخصصاً في تاريخ القرن 19 ميلادي، لقال: هي التقارير القنصلية والصور الشمسية والنقود»[114]. واستنتج انطلاقاً من تنوع الوثيقة حسب الموضوعات والتخصص أن «كل ما يوجد هو وثيقة متميزة يستعملها باحث متخصص»[115].

تأسيساً على هذه الأرضية المفهومية المعقدة لماهية الوثيقة نلاحظ تطوراً لافتاً لها على مستوى الخط الزمني للبحث التاريخي، ويمكن أن نجمل ذلك التطور في ثلاث مستويات عمودية تخص ماهية الوثيقة.

أ – الوثيقة: بين المصدرية والولادة الثانية:

من المعروف أن المؤرخين الأوائل في مختلف الحضارات والثقافات قادتهم الممارسة المنهجية لعملية التأريخ إلى الاستناد إلى مصادر أولية قد تكون مرويات شفهية أو مراسلات بينية أو عقود معاملات أو شهادات وعملوا على معالجتها معالجة خاصة حسب الموضوع والأحداث والتحقيب الزمني، مما جعلها أي تلك المصادر الأولية مجرد سند لتكوين وثيقة يهيئها المؤرخ لتكون الأجيال اللاحقة قابلة للقراءة والتحليل والتفكيك، في هذا السياق يضرب «العروي» مثالاً بالمؤرخ «الناصري»[116] (ت: 1897م) عندما «جمع أخبار الدولة السعدية اعتمد على روايات الأنصار وعلى كتابات الأعداء، بل لجأ إلى أقوال كاتب برتغالي»[117] ليخرج وثيقته التاريخية التي

ستتحول فيما بعد إلى «مرجع من المراجع» بتعبير «العروي» فالوثيقة التاريخية في مرحلتها الجنينية هي مصادر تولد منها وثيقة تأريخية مُهَيَّأة وهذه الأخيرة «وثائق تاريخية أعدّها وهيأها المؤرخون انطلاقاً من عدد من المصادر المهيأة ما يرمي إلى إعادة تركيب بعض أوجه الماضي ومظاهره»[118].

ب – الوثيقة الخطاب: من القراءة التقنية إلى القراءة الخطابية:

لم تعد الوثيقة حسب تصورات التاريخ الجديد تقييداً حاملاً للذكرى أو الوقائع أو الأحداث، ويكفينا أن نقرأها قراءة تقنية نستخرج من خلالها المعطيات فحسب، بل تحولت إلى وثيقة حاملة لخطاب تدعونا من خلاله إلى التوسل بعلوم أخرى لفك ألغازه ورموزه وكشف المستور الكامن فيه، ولتحقيق هذه الغاية دعا «العروي» إلى ما يسميه بـ«التناهج» أي «التعاون العضوي بين التخصصات المختلفة على أساس أن التاريخ هو علم العلوم»[119]؛ فالوثيقة إذا كانت مكتوبة تسعفنا اللسانيات في فك مفرداتها، وإذا كانت رمزاً تسعفنا العلوم الإشارية في تحليلها وفهمها، وإذا كانت منظراً طبيعياً نستدعي لها علم الجغرافيا وهكذا.

ج – الوثيقة في مواجهة نظرة المجتمع إلى تاريخه:

دعا «ميشيل فوكو Foucault» إلى التخلي عن المفهوم الآداتي والتقني للوثيقة من خلال عدم الوثوق بها والاطمئنان إلى ما تختزنه

من معلومات، وما تتضمنه من صور عن الماضي يمكن استرجاعه من خلالها، يقول: «لم تبقَ الوثيقة بالنسبة للتاريخ تلك المادة الخام التي يسعى من خلالها إلى استعادة ما صدر عن الناس من أقوال وأفعال، واسترجاع ما ولّى ولم يترك سوى أثر يلزم اقتفاؤه، إنه يسعى إلى أن يحدد وحدات داخل النسيج الوثائقي، ويعين فيه مجموعات وسلاسل وعلاقات»[120] من الواضح هنا، أن «فوكو» يتحدث عن الوثيقة التي هيأها المؤرخون، وتتخذ من «السرد – Narration» شكلاً يؤطرها، فهي وإن كانت وثيقة تأريخية، فإنها لا تعكس الواقعة التاريخية أو الحدث التاريخي كما حدث بالفعل إنها تحمل رؤية لتلك الواقعة أو لذاك الحدث، لأنها نتاج «ذات مُوَرِّخة».

إن تعامل المجتمع مع الوثيقة التاريخية السردية بنوع من الوثوقية من شأنه أن يعوق عملية الفهم السليم للتاريخ، لأن «الوثوقية المطلقة» بالوثيقة تضفي على الواقع طابعاً وهمياً وفي بعض الأحيان طابعاً أسطورياً، وقد عَبَّر عن هذا «هايدن وايت Hayden White» حين قال: «يعتقد العديد من المؤرخين المحدثين أن الخطاب السردي ليس وسيطاً حيادياً لتمثيل الأحداث والسيرورات التاريخية، بل هو المادة التي تصاغ منها نظرة أسطورية للواقع ومحتوى مفاهيمي زائف يسبغ على الأحداث الواقعية عند استخدامه لتمثيلها تماسكاً وهمياً ويشحنها بتلك المعاني التي يتسم بها الفكر المرتبط بالأحلام لا باليقظة»[121]. إن المجتمع عندما ينظر إلى تاريخيه ويحاول معرفته فإنه يحقق ذلك عبر الوثائق، وهذه الأخيرة بعد أن يأخذ السرد مكانه فيها وبعدها، لا تمثل الواقعة أو الحدث بقدر ما تقربنا منه.

4 – 1 – الرحلـة وثيقـة تاريخيـة: من الوثيقـة الدفينة إلى الوثيقة المهيأة:

انتهينا في المحور السابق الذي ناقشنا فيه مفهوم الوثيقة التاريخية إلى أن هذه الأخيرة عرفت تطوراً كبيراً على مستوى المفهوم، وعلى مستوى الأنواع، خاصة مع موجة توسيع مفهوم الوثيقة مع رواد التاريخ الجديد؛ وبهذا التعدد الذي أصبحت تتميز به الوثيقة التاريخية، لم يعد في صالح الباحثين في التاريخ تهميش الكتابة الرحلية، والتعامل معها على أساس التصنيف الأدبي الذي عانت منه ولاتزال تعاني؛ بحيث يحدُّ هذا التصنيف من طاقتها المعرفية الغزيرة.

ورداً على هذا التوجه الإقصائي حاولت بعض الدراسات العلمية في الحقل التاريخ[122] أن تمنح الكتابات الرحلية العربية مكانة في البحث التاريخي، واعتبرتها مصدراً من المصادر التاريخية، يلجأ إليها المؤرخ للإجابة عن أسئلته الإشكالية، خاصة في الجوانب الاجتماعية، وفي هذا السياق، صنف المؤرخ المغربي «محمد المنوني ت 1999م» الكتابة الرحلية ضمن ما يسميه بـ«المصادر الدفينة»، فإذا كانت «المصادر التاريخية الموضوعية إنما تهتم باتجاه محدد، فإن المصادر الدفينة الأخرى، تفيد الباحثين وتفتح آفاقاً قد تكون فسيحة في الكشف عن ألوان من التاريخ الحضاري، وأحياناً الشعوب وهذا هو واقع بعض الجغرافيات والرحلات، فتتحدث عن عادات السكان في المأكل والسكن، وعن اقتصاد الجهة المعنية، وأحياناً عن المستوى الثقافي للنابهين»[123].

غير أن هذا الاعتبار كان محتشماً على مستوى الشرعية النقدية، ويدفعنا للتساؤل على أي أساس تعدُّ الرحلة مصدراً تاريخياً؟ وإذا كانت كذلك، ما موقع فكرة الأنواع الرحلية ضمن مفهوم الوثيقة التاريخية؟ وما الأدوات المنهجية المناسبة لتحليل وتفكيك الخطاب التاريخي في الرحلة؟ تلك إذاً بعض الإشكالات التي تعترضنا في سبيل الدفاع عن المشروعية المصدرية للرحلة، وللإجابة عنها نقترح رؤية جديدة تقوم على ثلاثة مداخل:

أ ـ المدخل المعرفي: الرحلة مصدر للمعرفة التاريخية:

تتسم النصوص الرحلية بالغنى المعرفي وتنوعه؛ وهذا راجع في الأصل إلى ارتباطها بحقول معرفية عديدة، وبتنوع الجغرافيات والثقافات والعادات والسكان التي يطلع عليها الرحالة أثناء مسيره الرحلي، ويزداد الطابع المعرفي للنص الرحلي تعقيداً كلما تعددت صفات الرحالة واختلفت، فالرحالة الفقيه يركز على المعرفة الدينية بشتى أنواعها «فقه، وتفسير، وحديث، وإجازات الشيوخ والترجمة لهم، والمساجد...» والرحّالة الأديب يجمع في رحلته كل ما يتصل بالمعرفة الأدبية، والرحالة السفير يدوِّن المعرفة السياسية، والرحالة الجغرافي يرسم الخرائط ويقيس المسافات ويُقَدِّرُها.. أما الرحالة الذي اجتمعت في شخصه كل هذه الصفات تكون رحلته أقرب إلى موسوعة معرفية Encyclopedic Knowledge ؛ هذا الغنى المعرفي إذا أضفناه إلى اختلاف الزمان والمكان اللذين تغطيهما معظم النصوص الرحلية العربية التي

وصلتنا، أو التي لا تزال مخطوطة تنتظر التحقيق والدراسة، نحصل على كنز ثمين زاخر بالمعرفة التاريخية يقول الناقد «سعيد يقطين» في سياق حديثه عن الأشكال الرحلية: «الشكل الثاني هو التعبير عن الرغبة الذاتية أو الخاصة، ويبرز في كونه يتخذ طابعاً وصفياً مهيمناً، ويبرز قصده الأساسي في تقديم معرفة جوهرية عن مناسك الحج[124]، والمَوَاطِن التي على الحاجِّ أن يسلكها ليؤدي مناسكه (رحلة ابن جير مثلاً)، أو تقديم معرفة تاريخية أو جغرافية أو اجتماعية عن العادات والتقاليد، كما تقدم لنا ذلك كتب الرحلات ولا داعي إلى التنبيه إلى أن تحصيل المتعة وارد هنا أيضاً، ولكننا نتحدث عن القصد الأساسي والبارز في المستوى الأول»[125].

إن الجوانب المعرفية التي يعطيها النص الرحلي سواء كانت جوانب جغرافيا أو ثيولوجية دينية، أو أنثروبولوجية، أو لغوية، أو تاريخية...، تنسحب على المجالات التي تلاقح معها التاريخ ودعا رواد الحوليات والتاريخ الجديد إلى توسيع مفهوم الوثيقة في ضوء ذلك التلاقح؛ فالرحلة تضم المشهد الجغرافي وتشير إلى الآثار والمعطيات الأركيولوجيا، وتسجل العادات والتقاليد، وتنطق بلغة عصرها...، وهي بهذا الطابع الموسوعي للمعرفية تؤكد جدارتها بأن تكون وثيقة تاريخية، فهي تلتقط الواقع وتتحدث عن ماضي هذا الواقع، ما يجعلها تحمل صفتين في نفس الوقت، فهي وثيقة تاريخية مصدرية للحقبة التي كتبت فيها، ووثيقة مُهيأة إذا عمد فيها الرحالة إلى التأريخ انطلاقاً من مصادر أولية أخرى.

ب – مدخـل الأنـواع: النوع الرحلي وإمكانيـة توثيق التاريخ من أسفل:

تنقسم الرحلة من حيث النوع إلى قسمين عامين تنشطر منهما أنواع مروية أخرى حسب الموضوع الغالب على النص، وحسب الحافز Motive الذي يُحرك الرَّحالة ويوجهه، وهذان النوعان هما[126].

* نصوص رحلية واقعية، وهي نصوص ذات مرجعية ملموسة في الزمان والمكان، وأحداثها واقعية، وتتولد تحت هذا النوع أنواع كثيرة.

* نصوص رحلية متخيلة، وهي نصوص ذات مرجعية أُخروية أو دنيوية يوتوبية، وعلى أساس مرجعها التخييلي تخلق أنواعها المتعددة.

ما يهمنا في هذا التقسيم هو النوع الأول الذي تتناسل من رَحِمِهِ أنواع كثيرة، كل نوع منها يحمل خصائص وصفات خاصة تميزه عن نظيره، وتُجْمَل تلك الأنواع في عدة رحلات، هي الحجازية الحجية، والسياحية والرسمية، والدراسية والأثرية، والاستكشافية، والزيارية، والسياسية، والعلمية والفهرسية والسفارية والجغرافية[127]، وعلى الرغم من تعدد الأنواع إلا أنه يمكن إدراج نوعين نَوَوِيَّيْن في نوع واحد، مثلاً الرحلات الاستكشافية والجغرافية غالباً ما يتم إدراجها تحت مسمى واحد هو الرحلات الجغرافية، وكذلك، الرحلة السياسية والسفارية يتم طَيُّهما تحت نوع الرحلة الرسمية، وبهذا تختزل هذه الأنواع النووية إلى أنواع أعم وأشمل وأكثر شيوعاً.

إن كل نوع من الأنواع الرحلية المذكورة يمكن أن نتخذه ذريعة لفعل التأريخ، من وجهين؛ يتمثل الوجه الأول في نوع المعرفة التي يوثقها الرحالة في مسيره الرحلي، ويتجلى الوجه الثاني في عملية التأريخ الواعية التي يقوم بها بعض الرحالة في نصوصهم مثل التجاني، والعبدري في رحلتيهما.

*** الرحلات الدينية:**

ارتبط هذا النوع من الرحلات في تاريخ الحضارة العربية الإسلامية بالحج؛ وقد كان هذا الأخير «الحج» الدافع الرئيس لدى المسلمين، خاصة – مسلمي شمال إفريقيا – للقيام برحلات حجية، وكان الرحالة الذي يقصد زيارة الديار المقدسة، لا يتوانى لحظة واحدة على تسجيل وتوثيق المعارف كمياً وكيفياً، فجاءت هذه الرحلات غنية بالمعرفة التاريخية الخاصة بالحجاز وكانت «تستند إلى التاريخ عند التعرض لوصف المسالك والمدن والمعالم وبدايات الأمور، بل ورصد الظواهر الاجتماعية غير المألوفة لديهم، وكذلك الاقتصادية»[128] ومن هذه الرحلات، رحلة «ابن العربي» ما بين (485هـ – 495هـ) المسماة «مختصر ترتيب الرحلة للترغيب في الملة»[129] قال عنها المؤرخ «كراتشوفسكي»: «إن ابن عربي قدم لنا في خلاصة هذه الرحلة مادة ضخمة في مجال الحضارة الثقافية والاجتماعية لذلك العصر»[130] ورحلة «التجاني» سنة 706هـ التي تعد رافداً من روافد البحث التاريخي في عصره ورحلة «أبي سالم العياشي» (ت: 1090هـ / 1679م) المشهورة بـ«ماء الموائد»، وهي

رحلة جمّاعة لكثير المواضيع ذات الشأن الديني، ظروف الحج، تراجم الفقهاء والعلماء، فضلاً عن النتف الأدبية، والرحلات الحجية كثيرة وغنية يضيف المقام بذكرها، وإنما ذكرنا بعضها على سبيل التمثيل لا الحصر.

وتندرج ضمن هذا النوع من الرحلات نوع آخر هو الرحلات الصوفية أو الزيارية، ويتميز هذا النوع بتركيز أصحابه على زيارة الزهاد والوعاظ ومقامات الأولياء والأضرحة في بلدان العالم الإسلامي مثل رحلة «أنس الفقر وعز الحقير» لابن قنفذ القسنطيني، (ت: 810هـ / 1408م)، التي تعد وثيقة معتمدة في دراسة تاريخ التصوف في القرن 9 الهجري.

*** الرحلات العلمية:**

كانت الرغبة العلمية حافزاً أساسياً في ظهور رحلات علمية كثيرة في تاريخ الحضارة العربية الإسلامية، ويرى «الشاهدي الحسن» أن هذا النوع من الرحلات «له صلة بالباعث الديني أو هو نتيجة له، لأن طلب العلم مرغوب فيه، مثاب عليه في الإسلام»[131] وفي هذا السياق تعد رحلة الإمام «الشافعي» (ت: 204هـ) أبرز رحلة[132] لطلب العلم في القرن الثاني الهجري، ثم توالت بعدها رحلات في الغرب الإسلامي «اتسمت بالطابع العلمي التوثيقي مثل رحلات ابن رشد، والعبدري، والتيجاني، والبلوي، وابن خلدون، والقلصادي...»[133] وقد ارتبطت الرحلة بالعلم ارتباط تلازم حسب ابن خلدون «فالرحلة لا بدّ منها في طلب العلم ولاكتساب الفوائد والكمال بلقاء المشايخ

ومباشرة الرجال»[134] والرحلة العلمية عرفت تطوراً ملحوظاً في العصر الحديث، خاصة في القرنيين 18 و19 الميلاديين، وقد سبقت الإشارة في محور «في الرحلة» السابق إلى مثال «رحلة البيغل».

إن الرحلات العلمية على اختلاف الزمان والمكان يمكن أن تستثمر لمعرفة تاريخ العلوم، والأماكن التي كانت فيها الحركة العلمية مزدهرة، والوقوف على نوعية العلوم ومدى إقبال الناس عليهم، كما أنها تعدُّ حلقة وصل بين الشعوب والحضارات، وفرصة لتناقل العلوم والمعرفة، وتبادل الخبرات والتجارب، وهذه المعطيات العلمية مهما اجتهد التاريخ الرسمي في تأريخها والإحاطة بها فإنه لن يفي بالغرض قدر ما تتضمنه نصوص الرحلات من الوصف الدقيق والتواريخ المحددة وتراجم العلماء والأطباء وكتبهم ومناهجهم.

*** الرحلات السفارية الرسمية**

وهي الرحلات التي تكون بتكليف من الجهة الحاكمة، السلطان أو الخليفة، أو الدولة، وتتخذ طابعاً تكليفياً أو إدارياً أو سفارياً، وتختلف دوافعها، فقد تكون «لتفقد أمر الرعية، أو تلبية طلب الحاكم في معاينة أماكن مجهولة أو بعيدة، أو الإتيان بأخبارها، فقد تكون في إطار التجسس أو الاستطلاع»[135] وقد اشتهرت الرحلات الرسمية باسم الرحلات السفارية لأنها عادة ما ارتبطت بـ«القيام بسفارة لدى دولة أجنبية، وتكون أحياناً من إنشاء سفير نفسه إن كان رجال الأدب والعلم وأحياناً أخرى يقوم بتأليفها أحد الكتاب الذين يرافقون السفير»[136].

عرف العالم العربي والإسلامي هذا النوع من الرحلات في مرحلة

مبكرة أهمها «العصر العباسي» وقد تنوعت أهداف وغايات تلك الرحلات السفارية، فمنها الرحلة ذات الغاية العلمية، مثل «السفارة العلمية التي أرسلها الخليفة العباسي الواثق (227 – 232هـ / 742 – 747م) برئاسة العالم العربي المشهور محمد بن موسى المنجم إلى مدينة إفسوس بآسيا الصغرى لزيارة الكهف الذي حفظت فيه أجساد الشباب السبعة الذين استشهدوا أيام الإمبراطور تيودوسيوس الثاني (408 – 450م) والذين ورد ذكرهم في القرآن الكريم، وقد منح الإمبراطور البيزنطي ميخائيل الثالث (842 – 867م) تلك السفارة تفويضاً خاصاً لزيارة ذلك الكهف»[137] ومنها الرحلة ذات الغاية الدبلوماسية المتمثلة في التهنئة وتحسين العلاقات بين البلدين، غير أن الرحلات السفارية الأولى، عادة لم تكتب أو لم يهتد البحث إليها بعد.

وقد ازدهرت الرحلات السفارية في العالم العربي الإسلامي، خاصة في الغرب الإسلامي منذ القرن 15 الميلادي؛ حيث عرف العالم حركة الاستكشافات الجغرافية، وبدأت العلاقات الدولية تتشكل من جديد في ظل تغيير ميزان القوى، في هذا السياق يقول المؤرخ «محمد الفاسي» في مقدمة تحقيقه للرحلة السفارية «الإكسير في فكاك الأسير» لابن عثمان المكناسي: «وقد برز المغاربة في هذا النوع من الرحلة ولم يؤلف أحد من العرب بقدر ما وضع المغاربة من رحلات سفارية، وكلها كتبت في العصور الحديثة، أي ابتداء من أيام السعديين»[138].

تأتي – إذاً – الرحلة السفارية في سياق العلاقة مع الآخر من الناحية الرسمية، وانطلاقاً من هذه العلاقة تميزت الرحلات السفارية بعدة خصائص أهمها:

- الطابع الدبلوماسي المتمثل في حل المشاكل العالقة بين البلدان أو في تطوير العلاقات على المستوى السياسي والاقتصادي والثقافي والأمني.

- الطابع الاستطلاعي الذي يشمل جميع الجوانب الحضارية للطرف الآخر، ومحاولة التعرف على مواطن قوته، وتفسير سر تفوقه.

وبناءً على هاتين الخاصيتين، فإن مهمة السفارة لم تكن في متناول الجميع بل كان يقوم بها، خيرة السفراء، حيث كانوا من طبقة العلماء والأدباء والمؤرخين والفقهاء والمترجمين: فقد ذكر «الحسن بن محمد المعروف بابن الفراء» في كتابه «رسل الملوك ومن يصلح للسفارة» رأياً يخص اختيار الهيئة الإدارية والسياسية للمساهمة في تدبير أمور البلاد فقال: «سألتني أيَّدك الله أن أبين لك فضل الرسل ومن يصلح للرسالة والسفارة، فاختر لرسالتك وفي هديتك وصلحك ومهمتك ومناظرتك والنيابة عنك رجلاً حصيفاً بليغاً، قليل الغفلة، منتهز الفرصة، ذا رأي سديد، وليكن من أهل الشرف والبيوتات، ذا همّة عالية فإنه مقتف آثار أوليته»[139] فعلى قدر مكانة السفراء العلمية وقدراتهم العقلية، واتصافهم بالحلم والثبات جاءت نصوصهم الرحلية غنية بالمعارف التاريخية والاجتماعية والمقارنات الاقتصادية الدقيقة، ولم يكن السفراء الرحالة يقفون على حدود أداء المهمة الرسمية فقط، وإنما كانوا «يغتنمون فرصة حلولهم بالبلد المبعوثين إليه ليتفرغوا للمناقشة والمناظرة في مجالس العلم وحلقاته، ومن أمثلة ذلك ما ذكره المَقَّري عن رسول بجاية إلى فاس، حيث نبه طلبة هذه المدينة إلى

إشكال في تفسير الفخر (يقصد الفخر الرازي) ولكن الآبلي تفطنَ إلى أنَّ في الكلام تصحيفاً»[140].

ظهرت الرحلة السفارية في الغرب الإسلامي بشكل خاص؛ حيث يعود أول نص رحلي سفاري وصلنا هو «النفحة المسكية في السفارة التركية» لـ«علي التمكروتي» عينه السلطان السعدي أحمد منصور الذهبي سفيراً إلى الدولة العثمانية سنة 1589م، ثم رحلة «أفوقاي الحجري الأندلسي» المسماة «مختصر رحلة الشهاب إلى لقاء الأحباب» سنة 1611م ، ثم رحلة «الوزير في فكاك الأسير» لمحمد الغساني الأندلسي الذي تولى مهمة السفارة إلى ملك إسبانيا سنة 1690م بأمر من السلطان العلوي المولى إسماعيل، ثم رحلة «نتيجة الاجتهاد في المهادنة والجهاد» لأحمد بن المهدي الغزال سفير السلطان سيدي محمد بن عبد الله لدى كارلوس الثالث ملك إسبانيا سنة 1766م – 1767م، ثم رحلة «إحراز المعلي والرقيب» للرحالة السفير محمد بن عبد الوهاب المكناسي سنة (1200هـ/ 1785م) إلى غيرها من الرحلات السفارية التي دَوَّنَهَا الرحالة السفراء، ويضيق المقال لذكرها كلها.

إن الميزة التي تختص بها الرحلة السفارية على مستوى العلاقات الرسمية بين البلدان، دفعت بعض المؤرخين إلى البحث الدؤوب عن مخطوطات الرحلات السفارية لأنهم وجدوا فيه مادة تاريخية لا غنى لهم عنها في كتابة التاريخ الدبلوماسي المتمثل في العلاقات بين الدول[141] إضافة إلى هذا، فإن الرحالة السفراء من خلال دقة ملاحظاتهم وحسهم السياسي، وإحاطتهم بتاريخ الدول والحضارات،

وفَّرُوا للمؤرخين الجدد مادة معرفية تصلح لكتابة التاريخ الرسمي، وتاريخ المهمشين والبسطاء، أو ما يسمى بـ«التاريخ من أسفل»[142].

ج ـ المدخل الحواري: الرحلة وثيقة حوارية:

تميز الدراسات السردية البنيوية بين الرحلة كفعل والرحلة كخطاب، فـ«الفعل تقوم به ذات تاريخية مُحَمَّلة بأحاسيس وانفعالات ورُؤى معينة، أما الخطاب فينجزه مرسل ينتج بملفوظاته وفق قواعد خاصة، وغايات محددة تتعَيَّن في علاقتها بالمرسل إليه»[143] انطلاقاً من هذا التمييز نستطيع تفكيك النص الرحلي إلى مسارين بقدر انفصالهما من حيث الإجراء النقدي، بقدر تكاملها على الفضاء النصي، وهما: مسار الرحالة، هذا الأخير يقوم بفعل الارتحال ويحوله إلى مسار الخطاب، وهذا الأخير يتجلى في ترهين المشاهدات وتدوين الأحداث، وبهذا يصبح للفعل الرحلي خطاباً، وبما أن الخطابات الرحلية تتعدد وتتنوع وتختلف حسب الفضاء الزماني والمكاني لفعل الارتحال، فلا مندوحة أن يكون النص الرحلي فضاء تتحاور فيه مختلف الخطابات الجغرافية والتاريخية والأدبية، والإثنولوجية والأنثربولوجية...، بالمعنى الذي يجعل النص الرحلي حاملاً صفة «التهجين»[144] «Hybridization» كأنه ممارسة توليفية تتردد فيها الخطابات وتتقاطع فيها اللغات[145].

إن الملمح الحواري الذي يجمع بين الخطابات في أتون النص الرحلي يرقى به إلى درجة الوثيقة الحوارية التي تتردد في صداها مختلف الأصوات التي قام الرحالة بترهينها ونقلها، وحرص على توثيقها بكل دقة؛ فالخطابات تنقلها الأصوات، إن عن طريق الرحالة

الذي يروي تفاصيل رحلته، أو عن طريق الأشخاص الذين التقى بهم الرحالة وحاورهم، ونقل عنهم؛ وما الصيغة التعبيرية «قال وقلت» التي يوظفها الرحالة في نصه، خاصة النصوص الرحلية التي تغلب عليها المناظرة، إلا دليل على تعدد الأصوات «Polyphony» واختلاف الرؤى حول العالم الذي ينقله الرحالة على مستوى الكتابة.

تأسيساً على هذا الملمح الحواري الذي تتميز به النصوص الرحلية، خاصة تلك التي أفرزتها السياقات التفاعلية مع الآخر، مثل الرحلات السفارية، نرصد مختلف الأصوات المتعددة، والخطابات المتضاربة، والأحاسيس والمواقف المتباينة، التي تشكل أرضية خصبة لكتابة تاريخ العقليات حسب المؤرخ «جاك لوغوف»[(146)].

نخلص في نهاية هذه المداخل النقدية التي اقترحناها لإبراز الجانب التوثيقي للنص الرحلي إلى أن هذا الأخير في حاجة إلى تجاوز المقاربة البنييوية الجمالية، إلى المقاربة المعرفية التي تستكنه عمقه المعرفي وترى فيه مصدراً للمعرفة التاريخية، وكتابة توثيقية عابرة للزمان والمكان، وأرضية لدراسة تاريخ الأحداث والأفكار والعقليات.

2 - الرحلة وإعادة كتابة التاريخ الإسلامي:

هل ما كتبه المؤرخ التقليدي عن التاريخ الإسلامي والغرب الإسلامي خاصة كافٍ للإجابة عن الإشكالات التاريخية المعلقة التي لا تزال تلقي بظلالها على راهن العالم الإسلامي المعاصر؟ نمثل هنا بقضيتين الأولى تتمثل في سقوط آخر معقل للحضارة الإسلامية في الغرب الإسلامي (سقوط غرناطة) والثانية تتمثل في الأقليات

ذات الأصول العربية في مختلف بقاع العالم. وفي حالة ما إذا كان ما كتبه المؤرخ التقليدي غير كافٍ، من يعيد كتابة ذلك التاريخ؟ وما المصادر التي يمكن للباحث التاريخي أن يستند إليها في مشروعه لإعادة كتابة تاريخ حقبة ما، أو شخصية تاريخية معينة، أو قضية اجتماعية تاريخية؟ لإجابة عن السؤالين الأخيرين نستحضر التفاعل الذي أبداه المؤرخون العرب المعاصرون مع ما دعا إليه رواد التاريخ الجديد؛ حيث دعا بعضهم إلى الانخراط في مسالك التاريخ الجديد، مثل المؤرخ عبدالله العروي الذي نادى بضرورة القيام بتغيير جذري في كتابة التاريخ العربي عامة، والغرب الإسلامي خاصة، حيث يقول »إنَّ القارئ غير راضٍ عما يجده اليوم في السوق من الكتب حول تاريخ المغرب، إذا رجع إلى المؤلفات القديمة وجدها مليئة بالحروب والثورات والخرافات وأشعار المناسبات، إذا التفت إلى الرسائل الجامعية تَاهَ في نظريات مبهمة عن المنهج أو في تحليلات دقيقة حول منطقة أو أسرة أو تَنْظِيمَة اجتماعية، وإذا التجأ إلى كتب الأجانب رآها تزخر بأحكام استعمارية تعكر عليه صفو يومه، فيسخط ويقول: أين مؤرخونا؟ لماذا لا يعيدون كتابة تاريخينا؟»[147]

ونشير في السياق ذاته إلى المؤرخ الحبيب الجنحاني الذي جعل تساؤلات عبد الله العروي عن غياب المؤرخ المغربي، سؤالاً عاماً لإدانة المؤرخ العربي يقول: «أين المناهج العربية المتبعة اليوم من المدارس التاريخية الفرنسية التي تزعمتها ولا تزال مجلة الحوليات غداة الحرب العالمية الثانية وبرز في صفوفها مؤرخون عالميون أمثال مارك بلوك ولولسيان لوفيفر»[148] وفي سياق موازٍ لسؤال الحبيب الجنحاني، يأتي تساؤل وجيه كوثراني متفاعلاً مع أفق إعادة

كتابة التاريخ العربي، فالمقاربة النقدية التي واجه بها الكتابة التاريخية العربية المعاصرة قادته إلى أن الاتجاهات الإيديولوجية المتحيزة تهيمن على خصائص هذه الكتابة، فتساءل باحثاً عن استثناء، قائلاً: «ألم ينجز البحث التاريخي العربي المعاصر أعمالاً تجاوزت هذه السمات الإيديولوجية»[149].

تُظهر بجلاء هذه التساؤلات عمق الأزمة التي تتخبط فيها الكتابة التاريخية التقليدية، كما تدعو بطريقة غير مباشرة إلى اجتراح مسار نقدي أكاديمي جديد في الكتابة التاريخية العربية، وتجدر الإشارة هنا إلى أن هذه التساؤلات لم تنطرح دفعة واحدة، بل توزعت على امتداد زمني يؤكد أزمة الكتابة التاريخية العربية، فسؤال عبد الله العروي يعود إلى سبعينات القرن الماضي وفق الطبعة الأولى من الكتاب وسؤال الحبيب الجنحاني يعود إلى ثمانينات القرن الماضي، حسب تاريخ المقالة المشار إليها في الهامش أما سؤال وجيه كوثراني فقريب منا، حيث يعود إلى سنة 2012 – 2013م حسب طبعتي الكتاب. إنّ امتداد هذا الإشكال يؤكد أن الكتابة العربية المعاصرة لم تهتدِ بعد إلى طريق الحل.

لكن لا ينبغي التغافل عن النزعة الجديدة التي بدأت تظهر في بعض الدراسات التاريخية على مستوى التنويع في المصادر والموضوعات مثل البحث في التاريخ الاقتصادي والاجتماعي[150] والبحث في تاريخ الذهنيات والمواضيع المسكوت عنها أو المهملة والمهمشة والمنسية في الكتابة التاريخية التقليدية، بل بزغت بحوث تاريخية في المأكل والملبس والموت والعبيد والفقر، مثل كتابات

محمد المنوني ومحمد حبيدة، ومحمود إسماعيل، ومحمد الطاهر المنصوري، وإبراهيم القادري بوتشيش، يقول هشام جعيط في هذا الإطار «إن التاريخ يتجه اليوم بالأساس إلى البحث في المؤسسات والبنى الاقتصادية والاجتماعية والمعتقدات الدينية والنشاطات الثقافية بالمعنى الحصري، من دون إهمال الدينامية السياسية، ومن دون الإجحاف في التحليل التجريدي»[151].

استناداً إلى هذه الأرضية النقدية الداعية إلى تجديد الكتابة التاريخية العربية نقدم النص الرحلي السفاري مصدراً موازياً لكتابة تاريخ حقبة السقوط العربي الإسلامي في الأندلس وهذا المصدر لا ينسحب على هذه الحقبة من التاريخ العربي الإسلامي فقط، بل يمكن للباحثين الاستناد إليه لدراسة مختلف المواضيع في التاريخ الإسلامي، خاصة أن النص الرحلي سواء كان سفارياً أو دينياً أو جغرافياً، يمكن الباحثين من معطيات تاريخية عزَّ نظيرها في المصادر الرسمية؛ فالنص الرحلي مهما كان نوعه تكمن قيمته في كونه «يأتي إلينا بمعلومات عن أماكن لم يرْتَدْها أحد»[152]. كما يسعفنا النص الرحلي من خلال تنوعه وتعدد خطاباته على تكوين صورة مركبة لحقبة تاريخية ما، أو موضوع تاريخي معين، فالرحلة بوصفها مصدراً دفيناً يقدم فيها الرحالة تفاصيل دقيقة عن البسطاء والفلاحين والحرفيين والأجراء والرعاة والأسواق وتعليم الأطفال...، الأمر الذي تتحول بفضله الكتابة التاريخية من طابعها الرسمي المعهود إلى طابع جديد يكتب في التاريخ من أسفل.

يزداد هذا الطرح قوة إذا علمنا أنه من شرائط الكتابة التاريخية

المجددة، أن تكون كتابة مصححة وعادلة، ومربط العدل فيها أن تعاد كتابتها وفق هندسة تؤمن بتنوع المصادر، وتدعو إلى طرق مواضيع جديدة لم تكن مركز اهتمام الكتابة التاريخية التقليدية التي ركزت على القمة والسلطة، وهكذا فاللجوء والهجرة والخوف والموت والفقر والماء والدين والسحر واللغة.. تشكل قاعدة مواضيع الكتابة الجديدة[153] وبما أن الكتابة التقليدية لم تُولِ اهتماماً بمثل هذه المواضيع، فإن استراتيجية تنويع المصادر والبحث في النصوص الرحلية تصبح ضرورة منهجية لتحقيق الغاية التجديدية في الكتابة التاريخية.

3 – قراءة النص الرحلي: حذر منهجي:

ننطلق في هذا المحور من كتاب كاستيي (1926 – 2014م) يحمل عنوان «زمن القارئ»[154] الذي تنبأ فيه بتراجع سلطة المؤلف في إنتاج معنى النص في مقابل بروز سلطة القارئ الذي أصبح فاعلاً في بناء المعنى، وقد بدأت تلك النبوءة تتحقق مع المدرسة التأويلية التي دعت إلى اقتسام المعنى بين ثلاثة أطراف؛ المؤلف، والنص، والقارئ[155]. فهل يمكن أن تنطبق أطروحة القراءة والتأويل كما صاغها «إمبرتو إيكو، وفولفغانغ إيزر، وهانس روبرت ياوس، وغادامير» على النص التاريخي بشكل عام، والنص الرحلي بشكل خاص؟ ويصبح القارئ المؤرخ فاعلاً في إنتاج المعنى من خلال المقاربة المنهجية التأويلية.

يدفعنا هذا التساؤل إلى إعادة القول في المنهج الملائم لمقاربة النص الرحلي باعتباره نصاً تاريخياً، والقول في المنهج قول

إبستمولوجي لأنه يتصل بالإشكالات المنهجية التي لا تزال ترافق البحث التاريخي، وتنطرح أمامه كعقبة منهجية في زمن يغلب عليه التعدد وعدم الارتكان إلى منهج واحد يلتزم به الباحث أثناء إنجاز دراساته وأبحاثه، وتزداد المسألة المنهجية إلحاحاً على الباحث كلما تعلق الأمر بمقاربة النص الرحلي، الذي اتسم بإشكال التجنيس، وبقي عصياً على تجنيسه وتصنيف ماهيته في نظرية الأجناس[156] فكيف الحال بالارتكان إلى منهج واحد في مقاربة نص طالما تميز بتعدد الأصوات وغنى الخطابات؟

انطلاقاً من هذه الأرضية المنهجية الشائكة، نسعى في هذا المحور إلى تقديم توليف منهجي قائم على الاستفادة من كل ما أفرزته المناهج التاريخية والمدارس التأويلية من خطوات منهجية ومفاهيم إجرائية تسعف الباحثين في التاريخ على تشكيل صورة مقبولة عن الموضوع المبحوث فيه، ومنه الانخراط العملي في رهان تجديد الكتابة التاريخية.

إن التوليف المنهجي الذي نروم الاستناد إليه في سياق إنجاز هذه الدراسة ليس نشازاً منهجياً؛ فالتاريخ عرف انفتاحاً على العلوم المجاورة فيما عرف بالتناهج حسب تعبير عبد الله العروي وقد أسفر ذلك الانفتاح عن ثلاث نتائج أساسية، تمثلت الأولى في توسيع دائرة المنهج التاريخي، حيث انخرط المؤرخ، بعد تَسَيُّد موجة التاريخ الجديد، في أطر نظرية جديدة، وولج مجالات معرفية لم تكن مألوفة لديه في ممارسة الكتابة التاريخية، فأصبحت الإثنولوجيا والأنثروبولوجيا والسميائيات واللسانيات روافد علمية يتكئ عليها

المؤرخ في البحث «في ما هو تحت القيل، وفي ما هو خلف الظاهر»[157] والتنقيب عن دلالات الرموز والإشارات ومحاولة استكشاف الجانب الخبيء والممكنات اللاواعية. أما النتيجة الثانية فنلمسها في تقارب التاريخ مع المدرسة التأويلية على المستوى الأكاديمي؛ فقد دخل العديد من الفلاسفة التأويليين عالم المؤرخين؛ فالفيلسوف «فيلهلم دلتاي Wilhelm Dilthey» أحد رواد المدرسة التأويلية، عرف عليه توجهه[158] وفي المسار ذاته، ارتبط (هانس جورج غادامير) بالتاريخ، حين أكد في كتابه «الحقيقة والمنهج» أن المؤول يظل متواصلاً مع التاريخ باعتباره جزءاً منه[159]. وتجلت النتيجة الثالثة في كتابات المفكرين التأويليين التي نبهت إلى ما يتميز به التاريخ من خصوصية.

انطلاقاً مما أسفر عنه التناهج بين التاريخ والعلوم المجاورة له سنمتح من الأرضية المنهجية الخصبة التي أتاحها التناهج لتحقيق درجة عالية في قراءة النصوص الرحلية التي نستند إليها في هذه الدراسة، وهكذا سنعمد إلى توظيف الصرامة المنهجية التي تميز بها المنهج التاريخي الوضعاني، وما أتاحته نظرية التأويل Interpretation من مفاهيم إجرائية. في هذا الإطار نتكئ في المستوى المنهجي الأولي على بعض قواعد المنهج التاريخي الوضعاني التي وضعها المؤرخ الألماني «ليوبولد فون رانكه» الملقب بـ «نُسْطور المؤرخين»[160] وهي:

1 – التَّحَقُّق من الوثيقة وتحليلها ونقدها

2 – التحقق من الأحداث وعرضها بطريقة كرونولوجية

3 – اجتناب الحكم على الماضي

4 – نفي العلاقة بين الذات العارفة، أي المؤرخ من جهة، وموضوع المعرفة، أي الواقعة التاريخية من جهة أخرى.

5 – التاريخ موجود لذاته موضوعياً، وفهمه ميسر بصفة موضوعية وحيادية.

تسعفنا القواعد الثلاث الأولى من هذا المنهج في ضبط الوثيقة التاريخية التي ننطلق منها كمصدر للبحث في موضوعنا، وتساعدنا أيضاً على وضع تلك الوثيقة في سياقها التاريخي، أما القاعدتان الرابعة والخامسة، فنستعيض عنهما لأنهما كانتا محطة انتقاد من طرف التأويليين[161] الذين رأوا قصور المنهج الوضعاني الذي اقتصر في بناء المعرفة التاريخية على الوثيقة باعتبارها مصدراً وحيداً للتعبير عن صوت الإنسان.

استكمالاً للتوليف المنهجي الذي نروم للاستناد إليه في هذه الدراسة، نستعير الضوابط التأويلية التي أفرزها المنجز التنظيري لما يسمى بـ «الهيرمينوطيقا التاريخية» وهي الضوابط التأويلية التي أجملها المؤرخ إبراهيم القادري بوتشيش في أربعة عشر ضابطاً تأويلياً[162]، منها:

* شمولية النص الخاضع للتأويل، يجب أن يكون نصاً متسماً بالكمال والشمول والانتظام.

* تأمل النص التاريخي موضوع التأويل من خلال تصورات ذهنية ومعارف أولية.

* حاجة المؤوّل إلى معرفة تاريخية تحيط بأهم التجارب التاريخية الكبرى للبشرية.

* تجاوز القراءة السطحية للنص التاريخي إلى قراءة شمولية.

* البحث عن المضمر في النص التاريخي.

* احترام القراءة السياقية للنص.

* تجنب التناقض بين المعنى المؤول والواقع.

* عدم إسقاط الحاضر على الماضي.

* احترام منطق النص وبنيته الداخلية.

بناءً على هذا التوليف المنهجي، يمكن قراءة النص الرحلي الذي يفرض على الباحث استخدام منهجية خاصة، تتوخى الحيطة والحذر وتتريث في الانسياق وراء مجموعة من الأحكام والانطباعات التي رسختها بعض الكتابات التاريخية التي تناولت موضوع «تاريخ الأندلسيين والموريسكيين» ويمكّننا التوليف المنهجي الذي صغناه في هذا المضمار من تبديد تلك المخاوف المنهجية، وتجنب المزالق النقدية التي تكبح جماح النص وتحد من طاقته المعرفية.

المؤرخ والرحّالة: توارد الصفات وتبادل الأدوار

يفرض البحث في موضوع الرحلة والتاريخ استحضار مفهومين أساسين لا غنى عنها في التنظير لعلاقة الرحلي بالتاريخي، وهما: مفهوم المؤرخ «Historian» ومفهوم الرحالة «The Traveller»، فالمفهوم الأول بقي على هامش فلسفة التاريخ، على الرغم من الجهود الكبيرة التي بذلت لتحديد ماهية «التاريخ» لم يحظ بجهود مماثلة باستثناء بعض الاجتهادات الفردية المتفرقة التي حاولت تقديم تعريف لهذا المفهوم، أما المفهوم الثاني «الرَّحَّالة» فعلى الرغم من ترديده في الكتابات النقدية الأدبية التي قاربت نصوص الرحلة العربية، فإنه لم يحظ باهتمام كبير على غرار ما حظي به مفهوم «الرحلة» فتعامل معه النقاد باعتباره مفهوماً هامشياً لا يحتاج إلى تحديد أو تفصيل في ماهيته.

إنّ الحديث عن مفهومي «المؤرخ» و«الرحالة» هو حديث في مستويين؛ الأول يكون فيه المؤرخ مسؤولاً عن الكتابة التاريخية سواء التقليدية أو الجديدة، فهو الذي ينتج المعرفة التاريخية، والمستوى

الثاني يختص فيه الرحالة بتدوين أحداث رحلته، نحن إذاً، أمام نَمَطَيْن من المعرفة، تتمثل الأولى في كونها معرفة تاريخية محضة، وتتميز الثانية بالتعدد والتنوع، فقد تكون تاريخية، أو أنثربولوجية، أو جغرافية، أو إثنية، أو دينية... وبالنظر إلى هذا التداخل في نمط المعرفة التي ينتجها كل من المؤرخ والرحالة، نجد أنفسنا أمام أسئلة إشكالية، من قبيل: من هو المؤرخ؟ ومتى يكون المؤرخ مؤرخاً؟ ومن هو الرحالة؟ وهل يمكن أن يكون مؤرخاً من نوع خاص؟

1 - أرضية لغوية مشتركة: من اسم الفاعل إلى صيغة المبالغة:

1 - 1 - المؤرخ والرحالة: من الدلالة الاشتقاقية إلى الدلالة الاصطلاحية:

اشتق لفظ مُؤَرِّخ بكسر الراء، من الفعل الرباعي «أرَّخَ» على صيغة اسم الفاعل من غير الثلاثي، واسم الفاعل في اصطلاح اللغويين يدل على من «قام بالفعل»[(163)] فالمؤرخ يقوم بفعل التأريخ، والتأريخ والتوريخ بمعنى واحد وهو تعريف الوقت، تقول أرَّخَ الكتاب بيوم كذا وتأريخ تسجيل جملة من الأحداث والأموال التي يمر بها كائن ما[(164)]. أما لفظ رحالة فقد اشتق من الفعل الثلاثي «رَحَلَ» على صيغة المبالغة «فعَّال» والتاء في «رَحَّالة» للتوكيد والمبالغة، مثل «عَلاَّمةَ» و«نسّابة» وإذا كانت التاء علامة تأنيث، فهي هنا للتأنيث اللفظي وليس المعنوي، وصيغة «رحّالة» تدل على من هو

كثير الارتحال في البلاد، أما اسم الفاعل من «رحل» فهو «راحل» فَعُدِلَ عن صيغة اسم الفاعل إلى صيغة المبالغة، «رحّالة» للدلالة على الكثرة، ويُستعمل للدلالة على الجمع والمفرد، فقد شاع استعمالهُ بدلالة الإفراد والجمع بلفظ رحّالة.

يظهر من خلال هذه الأرضية الاشتقاقية، أنه ثمة مناسبة في الدلالة اللغوية بين لفظي مؤرخ ورحالة فالأول ارتبط فعله بالزمان، والثاني تعلق فعله بعبور الزمان والمكان، والأول يسجل التواريخ والأحداث، والثاني ينقل عبر ارتحاله تجارب الأمم والشعوب التي زارها، ويوثق الوقائع التي تقع أثناء مسيره الرحلي، أو أثناء إقامته في بلد ما.

أما من حيث الاصطلاح؛ فإن مفهومي «المؤرخ» و«رحّالة» لا يبتعدان عن الدلالة اللغوية، فالمؤرخ في أدبيات الدراسات التاريخية يستعمل بمعنيين، أحدهما: أنه يقوم بتسجيل الحدث ساعة وقوعه، وثانيهما: من يكتب التاريخ مستنداً إلى شهادات أولئك المسجلين[165] إن المؤرخ وفقَ هذين المعنيين لا يعدو أن يكون شاهداً على وقائع ما، وقام بكتابتها أو كاتباً لشهادات غيره، ومنسقاً كرونولوجياً لها، وفي المقابل، حُدد مفهوم «رحّالة» باعتباره هو «من ينقل ما يشاهد»[166] في مسيرة رحلته عبر فعل السرد.

إن المؤرخ والرحالة بالمعنى الاصطلاحي الذي سقناه هنا، يلتقيان فيما يسميه عبد الله العروي بـ «الأرّاخ» وهو «الذي يهتم قبل كل شيء بالأرَخَيات، أي أوليات أو سوابق أو بوادي الأشياء.

يمثل الأرّاخ المرتبة الأولى والملازمة للْحِرفْة»[167] فهل ينتهي دور المؤرخ والرحالة في تسجيل أوليات الأحداث وبوادرها؟

2 – 1 – المؤرخ والرحّالة: جدل الذاتية والموضوعية:

يتجدد جدل الذاتية والموضوعية كلما تعلق الأمر بالبحث في حقل علمي من العلوم الإنسانية التي يُعَدُّ البحث التاريخي جزءاً أساسياً منها خاصة في لحظة كتابته، فالتاريخ في «تغيّر مستمر فلا مفر من أن تتجدد كتابته على الدوام»[168] انطلاقاً من الحاجة إلى إعادة كتابة التاريخ تنطرح إشكالية الذاتية والموضوعية أمام المؤرخ باعتباره الفاعل الأساس في عملية التأريخ، وأمام الرحالة باعتباره شاهداً يسجل ويدوّن الأحداث والوقائع في نسق كتابي مغاير لنسق الكتابة التاريخية المحضة عند المؤرخ، نحن إذاً إزاء إشكالية مركبة تُهمين على عمل المؤرخ وتُحاكم كتابات الرَّحالة.

3 – 1 – المؤرخ بين الذاتية والموضوعية:

تقوم عملية التأريخ عند المؤرخين على نشاطين، أولهما: تحليل المادة التاريخية من خلال التقاطها من مصادرها ومظان وجودها، وثانيهما: تركيب هذه المادة في سياق بنائي واحد، وفي أثناء هذه العملية، تخضع المادة التاريخية من حيث هي موضوع البحث، ومن حيث هي أحداث ووقائع ومعطيات إلى المنهج الموضوعي[169] الذي يسعى من خلاله الباحث إلى إعادة تركيب تلك المادة في سياق «مرتب دون تحيّز ذاتي»[170].

تبعاً لهذا، تطرح هذه الإشكالية في سياق عملية تفاعلية بين «الذات/ المؤرخ» وبين «الموضوع/ الحدث» على مستويين، الأول تأسيس الكتابة كمصدر أولي يرجع إليه دارس التاريخ. والثاني محاولة إعادة كتابة التاريخ انطلاقاً من مصادر أولية، وفي المستويين معاً نكون أمام «مؤرخ شاهد» و«مؤرخ باحث في التاريخ»، فالأول حسب تعبير العروي »مُؤَرّخ صاحب مهنة والثاني مؤرخ صاحب نَظَر»[171].

تأسيساً على هذا التقسيم الوظيفي لمفهوم المؤرخ، يرتهن الموضوع / الحدث بين ذاتيين، مؤرخين مختلفين في الزمن؛ فالمؤرخ الشاهد يمثل الزمن الأول الذي وقعت فيه الواقعة فهو قريب من الحدث مرهون بخلفيات ذلك الزمن، والموضوع في هذه الحالة تتحكم فيه الذات المؤرخة كما تشاء، ما يجعل العوامل الذاتية جزءاً متحكماً في تسجيل الوقائع والأحداث ومن ثمة صياغة التاريخ من منظور ذاتية المؤرخ الشاهد، أما المؤرخ «صاحب نظر» ففي أغلب الأحيان يكون بعيداً عن زمن الواقعة/الموضوع، وبالتالي تتضاءل حظوظ العوامل الذاتية في عمله، فالمؤرخ في هذا المستوى لا يتحدد دوره في مهنة تسجيل الموضوع والمعطيات والأحداث، بل «بتلك العملية التي نعتها ابن خلدون بالنظر والتحقيق»[172] فالمؤرخ، إذاً، لا يقتصر أداؤه الوظيفي على التسجيل والتدوين بل لا بد أن يتجاوز ذلك إلى النظر والتحقيق، وبهذين الشرطين يصبح المؤرخ قريباً من الموضوعية لأنه يحاول إخراج «الموضوع الذي يدرسه من المحيط الذي تشكل فيه، واستحضاره في محيطه وفق رؤية بعيدة عن

الخلفيات التي شكلت الحدث الأول، وبالتالي تأريخ التأريخ يقارب الحقيقة التاريخية أكثر كلما ابتعد عن بيئة الموضوع الأولية»[173].

وسعياً إلى تحقيق هذه الدرجة من النظر والتحقيق في كتابة التاريخ، وضع ابن خلدون مجموعة من الضوابط المنهجية التي يجب أن يخْضَع لها المؤرخ ويلتزم بها في عمله وهي[174]:

* سعة الاطلاع

* الربط بين الوقائع؛ ارتباط العلة بالمعلول وقياس الماضي بالحاضر.

* قياس الغائب بالشاهد.

* عدم الاعتماد على مجرد النقل دون تحليل.

* التمكن من قواعد السياسة والعمران في المجتمع الإنساني.

وقد أضاف المؤرخ العروي بعض الضوابط التي يجب أن يأخذها المؤرخ المعاصر في عمله وهي[175]:

* صناعة التاريخ هي نقد الشاهدة.

* التخصص محدود بالمادة المدروسة.

* تعريف المادة المدروسة في تطور مستمر.

إن جماع ضوابط المؤرخ الخلدونية بضوابط المؤرخ المعاصر، يفضي بنا إلى القول، إن دوره يتمثل أساساً في سعيه الدؤوب لتحقيق

كتابة تاريخية عادلة، أقرب أن تكون كتابة موضوعية، وهذا ما دفع العروي إلى الاستنتاج قائلاً: «لا شك أن المعرفة التاريخية من إنتاج المؤرخ، ولكن هذا لا يعني أنها خيال صرف، ولا شك أن المادة التاريخية مستقلة عن ذهن المؤرخ، لكن هذا لا يعني أنها جزء من الطبيعة الجامدة، الفرق بين الذاتي والموضوعي مرحلي ومتطور باستمرار في البحث التاريخي كما في غيره من البحوث العلمية»[176].

قد لا تكون تلك الضوابط كافية لتحقيق المسعى الموضوعي في عمل المؤرخ، خاصة أن هذا الأخير دائماً ما يرتهن عمله بالمصادر المتوفرة لديه، فماذا إذا شحت المصادر وعزّت؟ هنا يلجأ المؤرخ المعاصر إلى رحابة المفاهيم المنهجية والإجرائية التي أتاحتها نظرية التاريخ الجديد، والتي تمثلت أساساً في التناهج، وتوسيع مفهوم الوثيقة، والحفريات، ومهما سعى المؤرخ إلى كتابة موضوعية وعادلة، فإن شبح الذاتية والموضوعية والنسبية يبقى مهيمناً على عمله، من جهتين، الأولى تتمثل في توقف حركة البحث في موضوع ما، والاكتفاء بالنتائج المكتسبة. والثانية ترتبط بالمؤرخ نفسه، ذلك أن المصادر التي تمثل حقيقة تاريخية معينة في نظر البعض، تخضع لعملية الاختيار والترتيب لنقلها من مستوى «المادة الخام» إلى مستوى «التاريخ»، وذلك الاختيار أو الترتيب لا يجعلها تتكلم عن نفسها وتعبر عن ذاتها، وهذا هو ما تنبه إليه «إدوارد كار» حين قال: «إن الحقائق تتكلم فقط عندما يطلب المؤرخ منها ذلك، فهو الذي يقرر نوع الحقائق التي ستعطى حق الكلام وسياق هذا الكلام»[177].

2 - الرّحالة بين سلطة السرد وسلطة التوثيق:

ركزت السرديات البنيوية في دراستها للرحلة على «مركزية Centrality» السارد – الرَّحالة، فهذا الأخير يحضر بصفته مهيمناً في النص الرحلي، من بدايته إلى نهايته، وقسمته إلى ثلاثة أنواع[178]:

* السارد شخصية مركزية.

* السارد منتجاً للسرد.

* السارد ضميرا مفرداً يدل على ضمير الجميع.

ينبغي التأكيد في هذا السياق أنّ السارد في النص الرحلي هو نفسه الرَّحالة صاحب الرحلة كفعل، كما أن حضوره المهيمن بصفته شخصية مركزية لا يقف عند حدود المساحة القولية السردية فحسب، بل يتجاوزها إلى تنظيم أحداث الرحلة، والتعريف بالشخصيات الحاضرة فيها، من خلال ذكر ألقابها وموطنها ومكانتها الاجتماعية، والعلاقات فيما بينها وبين الرحالة نفسه، ونقل خطاباتها وأقوالها، وذكر انتمائها الديني، وتسجيل إحساساتها ومعتقداتها وأفكارها.

تأسيساً على هذه المركزية التي يحتلها السارد – الرحالة في الرحلة فِعْلاً وخِطَاباً، يضطلع من خلالها الرحالة بدَوْرَيْن؛ يتمثل الأول في سرد أحداث الرحلة باعتبارها موضوعاً عبر فعل الكتابة «الخطاب»، وفي هذا الدور يكون الرحالة مرتهناً لسلطة السرد، لأنه يريد أن يترك أثراً من خلال تقييد ما هو جدير بإحداث ذلك الأثر في المتلقي، بينما نلمس الدور الثاني للرحالة في مهمة التوثيق

التي يضطلع بها بعد فراغه من فعل السرد؛ ولا يخفى هذا على قارئ الرحلة، بلهَ الباحث المتخصص، ففي معظم النصوص الرحلية نجد أنماطاً خاصة من الأفعال اللغوية التي يستعملها الرّحالة العرب في كتاباتهم الرحلية والتي تعكس توارد الدورين الذي تمثله هذه الثنائيات[179]:

– كانَ خروجنا من .... [سرد]

– ووصلنا إلى .... [سرد]

– فرأيت .... [توثيق]

– والمدينة من أكبر ..... [توثيق]

للتوضيح أكثر، نستحضر ما كتبه الرحالة «محمد الغساني الأندلسي» في رحلته إلى إسبانيا حيث قال: «ومن الغد ارتحلنا إلى مدينة يقال لها أطريرة وفي ما بينهما بلاد متسعة (....) ومدينة أطريرة هذه هي مدينة بين الصِّغر والكبر، وجل أهلها من بقايا الأندلس...»[180] فالانتقال من فعل السرد «ارتحلنا» إلى فعل التوثيق «ومدينة أطريرة» توارد بين دَوْرَيْن يقوم بهما الرحالة على المساحة القولية والفعلية في الرحلة، كفعل وقول، ويمكن إسقاط هذا التوارد على مجمل النصوص الرحلية العربية، وقد فسَّر «سعيد يقطين» هذا التداخل بين فعلي السرد والتوثيق بـــ«كون المتكلم في الخطاب يزدوج إلى مُبَئِّر وشخصية في آن واحد»[181].

إن فعل السرد بالنسبة للرحالة، ليس إلا مطية لفعل التوثيق؛

فالأول عبور في الزمان والمكان، والثاني خطاب معرفي تُصنف في ضوئه نوعية الرحلة، كما أن التوثيق يكون غاية ينشدها الرحالة إما تلبية لرغبة ذاتية كما هو الأمر عند الرحالة الذين يرتحلون من تلقاء أنفسهم مثل «جرجي زيدان» في «رحلة إلى أوروبا» والتي يهيمن عليها فعل التوثيق على حساب فعل السرد بحيث يقول في مستهل رحلته: «... وسنغفل سياق الرحلة فلا نذكر رحيلنا أو نزولنا (...) إذ ليس غرضنا أن يكون ما نكتبه دليلاً للراحلين في السفر والنزول، وإنما نريد أن نمثل للقارئ ما طبع في ذهنا أثناء هذه الرحلة بعد إعمال الفكرة في أحوال تلك الأهم»[182]. أو استجابة لتكليف رسمي كما هو الشأن في الرحلات السفارية منذ «القرن 16» إلى حدود «القرن 20» وفي هذه الحالة يبدأ «الرحالة رحلته، وتكون وراءه أمَّةً ذات سلطان تَدعمه بنفوذها العسكري والاقتصادي والروحي»[183].

انطلاقاً من هذا الطابع الرسمي الذي في الغالب ما ينشأ عن دافع سياسي يتحول التوثيق إلى استراتيجية كتابية مدعومة بسلطة سياسية تبتغي التعرّف على الآخر، إما تمهيداً لاستعماره، أو لتأسيس علاقة دبلوماسية معه، أو لحل المشاكل العالقة بين الطرفين، فقد قام «الكولونيل تشيزني بمسح الفرات، بتكليف من وليام الرابع، وكارل شوان بتكليف من المخابرات الألمانية، ولورنس بتكليف من المخابرات البريطانية»[184] وفي السياق ذاته «كلف محمد علي حاكم مصر (1805 – 1849) الرَّحَّالة فَالِين ليرفع إليه تقريراً عن إمارة ابن رشيد في جبل شُمَّر ليمدّ نفوذه إليها»[185].

غير أن الإشكالية التي نصطدم بها في هذا الإطار تتمثل في كون

«فعل التوثيق» الذي يستهدف موضوعاً ما عند الرحالة، لا يتم تناولهُ من جميع الجوانب، ذلك أن الرحالة لا يعزف قطعته النصية على وتر واحد، ولهذا نقف على مظاهر «الحذف» و«التلخيص» و«القفز» في مواضع كثيرة من النص الرحلي، في مقابل التركيز على «الإسهاب» و «الإطناب» في مواضع أخرى، يمكن تفسير هذه المفارقة بتدخل العوامل الذاتية في عملية التوثيق التي يقوم بها الرحالة؛ فإذا كان النص الرحلي يتضمن موضوعاً، فإن هذا الموضوع لا يمكن فصله عن الذات «الرحالة»؛ إذ لا يجد الموضوع من يحمله إذا غابت الذات، والعكس صحيح، فالذات لا تجد ما تحمله إذا غاب الموضوع، فكلاهما يسند الآخر، تُضاف إلى هنا نقطة أخرى، تتجلى في كون الموضوع مادة ثابتة، والذات - الرحالة مُتحَرّكة، إنسانية لا تعرف الثبات، تتناول الموضوع انطلاقاً من الدوافع النفسية التي تدفعها للتفاعل مع الموضوع إيجاباً أو سلباً، وتصبح الذات الرحالة هي ميزان لقياس درجة توثيق الموضوع.

قد تصبح هذه الإشكالية مثار نقاش من طرف الباحثين في المنجز الرحلي العربي، وتعدُّ سبباً كافياً للتنقيص من عمل الرحالة على مستوى التوثيق، فكلما تدخلت الذات المرتحلة في الموضوع تضاءل احتمال الموضوعية، وكلما تراجع الحس الذاتي في عمل الرحالة، برز الحس الموضوعي وقَوِيَ حضُورُه، إن على مستوى تلفيظ الواقع الذي يعبره الرحالة، أو على مستوى التأريخ لماضي البلدان التي يزورها أو يقيم فيها.

يظهر من خلال ما سبق أن الرحالة والمؤرخ كليهما يواجهان

شبح الذاتية والموضوعية في عملهما، خاصة عندما يتعلق الأمر بترهين الرحلة لفظياً بالنسبة إلى الرحالة. وتأريخ الحدث أول مرة بالنسبة للمؤرخ – الأرّاخ، لكن السؤال الذي نطرحه هنا هو: هل استطاع الرحالة العربي أن يرقى بعمله إلى درجة عمل المؤرخ؟

3 – الرحالـة في مواجهة المؤرخ: الرحالة من المحاكمة إلى التأريخ:

سَعياً إلى استكمال المباحث النقدية لهذا المدخل، سنركز في هذا المحور من المبحث الثالث على مسألة غاية في الأهمية ألا وهي نقط التقاء عمل المؤرخ مع عمل الرحالة، وسنحاول أن نكشف السبل المنهجية التي سلكها الرحالة العربي للرفع من قيمة عمله أمام عمل المؤرخ.

1 – 3 – المؤرخ يُحَاكِم الرحالة:

مما لا شك فيه أن النصوص الرحلية العربية التي أنتجها الرحالة العرب، أفاد منها الكثير من المؤرخين؛ حيث كانت مادة غنية بالمعلومات التاريخية والجغرافية والاجتماعية والإثنولوجية التي يبحث عنها المؤرخ لكتابة تاريخ موضوع ما، ولولا عمل الرحالة، لما استطاع المؤرخ العربي التقليدي، والمعاصر على حد سواء تركيب مادته التاريخية في أحايين كثيرة، خاصة عندما تنعدم المصادر التاريخية الرسمية، أو عندما يتعلق الأمر بالانتقال من الكتابة في التاريخ الرسمي إلى الكتابة في التاريخ الاجتماعي

والاقتصادي والإثني، ولهذا فقد كان عمل الرحالة مقصداً «توثيقياً» و«مصدرياً» للبحث في قضايا تاريخية، أو لملء الفجوات والثقوب التي تركتها المصادر الرسمية؛ فالتاريخ الرسمي لا يحفل بهذا النوع من الوثائق فقط، بل يعمل على إتلافها إذا اقتضى الأمر ذلك.

في هذا السياق ظهرت عدة أطاريح جامعية[(186)] وعقدت ندوات أكاديمية[(187)] للمتح من أعمال الرحالة العرب، بغية استدرار الحقائق، وعقد المقارنات بين الوقائع، وجمع التفاصيل المتعلقة بها، غير أن هذا الاحتفاء العلمي، وهذه المهادنة لا ينبغي الاطمئنان إليها؛ فقد برزت عدة مواقف مناوئة لعمل الرحالة؛ فالمؤرخ ابن خلدون يحاكم الرحالة ابن بطوطة فيقول في تعليقه على رحلته: «فليرجع الإنسان إلى أصوله، وليكن مهيمناً على نفسه، ومميزاً بين طبيعة الممكن والممتنع، بصريح عقله، ومستقيم فطرته، فما دخل في نطاق الإمكان قَبِلَه، وما خرج عنه رفضه، وليس مرادنا إلا الإمكان العقلي المطلق، فإنّ نطاقه أوسع شيء، فلا يرفض حدّاً بين الواقعات، وإنما مرادنا الإمكان حسب المادة التي للشيء، فإنا إذا نظرنا أصل الشيء وجنسه وصنفه ومقدار عظمه وقُوَّتِه أجرينا الحكم من نسبة ذلك على أحواله، وحكمنا بالامتناع على ما خرج من نطاقه»[(188)].

يظهر من هذا القول، أن ابن خلدون في هذه المحاكمة العقلية، لم يدرك أن ابن بطوطة لم يكن عالماً ولا مؤرخاً بالمعنى المنهجي الخلدوني، ولكنه كان رحالة يعشق الغريب، ويبحث عن العجيب، وقد أكَّد على جنوحه إلى الغرابة والنوادر والطُّرَف في مقدمته رحلته، كما أن العنوان الذي وضعه ابن بطوطة يوحي بميولات الرحالة في

رحلته، غير أن سؤالاً مهماً يطرح نفسه في هذا المضمار ألا يمكن أن نعدَّ كتابات ابن بطوطة تأريخاً لمشاهداته الغريبة التي حاكمها ابن خلدون تحت دائرة «الممكن والممتنع» و«العقلي وغير العقلي»؟

للإجابة عن هذا السؤال نستحضر موقف مناصر للرحالة، وهو موقف ابن جُزَّي كاتب السلطان المريني أبي عنان (ت788هـ/ 1386م) الذي تميز بموقف نقدي متزن، قال للوزير فارس بن وَدْرَار: «أرَيته (أي للوزير ابن ودرار) إنكار أخبار ذلك الرجل (أي ابن خلدون) لما استفاض في الناس من تكذيبه، فقال الوزير فارس: إياك أن تستنكر مثل هذا من أحوال الدول بما أنك لم تره فتكون كابن الوزير الناشئ في السجن»[189]. نلاحظ أن الوزير ابن ودرار يتخذ موقفاً عقلانياً يرفض من خلاله موقف ابن خلدون، ويرى بعدم تكذيب الرحالة ما لم نتأكد من (كذبه) ويقوم الدليل شاهداً عليه.

أما الكاتب ابن جزي فلا يخرج عن موقف صاحبه الوزير ابن ودرار، فيرى فيما أملاه عليه الرحالة ابن بطوطة «نزهة الخواطر وبهجة المسامع والنواظر من كل غريبة أفاد باجتلائها، وعجيبة أطرف بانتحائها»[190] والاستمتاع والانتفاع بمرويات ابن بطوطة يكونان عن قصد دُونَ «التعرّض لبحث عن حقيقة ذلك ولا اختبار»[191]، لما لا، وهو يعلم أن ابن بطوطة «سلك في ذلك إسناد صحاحها أقوم المسالك»[192].

إذا كان موقف ابن جزي موقفاً عـادلاً، فهو ناشئ عن إدراك عميق بطبيعة رحلة ابن بطوطة التي أقامها صاحبها على «الممتع

والمفيد»، وهو على خلاف موقف ابن خلدون المشكك في صدقية معلومات الرحالة وشهادته عن بلاد مجهولة.

استمرت محاكمة المؤرخ الرحالة إلى اليوم، خاصة مع تطور الفكر المنهجي في النقد التاريخي الذي رأى في كتابات الرحالة مجرد انطباعات، وأخبار تصلح للمتعة والمسامرة، فقابلها بنوع من التشكيك والاستنكار على حد تعبير ما ينطوي عليه المثل الفرنسي القائل «فليكذب ذاك القادم من بعيد ما طاب له أن يكذب»[193] وأخذاً بالمنظور التشكيكي، ينقل «سعيد علوش» نصاً لـ «فولتير» الذي يقول: «يجب قراءة جل كتب الرحلات الواردة علينا من الدول البعيدة بروح متشككة، إذ غالباً ما تؤخذ الحالة الخاصة كحالة عامَّة، ومن هنا تبرز افتراءات الكتاب الرُّحّل (...) أتكلم هنا عن أولئك الذين يغالطون معتقدين الحديث عن الحقيقي، والذين حين يشاهدون شيئاً خارقاً في أمّة ما، أو تصرفاً مشيناً، يسوقونه كما لو كان تقليداً أو قانوناً»[194].

إن محاكمة الرحالة من قبل المؤرخين والنقاد، تعود في جوهرها إلى أسباب عديدة يمكن إجمالها في سببين اثنين:

* الأول: عدم فهم المنطق الداخلي الذي تحتكم إليه كتابات الرحالة التي تتميز بخصوصية بنيوية؛ فالرحالة ينفتح في كتابة رحلته على أشكال تعبيرية ثقافية «متعددة المنافذ، أدبية وغير أدبية، يتفاعل معها ممتصاً جوهرها لاستثماره في تعزيز نصيَّته»[195] ولعل هذا التعدد العابر للأجناس والممتص لها، ينعكس على نوعية المعرفة التي ينتقيها الرحالة في كتاباته، وصدْقيَتها.

* الثاني: يتمثل في تداخل الذاتي والموضوعي في كتابات الرحالة، فهذا الأخير وهو يكتب رحلته، إنما يقدم لنا الحقيقة التاريخية بأسلوب قد يمزج فيه بين مشاعرهُ الذاتية وبين موضوعه، ورغم ما قيل في مسألة تداخل الذاتي والموضوعي في كتابات الرحالة فإنه يحتاج إلى مزيد من الدراسات التحليلية المتأنية والناقدة، التي من شأنها أن ترفع الحيف الذي طال هذا النمط من الكتابات، خاصة أن مسألة الذاتية والموضوعية تلقي بظلالها على عمل المؤرخ نفسه، ما دامت المعرفة التي ينتجها تقع في دائرة النسبي والمحتمل.

إن كتابات الرحالة مهما قيل عنها، تبقى مرجعاً تاريخياً لمختلف الحضارات والشعوب التي زارها الرحالة العرب وكتبوا عنها، خاصة عندما تنعدم الوثيقة أو تغيب فتكون كتابات وثيقة بديلة نسبر من خلالها جغرافية وتاريخ وثقافة مجاهل الأرض وشعوبها ومن هذا المنظار نرى الرحلات العربية كلها قديمها وحديثها، لأن فيها تتقاطع المعارف، وعلى سرد يأتها العابرة للزمان والمكان نرى العالم مرئياً شاخصاً أمامنا.

2 – 3 – الرحالة مؤرخاً:

سعينا في النقطة السابقة (1.3) إلى الوقوف على الانتقادات التي وجهها المؤرخون والنقاد لكتابات الرحالة، ووصلنا من خلال مناقشتها إلى أنها تعود إلى سببين اثنين، يتمثل الأول في عدم فهم طبيعة الكتابات الرحلية من خلال محاكمتها بمقاييس عقلية صرفة، أما الثاني فتجلى في إسقاط العامل الذاتي على جميع الكتابات

الرحلية، وهذه مغالطة غير مبررة علمياً من جهتين، الأولى كون الذاتية عملاً قد ينسرب ضمن أعمال المؤرخين أنفسهم على الرغم من الصرامة المنهجية التي تميز بها المنهج التاريخي الوضعاني[196] والثانية تتمثل في كون العلوم الإنسانية، رغم تطور مناهج البحث فيها، فإنها لا تزال رهينة الذاتية، وإن كانت بنسبة أقل مما كانت عليه قبل ظهور المناهج، ذلك أن شخصية الباحث في العلوم الإنسانية مهما تسلحت بالمناهج فإنها «من الصعب أن تكون بمنأى عن تأثير عواطفه لا سيما وهو يقوم ببحث ظواهر إنسانية»[197]. وتأسيساً على هذه الأرضية، نتساءل بأي معنى يمكننا أن نعتبر الرحالة مؤرخاً؟ ومتى يمكن للرحالة أن يتوشح برداء المؤرخ؟

من المعلوم أن كتابات الرحالة تتسم بالتعدد على مستوى الأشكال التعبيرية والأنواع المعرفية؛ فالرحالة يكتب في كل شيء يعترض طريقه، فهو يسجل الأحداث التاريخية التي تقع أثناء إقامته في بلاد ما، ويترجم للعلماء والأدباء الذين التقى بهم، ويوثق الأنساب والعوائل في القرى والمدن التي يزورها، ويسجل عاداتهم في الطعام والشراب واللباس والتدين، وفي أحيان كثيرة يلجأ إلى ذكر تاريخ البلاد التي يقيم فيها...، بل إن الرحالة –خاصة في عصرنا هذا – أصبح يوثق رحلته عبر منظاري اللغة وتكنولوجيا التصوير؛ حيث أصبحت الرحلة تتلفَّع هي الأخرى بعباءة التكنولوجيا شيئاً فشيئاً وبالتالي تنقل المعرفة بشتى أنواعها موثقة بالصوت والصورة[198].

انطلاقاً من هذا الدور الموسوعي الذي يقوم به الرحالة يغدو هو الشاهد الوحيد الذي نجد عنده التاريخ حياً، فشهادته مرآة الزمن في

اللحظة التاريخية التي زار فيها المكان، والتقى فيها السكان، يضاف إلى هذا، أن شهادة الرحالة ترصد تفاصيل الأحداث والوقائع والعادات والتقاليد والمعاملات والأحاسيس والمشاعر والانطباعات، وهذه كلها جوانب إنسانية تنعدم في الكتابات التاريخية لدى معظم المؤرخين؛ إن الرحالة يكتب في الإنسان وللإنسان، وإنه حسب مارك بلوخ «مؤرخ جيد» وهذا المؤرخ هو «ذاك الذي يشبه وحش الأسطورة، الذي يعرف أنه حيث توجد رائحة اللحم البشري توجد طريدته»[199].

يظهر أن التفاصيل الدقيقة التي نجدها في كتابات الرحالة تصبح ذريعة لإطلاق لقب «مؤرخ» على الرحالة، بما أنه يكتب كل شيء يلتقي به في رحلته، ويمسك عبر قلمه باللحظة التاريخية وقت حدوثها لتبقى حية إلى أن تصل إلينا، من هذه الزاوية يعتبر الرحالة مؤرخاً أولياً أو «أرّاخاً»[200] بتعبير عبد الله العروي، غير أن اللافت في كتابات الرحالة أيضاً، أنه لا يكتفي بتسجيل المألوف فقط، بل نلفيه يكتب في غير المألوف، ويوليه أهمية كبيرة، وهذا الفعل وإن كان يفتقر إلى تصور منهجي مسبق لدى الرحالة، فإنه قريب من نمط الكتابة التاريخية لدى مؤرخي التاريخ الجديد الذين يولون اهتماماً خاصاً بتاريخ المهمشين والمنسيين وعوّام الناس وعاداتهم وتقاليدهم.

تتيح كتابات الرحالة إمكانية الحصول على مستويين من المعرفة التاريخية؛ فالرحالة يكتب عن تفاصيل المجتمعات التي زارها، مثل ابن بطوطة في «تحفة النظار» وابن فضلان في رحلته إلى بلاد الترك والروس والصقالبة، وكتابات الرحالة في هذا المستوى تُعدُّ تصحيحاً معرفياً لما أهمله «المؤرخ الشاهد» الذي يركز على حفظ ما يتعلق

بـقمة الهرم في المقابل يركز ابن بطوطة على أسفل الهرم في مواضع كثيرة من رحلته؛ حيث يؤرخ للمجتمع واقتصاده وثقافته وأديانه، إن كتابات الرحالة في هذا المستوى كتابةٌ في ما يسمى بـ«التاريخ من أسفل»[201] فبقدر ما يكتب الرحالة عن الغرائب والعجائب، وعن العادات والتقاليد وعن التدين في المجتمعات، وعن المكونات الإثنية بقدر ما يُسْهِم من خلال هذه التفاصيل في كشف جانب من تاريخ الشعوب والحضارات حسب تعبير «ميشيل دوسورتو» أو ما يسميه ألان كوريان Alain Corbin «بالتاريخ الصامت»[202].

وفي السياق نفسه، تزخر كتابات الرحالة بمواضيع قمة الهرم؛ حيث السلطان والسياسة والعلاقات الدولية والمعاملات الاقتصادية، والحج وزيـارة الأماكن المقدسة وكل المواضيع التي استأثر بها المؤرخ التقليدي لمدة طويلة من الزمن، في هذا السياق نقف في المدونة الرحلية العربية على رحّالة كُثُر، كانوا قد أنجزوا رحلات في إطار أداء مهمة السفارة، فحولوا تلك السفارة إلى كتابات متنوعة الأشكال التعبيرية لكنها غنية بالمعرفة التاريخية ذات الطابع الرسمي، فالرحالة «علي التامكروتي» في رحلته «النفحة المسكية»[203] يؤرخ للعلاقة السياسية بين المغرب في عهد أحمد المنصور السعدي (1578 – 1603م) والدولة العثمانية في عهد مراد الثالث (1574 – 1595م)، وقد عاش هذا الرحالة في القسطنطينية شهوراً، استطاع أن يتعرف فيها على حياة الأتراك الاجتماعية والسياسية والاقتصادية، بل إنه تعمَّد تخصيص فصول خاصة للحديث عن طريقة عيش السلطان العثماني وسبل انفراده بالحكم[204] أما الرحالة ابن حوقل (ت: 367هـ)

فقد أغنى رحلة المسماة «صورة الأرض»[205] بتركيزه على التقسيم الإداري لبلاد المغرب العربي في عهد الدولة الفاطمية؛ وظف في عمله هذا عدة مصطلحات إدارية عند وصفه لأقاليم بلاد المغرب العربي، منه إقليم، كورة، رستاق، أَعْمَال، وكَثُر عنده استخدام مصطلح إقليم، وهو مصطلح يختص به الجغرافيون، ويعني حسب ياقوت الحموي الناحية التي تضُمُّ العديد من المدن والقرى، وقيل إنه سمي إقليماً لأنه مقلوم من الأرض التي تُتَاخِمه[206] ثم أصبح يعني التقسيم الإداري في النُّظُم الحديثة، ورحلته تعد مصدراً مهماً لمعرفة التاريخ الإداري لبلدان شمال إفريقية.

إن الكتابات الرحلية التي أرخ فيها أصحابها للمواضيع والأحداث والنظم ذات الطابع الرسمي والتي تصنف ضمن دائرة قمة الهرم حسب تعبير رواد التاريخ الجديد كثيرة يضيق هذا السياق بذكرها كلها، وإنما اكتفينا بالإشارة إلى مثالين على سبيل التمثيل فقط.

إن الرحالة العرب، وهم يكتبون رحلاتهم لا يَتَحَيَّزُون إلى نوع خاص من المعرفة بل يلتقطون كلَّ ما أمكنهم التقاطه؛ ما يفسر ويؤكد ما نذهب إليه، هو حضور معرفة تاريخية وأنثربولوجية وجغرافية ودينية على مستويين؛ قمة هرم المجتمع، وأسفل هرم المجتمع، وهذه المعرفة التي يوفرها الرحالة سواء كانت تخص «عِلْية القوم» أو تخص «المهمشين» وحياتهم اليومية تجعل الرحالة جديراً بلقب المؤرخ الأولـي الذي يوفر للمؤرخ الناقد «صاحب نظر» مادة أولية غنية لا غنى له عنها في كتابة تاريخ حقبة ما، وفي بعض الأحيان تكون تلك المادة التي يسجلها الرحالة مصدراً وحيداً للمعرفة

التاريخية، في هذا السياق شبه المؤرخ «محمد زنيبر» المعرفة التي تتيحها كتابات الرحالة بالأحجار الكريمة، يقول متحدثاً عن المعطيات التي وجدها في كتاب الرحالة أبي عبيد البكري «المسالك والممالك»: «سجَّل كل ما أمكنه تسجيله من تفاصيل مفيدة تجعل المؤرخ اليوم، يتسلمها بحرص وإشفاق وكأنه يتسلم أحجاراً كريمة»[(207)] يبقى السؤال المطروح هنا هو ما منهج الكتابة التاريخية عند الرحالة؟

إذا كان المؤرخ يتوسّل بوسائله المنهجية الخاصة القمينة بإعادة كتابة تاريخ حقبة ما، فإن الرحالة العرب على الرغم من تعدد أساليبهم في الكتابة، وتباين مستواهم العلمي ومكانتهم الاجتماعية، فإنهم كانوا يشتركون في بعض الأسس التي يمكن أن تعد منهجاً ينسحب على جميع الكتابات الرحلية، يظهر ذلك من خلال استقراء وتتبع معظم الرحلات العربية التي تبين أن الرحالة العرب يتخذون من الأسس الآتية منهجاً لهم في كتاباتهم.

*** أساس المعاينة والمشافهة:**

يعدُّ هذا الأساس عنصراً منهجياً مشتركاً بين جميع الرحالة العرب على اختلاف انتماءاتهم الجغرافية والزمانية، إذ يلاحظ قارئ الرحلات أنهم يتكئون على المعاينة والمشافهة في كتابة رحلاتهم، فالمشاهدة بالعين تمكنهم من التقاط الجغرافيا التي يمرون بها، فيشاهدون الأرض الخضراء، والمدن والصحراء، وحدائق النخيل، والغابات، والوديان ويلتقطون أنواع الزراعات المنتشرة في ربوع الأرض؛ فالمعاينة تمكّن الرحالة من تسجيل المعطيات تسجيلاً حقيقياً

وواقعياً، ويدعم الرحالة المعاينة بالمشافهة، فيلجأ إلى الاستفسار والسؤال لمعرفة ما عاينه فالرحالة «الدَّرعي» مثلاً يسجل معلومات دقيقة عما شاهده في وادي الشريف أبي نمي الموجود على مقربة من مكة المكرمة، فيتحدث عن شجر الكادي وعن السر في انتشار رائحته، ويستفسر عن طبيعة هذا الشجر، فيخبرونه بأنه شجر من سلالة النخيل[(208)] ولعلَّ لجوء الرحالة إلى المعاينة والمشافهة بالسؤال ينم عن وعي منهجي بضرورة تسجيل المعلومات كما هي على وجه حقيقتها في الواقع.

*** أساس الوصف:**

شكل الوصف العمدة الأساس في كتابات الرحالة، فلا تكاد تخلو رحلة من أسلوب الوصف، مهما كان ضعف الرحالة على مستوى أداته اللغوية؛ ويمكن أن يعد الوصف مدخلاً نقدياً تُدْرس في ضوئه النمذجة المنهجية في كتابات الرحالة، ذلك أن الوصف هو الأسلوب العلمي والمنهجي الأمثل للكتابة التي تعتمد على المعاينة والمشاهدة، فالواصف – الرحالة ينقل تجربته اليومية في المسير من حالة «البعد المرجعي» إلى حالة «البعد اللفظي»: هذا الأخير يدفع القارئ المتلقي إلى تصور البعد المرجعي الواقعي بصرياً.

إن أساس الوصف عند الرحالة الذي يكتب عن الرحلة باعتبارها فعلاً، ليس ملجأ جمالياً فقط، يقوم به الرحالة لإبطاء السرد من الناحية البنيوية، بل إنه يتكئ عليه «للإفصاح عن ذهنيات الشخصيات، وإبراز خلفياتها المعرفية»[(209)] ولنقل المشاهد المرئية إلى ذاكرة

سلطان اللغة؛ حيث تختزن الدلالات والأفكار، من هنا تنشأ وظائف منهجية للوصف في عمل الرحالة.

مهما تباينت نسبة حضور الوصف في كتابات الرحالة العرب، فإنهم يوظفونه كلٌّ حسب أغراضه ومقاصده وقدراته؛ فالرحالة «القيسي» تميز وصفه بالسلاسة والبعد عن التكلف، وأما الرحالة «العياشي» فقد كان أكثر دقة من القيسي[210].

*** التنويع في المصادر والإفادة منها:**

من المثير للانتباه في كتابات الرحالة اعتمادهم على مصادر أخرى أثناء كتابة رحلاتهم، وهذا أمر جدير بالالتفات إليه، نظراً لأهميته المنهجية في الكتابة الرحلية، فمن جهة أولى: يُنوّع الرحالة في مصادره، فيقدم معرفة محققة من خلال تواترها في تلك المصادر، ومن جهة ثانية: يربط الرحالة بين ماضي المعرفة التاريخية وحاضرها، حيث يضيف معلومات جديدة تشكل حلقات إضافية متسلسلة في تاريخ بلاد ما.

يمكن التمثيل هنا بالرحلات الحجية التي سجل فيها الرحالة العرب الذين حجوا إلى مكة المكرمة كل ما يتعلق بالحج، فقد كان الرحالة اللاحق يستفيد مما كتبه الرحالة السابق، ويزيد ما استجد في أوضاع الحج، هكذا قدم الرحالة حلقات طويلة ومتسلسلة من تاريخ الحج، والأمر لا يقف عند حدود الاستفادة من كتب الرحلات السابقة، بل الاستفادة من كتب المؤرخين الكبار، واللغويين والمتصوفة، وكتب

السير والتراجم، مثل الرحالة العياشي »الذي اعتمد في تدوين رحلته على مصادر موزعة بين مختلف العلوم: التفسير الحديث، الفقه، التاريخ، التصوف، التراجم، كتب الأدب»[211] أما الرحالة العبدري، فقد اعتمد على مصادر شفهية، ومصادر مكتوبة منها كتاب طبقات الأمم لصاعد الأندلسي، وكتاب التشوف، لأبي الزيات، ودواوين شعرية مختلفة.

تركيب

كحوصلة لما سبق، وبعد هذا الجرد النقدي المُوَسّع لمفهومي الرحلة والتاريخ وتقاطعهما في المعرفة التاريخية، وما يربض بينهما من مفاهيم جزئية دقيقة، يتبيّن أن النص الرحلي مهما اختلف زمانه ومكانه، فقد كُتب عليه أن تتفاعلَ في فضائه النصي معارف عديدة، على رأسها التاريخ، بل إن التاريخ يحضر في النصر الرحلي بصفته مقصداً وغاية في بعض الأحيان، وكان الرّحّالة وهو يكتب رحلته، يكتُبُ كتاباً في التاريخ، لكن الكتاب يرتدي عباءة أدب الرحلة.

لقد أدت بنا المتابعة الإيتيمولوجية لمفهوم الرحلة على الرغم مما أثاره من إشكالات تصنيفية، إلى ملامسة درجة التحاقل بين الرحلة والتاريخ، للدرجة التي تنعدمُ فيها – في بعض الأحيان – الحدود الفارقة بين الكتابة التاريخية السردية والكتابة الأدبية الرحلية؛ ذلك أن الرحلة سرد، والتاريخ سرد، الرحلة رواية عن السفر، والتاريخ رواية عن الأحداث. ويمكن صوغ بعض النتائج التركيبية الجزئية على النحو الآتي:

* إن الرحلة تحمل في دلالتها اللغوية والاصطلاحية معاني أولية تجعلها نصاً حاضناً للمعرفة التاريخية.

* إن الرحلة باعتبارها نصاً أصيلاً في الثقافة العربية يجعلها قادرة على النهوض بدور التأريخ بشكل يوازي الأنماط الكتابية الأخرى، خاصة كتب التاريخ التي اعتمد السرد خاصية مميزة لها.

* إن حضور التاريخ في بعض النصوص الرحلية يكون غاية ذاتية، مثل التأريخ لأحوال المدن، والتعريف بالعلماء والزعماء والمقارنة بين البلدان والحضارات.

* الرحلة تؤرخ، لكنها تؤرخ بأسلوبها الرحلي الذي نلمسه في التوجيه الدلالي الذي يقوم به كل رحالة على حدة.

* إن التاريخ يحضر في الرحلة على صورتين الأولى: صورة التاريخ الماضي، والثانية: صورة حاضرة الرحالة، اللحظة التي يعيشها ويكتبها فالرحلة تأريخ للماضي، وتآرخ مع الحاضر.

أما على مستوى تحاقل التاريخ مع العلوم الاجتماعية وانفتاحه عليها موضوعاً ومنهجاً أسفر عن نتيجتين:

* توسع مفهوم الوثيقة بتعدد أنواع الوثائق، فالكتابة التاريخية لم تعد مرهونة بالوثيقة المكتوبة فقط باعتبارها مادة أولية، بل أصبحنا إزاء وثائق لا تقل أهمية عنها، مثل المشهد الجغرافي والأثر الأركيولوجي المادي والأثر الشفهي.

* توسع التوجه الإشكالي لدى المؤرخ على مستوى الموضوعات،

فأصبح المؤرخ خاصة مع موجة التاريخ الجديد، يخوض في كتابة تاريخ «المهمل» و«المهمش»...

* إن الوثيقة التاريخية عرفت توسعاً وتعقداً على المستوى الإبيستمولوجي، لمسناه في تعدد الوثائق أفقياً، من المكتوب إلى المادة، إلى المشهد الجغرافي، إلى المرويات الشفهية، وما لحقها من تطور في العصر الرقمي ولمسناه في تعقد مفهوم الوثيقة من حيث الماهية والقراءة والمعرفة التاريخية.

* إن تعدد الوثيقة التاريخية فرض على المؤرخين تعديد طرق معالجتها حتى إن لزم الأمر الاستعانة بعلوم مجاورة مثل الجغرافيا وعلم الاجتماع واللسانيات... فهل يعني هذا أن المعرفة التاريخية منشطرة إلى أشتات؟ إن الجواب عن هذا السؤال هو ما تحاول مدرسة التاريخ الجديد تحقيقه، ولكن يمكن القول إن الوثائق المتعددة، وتعدد طرق قراءتها ومعالجتها بلا شك يُعمق معرفتنا بالتاريخ البشري.

هوامش المدخل النظري:

1 – تواشـج مـن الجـذر اللغوي [و، ش، ج] ومنه تواشـجت جذور الشـجرة أي اشـتبكت، جاء في معجم «اللغة العربية المعاصرة» وشج الشيء: اشتبك وتداخل والتف، وشجت الأغصان: اشتبكت، وشجت الهموم في قلبه، وشج قرابته: شبكها ووصلهـا وربطها. نفترض مـن خلال توظيف هذا اللفـظ أن العلاقة بين التاريخ والرحلة هي علاقة تواشُج؛ حيث يتداخل الرحلي مع التاريخي، والعكس صحيح.

2 – ابـن منظور، لسـان العـرب، المجلد 3، الجزء 11، مـادة [ر – ح – ل] ص 1610/1611.

3 – أبـو الحسـن بن فارس، مقاييس اللغة، دار الفكـر للطباعة، دون تاريخ، مادة [ر – ح – ل] ص 197.

4 – شـعيب حليفي، مرايا التأويل، تفكير في كيفيات تجاور الضوء والعتمة، دار الثقافة للنشر والتوزيع، الدار البيضاء، ط1، 2009، ص 18.

5 – Gsells, S, Histoire ancienne de l’Afrique du Nord , 2ém édition, Librairie Hachette, Paris, 1921, p 517.

6 – محمـد رضوان، ليكسـوس مُسـتوطنة فينيقية بالسـاحل الأطلنتـي للمغرب، أطروحة لنيل الدكتوراه في التاريخ، كلية الآداب والعلوم الإنسـانية، فاس، 2002، الصفحة 25.

7 – هملكـون – حملكـون: قائـد عسـكري، وبحّار مُستكشـف، وشـقيق حانون القرطاجـي، قام برحلة بحرية في عام 150 قبل الميلاد نحو السـواحل الأطلسـية الشمالية حتى وصل إلى الجزر البريطانية وإيرلندا.

8 – أبو القاسم بن حوقل، المسالك والممالك، مطبعة بريل، 1889م.

9 – مجهـول المراكشــي، الاسـتبصار فـي عجائـب الأمصــار، طبعـة جامعة الإسـكندرية، مصر، 1958م، وتجدر الإشــارة إلى أن هذه الرحلة أعيد طبعها في المغرب سنة 1997م.

10 – أبو عبد الله العبدري، الرحلة المغربية، تحقيق علي إبراهيم كردي، دار سعد الدين، دمشق، ط2، 2005.

11 – إميل بديع يعقوب وميشــال عاصي، المعجم المفصّل في اللغة والأدب، دار العلم للملايين، بيروت، ط1، 1984م، ص 61.

12 – عبـد الرحيـم المـودن، أدبية الرحلــة، دار الثقافة للنشـر والتوزيــع، الدار البيضاء، المغرب، ط1، 1996 ص 56.

13 – سـيد حامد النسـجاج، مشـوار كتب الرحلــة قديماً وحديثــاً، مكتبة غريب، القاهرة، د ط، د ت، ص 70.

14 – إيميل بديع يعقوب وميشال عاصي، مرجع سابق، ص 61.

15 – سعيد علوش، معجم المصطلحات الأدبية المعاصرة، المكتبة الجامعية الدار البيضاء، د – ط، 1984، ص 57.

16 – شـوقي ضيف، الرحلات، دار المعارف، مصر، ط 1، د.ت، ص 11 – 22/ 27 – 48/47 – 69.

17 – عبد الرحيم المودن، مرجع سابق، ص 28.

18 – عبد الرحيم المودن، مرجع سابق، ص 28.

19 – عبد الرحيم المودن، مرجع سابق، ص 29.

20 – خالـد التوزانــي، الرحلة وفتنــة العجيب بين الكتابة والتلقي، دار السـويدي للنشر والتوزيع، أبوظبي، ط1، 2017، ص 49.

21 – خالد التوزاني، المرجع نفسه، ص 50.

22 – ليست هذه المرة الأولى التي يعتمد فيها الناقد إبراهيم الحجري على المفاهيم الأنثربولوجية في مقاربة النصوص السـردية، فقد سـبق أن اعتمد على المقاربة الأنثربولوجيــة في العديد من دراســاته خاصــة كتابه: المتخيل الروائي الجسـد، الهوية، الآخر: مقاربة سـردية أنثربولوجية، النايا للنشـر والتوزيع، سوريا، ط1 2016، وهـذا يؤكـد أن اختياره هذا ليـس مجرد تنويع منهجي يقـوم به، بل خيار منهجـي علمي يقوم على البحث عن المناهج الأكثر ملاءمة للنصوص السـردية،

خاصــة، منهــا الروائية ذات الملمح التاريخي والنصوص الســردية التراثية، مثل السيرة والمقامة والحكاية الشعبية.

23 – إبراهيـم الحجـري، الخطـاب والمعرفـة الرحلـة مـن منظور الســرديات الأنثربولوجيــا، المركز العربي الثقافي، الدار البيضاء، المغرب، ط1، 2018، ص 33.

24 – إبراهيم الحجري، مرجع سابق، ص 11.

25 – العربي بوحســون، رحــلات ابن بطوطة وغرائب مشــاهداته، نموذج لفكر أنثربولوجي إســلامي، مجلة أنثربولوجية الأديــان، الجزائر، المجلد 1، العدد 11، ص 113.

26 – شوقي ضيف، مرجع سابق، ص 7.

27 – إيميل يعقوب وميشال عاصي، المرجع السابق، ص 61.

28 – سيأتي الحديث عنها في مبحث خاص.

29 – تظل الرحلة مدينة لغرضها، وتبعاً لهذا قسمت إلى عدة أنواع، فعندنا الرحلة العلمية مثل الرحلة في طلب الحديث للخطيب البغدادي، تحقيق نور الدين عتر دار الكتب العلمية، لبنان، ط 1، 1975، وعندنا الرحلة الحجية، مثل رحلة الفتح المبين فــي زيارة النبي الأمين لمحمد بن عبد الواحد الكتاني، مخطوط في خزانة القصر الملكي بمراكش تحت رقم: ك 213/12828 والرحلة الجغرافية مثل رحلة الشريف الإدريســي: نزهة المشــتاق في اختراق الآفاق. والرحلة السياسية السفارية: رحلة الوزير في افتكاك الأسير، لمحمد الغساني الأندلسي..

30 – تعــد رحلة البيجــل [The voyage of the beagle]، للعالم تشــارلز داروين، صاحب نظرية التطور الشــهيرة التي نشرت ســنة 1839 وأعيد طبعها عام 1845 فــي طبعة منقحة، نموذجــاً حياً للرحلة العلمية في القــرن 19، التي تؤرخ لنظرية التطــور، دوّن فيهــا مؤلفهــا كل ملاحظاته حول المســتحثات وتنــوع المخلوقات والجغرافيــا التــي تعيش فيها، وتأثيــر البيئة في الخلق، وكل مــا يُعد أصلاً نظرياً لمفاهيم نظرية التطور، انظر:

Charles Darwin, the voyage of the beagle, free ditorial, june 9, 1845.

31 – يذهــب الناقد عبد الملك مرتاض في كتابه «في نظرية الرواية» أثناء حديثه عن الروابط الأصيلة بين الرواية والتاريخ إلى القول بأن الرواية يجب أن تؤرخ: لأنهــا تعمــد إلى الاهتمام باللحظات التي يعيشــها/ يحياها الإنســان؛ ســواء كانت

أحاسـيس أو أحداثاً، أو علاقات... انظر: عبد الملك مرتاض، في نظرية الرواية: بحث في تقنيات السرد، عالم المعرفة، عدد 240 ديسمبر 1998، ص 15.

ونضيـف في هذا السـياق أن قياس الرحلة بالرواية لا يُشـكل ارتـداداً نقدياً، لأن الرحلة مهما اختلفت عن الرواية، تبقى أولى العلامات المؤشرة لولادة الروائي في حضن الثقافة العربية، إن لم تكن مصدراً أساساً من مصادر إلهامها على حد تعبير الناقد فريد الزاهي، انظر فريد الزاهي: الممانعة والفتنة: الجسد والذات والصورة، مجلة الكوفة، السنة 2، العدد2، 2013، ص 169.

32 – أنيـس منصـور، أعجب الرحلات في التاريخ، مطبعـة الأهرام القاهرة، ط 13، 1995، ص 3.

33 – أنيس منصور، المرجع نفسه، ص 4.

34 – النُّقرة في اصطلاح المغاربة تعني الفضة.

35 – ابـن بطوطة، تحفـة النظار في غرائـب الأمصار وعجائب الأسـفار، دار صادر، ط 1، 1992. ص 658 – 659.

36 – ابن بطوطة، المرجع نفسه، ص 673.

37 – علي بن محمد التمكروتي، النفحة المسكية في السفارة التركية، تحقيق محمد الصالحي، دار السـويدي للنشـر والتوزيع أبوظبي، الإمـارات، ط1، 2007، ص 177.

38 – محمـد بن عبد الوهاب المكناسـي، إحـراز المعلى والرقيب في حج بيت الله الحرام وزيارة القدس الشريف والخليل والتبرك بقبر الحبيب، دار السويدي للنشر والتوزيـع، أبوظبي، الإمارات، ط1، 2003، ص 75، قد تظهر من عنوان الرحلة، أنهـا رحلة حجية، والحقيقة أنها رحلة سـفارية، انظر مقدمة المحقق، ص 15 وما بعدها.

39 – نشـير إلـى أن رحلـة التمكروني تنتمـي إلى العهد السـعدي (المغرب على عهد السـعديين أواخر القرن 16م)، أما رحلة المكناسي، فتنتمي إلى العهد العلوي (المغرب على عهد الأشـراف العلويين أواخر القـرن 18م)، واختلاف العصرين لا بـد لـه أن يلقي بظلاله علـى الرحالة، فضـلاً عن اختلاف القـدرات الوصفية واهتمامات كل رحالة على حدة.

40 – يـرى الناقد عبد الرحيم مودّن أن الرحلة بمفهومها الأدبي، تقوم على حركة حكائيـة مزدوجة، تمثل الحركة الأولى الحكاية الإطار الرحلة من نقطة الانطلاق

إلــى نقطة الوصــول، ومن نقطة الوصول إلى نقطة العودة، وهذه الحكاية تشــكل المســار الذي سيســلكه الرحالة ذهاباً وإياباً، أما الحركة الثانية، فإنها تتجســد في الحكايات القصيرة والاستطرادات والمغامرات التي يذكرها الرحالة، إنها الحكاية المُضَمّنة بالفتح، انظر: عبد الرحيم مودّن، مرجع سابق، ص 16.

41 – إنَّ ما ســنعرضه في هذا المحور ليس مطلقاً وليس شــاملاً لكل ما قيل حول مفهــوم التاريخ وعلاقته بالمدارس التاريخية، لأن ذلك لا يدخل في دائرة اهتمامنا في هذه الدراســة، إضافة إلى أن الكتابات التخصصية تتيح للباحثين فرصة إغناء معرفتهــم في هذا الباب، وإنما القصد من المبحث هو الوقوف على الوشــائج التي يمكن أن تربط بين التاريخ والرحلة.

42 – ابن منظور، لسان العرب، مرجع سابق، مادة [أرَّخ].

43 – ابن فارس، مقاييس اللغة، مرجع ســابق، دار الفكر للطباعة والنشر، تحقيق عبد السلام هارون، 1979م، مادة [أرخ]، ص 94.

44 – محمــد بــن عبد الرحمن الســخاوي، الإعلام بالتوبيخ لمــن ذمّ أهل التاريخ، تحقيق صالح أحمد، مؤسسة الرسالة، بيروت، ط 1، 1986، ص 16.

45 – أحمد مختار، معجم اللغة المعاصرة، منشــورات عالم الكتب، القاهرة، ط2، 2008، ص 82.

46 – عبد الغني أبو العزم، معجم الغني الزاهر، نســخة رقمية على موقع www. arabidict.com /ar/ تاريخ ولوج المســطحة 2021 – 08 – 16 على الساعة 22:00 ليلاً.

47 – السخاوي، مرجع سابق، ص 17.

48 – نقــلاً عن محمد حبيدة، دروس في التاريخ، منشــورات كلية الآداب، جامعة ابن طفيل، ط1، 2004، ص 33.

49 – السخاوي، المرجع السابق، ص 18.

50 – محيي الدين الكافيجي، المختصر في علم التاريخ، تحقيق محمد آمال الدين، عالم الكتب، بيروت، ط1 1990، ص 53.

51 – لمزيد من التفصيل حول علاقة «التحقيب» بالتاريخ، انظر: عبد الله العروي، مفهوم التاريــخ: المفاهيم والأصول، المركز الثقافي العربي، الدار البيضاء، ط1، 1992، ص 270.

52 – عبد الرحمن بن خلدون، المقدمة، منشـورات دار طنجة، المغرب، د – ط، 1998، المجلد 1، ص 30 – 31.

53 – عبـد الله العـروي، العرب والفكر التاريخي، المركـز الثقافي العربي، الدار البيضاء، بيروت، ط5، 2006، ص 77.

54 – عبـد الله العروي، مفهوم التاريخ، الألفاظ والمذاهب، الجزء الأول، المركز الثقافي العربي، الدار البيضاء/ بيروت، ط 1، 1992. ص 17.

55 – المرجع نفسه، ص 19.

56 – عبد الله العروي، المرجع نفسه، الجزء الثاني، المفاهيم والأصول، ص 343.

57 – التاريخ الجديد عنوان شـهير عرفته فرنسـا في عشـرينات القرن الماضي، وكانت مجلة «الحوليات الفرنسـية» منبراً رئيسـاً لأعلامه المؤسسين، لمزيد من التفصيـل، راجع وجيه كوثراني، تاريخ التأريخ اتجاهات مدارس مناهج، المركز العربي للأبحاث ودراسـة السياسات الدوحة، ط1، 2013، وصفة «الجديد» ليست صفـة تعريفية بالمضمون بقدر ما هي صفة تعريف بالمعارضة لصفة أخرى هي «القديـم» (التاريخ القديم، التاريخ التقليدي) ويـكاد يجمع رواد «التاريخ الجديد» علـى صعوبة صياغة تعريف مضموني لمفهوم التاريخ الجديد يقول بتروبوركي: «ما التاريخ الجديد؟ ليس من السـهل وضع تعريف إيجابي لأن الحركة لم تجتمع سوى على ما تعارضه فقط سيكون من الصعب أن نقدم ما يتعدى الوصف الغامض الذي يحدد التاريخ الجديد بأنه تاريخ شـامل أو تاريخ بنيوي» انظر: بيتريوركي، نظرات جديدة الكتابة التاريخية ترجمة قاسم عبده قاسم، المركز القومي للترجمة، القاهرة، 2010، ص 23.

58 – عبد اللطيف محفوظ، الصوغ الحكائي في الرواية التاريخية، الرواية العربية الذاكرة والتاريخ، أبحاث ملتقى الباحة الأدبي الخامس، 1433هـ، مؤسسة الانتشار العربي، لبنان، ط 1، 2013، ص 131.

59 – يـرى الناقد عبـد الرحيم المودن أن الرحلة نص مهجـن بالمفهوم الباختيني للتهجين (نسـبة إلى ميخائيل باختين) تتقاطـع فيه الأصوات من صوت الجغرافي إلى صوت الأنثربولوجي إلى صوت المؤرخ.

60 – يزخـر التاريخ العربي الإسـلامي بشـخصيات جمعت بين قـدرات وعلوم كثيـرة، والأمر لا يتعلق بحالات معزولـة تاريخياً، بل يكاد يكون صفة عامة لدى عمـوم العلمـاء والأدباء في التاريخ العربـي، فأبو بكر الـرازي، جمع بين علوم

كثيـرة: الفقه، والتفسـير، وعلم الكلام، وعلوم اللغة العربيـة، والمنطق والتاريخ، والطـب والكيمياء... الشـيء الذي جعلـه جديراً بلقب «الموسـوعة الرازي» أما الرحالون العرب يجمعون بين مهارات كثيرة، فهذا الرحالة «العبدري ت 700هـ» كان فقيهـاً وقاضياً ومؤرخاً وناقداً أدبياً، ولا محالة أن هذه المهارات تنعكس على نص الرحلة.

61 – نذكـر من تلك الدراسـات، أدبيـة الرحلة، لعبد الرحيم المودن، وقد سـبقت الإشـارة إليه، و«الرحلة في الأدب العربي» لشعيب حليفي 2008. وحسين محمد، أدب الرحلات 1989.

62 – إغناطيوس كراتشكوفسـي، تاريخ الأدب الجغرافي العربي، ترجمة صلاح الدين عثمان، دار الغرب الإسلامي، ط2، 1987، ص 20.

63 – نقلاً عن، لنتاهاتشيون، سياسة ما بعد الحداثة، ترجمة حيدر حاج إسماعيل، مراجعة ميشال زكرياء، المنظمة العربية للترجمة، بيروت، ط1، 2007، ص 158.

64 – بـول ريكور: الزمان والسـرد والحبكة والسـرد التاريخـي، الجزء الأول، ترجمة سـعيد الغانمي وفلاح رحيم، دار الكتاب الجديد، بيروت، ط1، 2006، ص 261.

65 – تـآرخ، على وزن «تفاعل» صيغة صرفية مزيدة بـ (التاء والألف) لها عدة معانٍ منها الدلالة على المشـاركة في الفعل الواحد. انظر: أحمد الحملاوي، شـذا العرف في فن الصرف، دار ابن الجوزي، القاهرة، ط1، 2017، ص 33.

66 – شـكيب أرسلان، الحلل السندسـية في الأخبار والآثار الأندلسية، منشورات دار مكتبة الحياة، بيروت، (د.ت) ص 5 – 6.

67 – شـكيب أرسـلان، الحلل السندسـية في الأخبار والآثار الأندلسية، المطبعة الرحمانية، مصر، د. ط، 1936، ص 4.

68 – شكيب أرسلان، المصدر السابق، منشورات دار مكتبة الحياة، ص 14.

69 – أوليـا جلبي، رحالة تركي، ولد سـنة 1611، بإسـطنبول، قـام برحلة طويلة إلـى أكثـر من اثنيـن وثلاثين بلـداً جمعها في كتابه «سـياحة نامـه» أي «كتاب السـياحة» انظـر: محمد عواد، رحالـة عثماني بمصر خلال القـرن 17م، أوليت جلبي، منشـورات كلية الآداب والعلوم الإنسـانية، ابن زهر المغرب، 2021، ط1، ص 165.

70 – أوليا جلبي، الرحلة إلى مصر والسـودان والحبشـة، إشـراف محمد حرب،

ترجمة حسين مجيب، الجزء العاشر، دار الآفاق العربية، القاهرة، ط1، 2006، ص 19.

71 – سعيد بن علي المعينري، رحلة السلطان خليفة بن حارب إلى أوروبا، تحقيق محمد علي الصليبي، المطبعة الشرقية، سلطنة عمان، ط 4، 1985.

72 – يوسف القعيد، مفاكهة في رحلة اليابان، دار الشروق القاهرة، ط 1، 2001.

73 – المرجع نفسه، ص 21.

74 – حسين محمد فهيم، أدب الرحلات، مرجع سابق، ص 13.

75 – يرى المؤرخ المغربي «إبراهيم القادري بوتشيش» أن العصر الوسيط عرف شحاً كبيراً على مستوى الكتابة التأريخية، خاصة التاريخ الاجتماعي وقد أشار إلى هذا في إحدى دراساته التاريخية للحقبة الوسيطية، حيث قال: «لا سبيل إلى الشك في ما اعتور هذا العمل من مشاق وصعوبات تتمثل أساساً في فقر المادة التاريخية، وتكتم الإسطوغرافيا الوسيطية عن ذكر العديد من القضايا الاجتماعية، حتى أنّ هذه الصعوبات كادت أن تجهض البعض» تاريخ الغرب الإسلامي: قراءات جديدة في بعض قضايا المجتمع والحضارة، دار الطليعة للنشر والتوزيع، بيروت، ط1، 1994، ص 06.

76 – يذهب المؤرخ إبراهيم القادري بوتشيش إلى القول بأن تاريخ الذهنيات والمجتمعات «لم يحظ بما يليق به من مكانة في الدراسات التاريخية الخاصة بالمغرب والأندلس ... بينما هو في واقع الأمر عطاء صادق وانعكاس جيد لأرضية تاريخية تجعل منه حقلاً خصباً للبحث التاريخي، وموضوعاً في أمسّ الحاجة إلى الاستقصاء والبحث من وجهة نظر المؤرخ» انظر: المغرب والأندلس في عصر المرابطين المجتمع – الذهنيات – الأولياء، دار الطليعة، بيروت، ط1، 1993، ص 05. إذا كان هذا الرأي قد صدر عن المؤرخ «القادري إبراهيم» قبل ثلاثة عقود تقريباً، فإن صداه لا يزال يتردد إلى اليوم، إذا تأملنا حجم الدراسات التاريخية التي اهتمت بالجانبين الاجتماعي والذهني.

77 – طاوية بمعنى جائعة.

78 – ابن بطوطة، تحفة النظار، ص 387.

79 – أبو محمد عبد الله بن محمد بن أحمد التجاني، ولد حوالي (675هـ/ 1276م) وقد كان مقرباً من حاشية بلاط الدولة الحفصية، وذكر بنفسه أنه عمل في ديوان الإنشاء على عهد السلطان أبي عصيدة (674هـ/ 709هـ)، انظر: ترجمته في:

ناصر الدين سعدوني، من التراث التاريخي والجغرافي للغرب الإسلامي، تراجم مؤرخين ورحالة وجغرافيين، دار الغرب الإسلامي، بيروت، ط 1، 1999، ص 142.

80 – عبد الله بن أحمد التجاني، الرحلة، تحقيق وتقديم حسن حسني عبد الوهاب، الدار العربية للكتاب، ليبيا، تونس، 1981، ص 3 بعد مقدمة المحقق.

81 – يميز الفيلسوف المغربي طه عبد الرحمن بين «التكاثر» و«التكوثر»؛ يشتق مصطلح التكاثر من المادة اللغوية [ك – ث – ر] وهو الأكثر دوراناً على الألسن بالمقارنة مع مصطلحات أخرى تشتق من الجذر اللغوي نفسه مثل: التكوثر و«التكثر» و«الإكثار» و«الاستكثار» ويدل على معنى الكثرة في كل شيء كائنة ما كانت أوصافه مادية أو معنوية محمودة أو مذمومة، مثل تكاثر المعرفة والأدب والفن والنسل والمال والبناء. انظر: كتابه: اللسان والميزان أو التكوثر العقلي، المركز الثقافي العربي، الدار البيضاء، ط1، 1998، ص21 – 22. ووجه استعمالنا لهذا المصطلح عائد بالأساس إلى قصدية الرحالة «التجاني» الذي تتكاثر في رحلته المعرفة التاريخية في مقابل تراجع المعرفة الجغرافية.

82 – رحلة التجاني، ص 6 – 7.

83 – جرجي زيدان، رحلة إلى أوروبا 1912، منشورات مؤسسة هنداوي للتعليم والثقافة، القاهرة، 2012، ص 09.

84 – المرجع نفسه، ص 11.

85 – علي سالم، رحلة إلى إسرائيل، مكتبة مدبولي الصغير، ط1، 1416هـ/ 1996م، ص 8 – 9.

86 – نذكر من هذه الدراسات:

– محمد نصر عبد الرحمن، كتب الأنساب مصدراً لتاريخ مكة، كتاب جمهرة نسب قريش الزبير بن بكار نموذجاً، بحث منشور على موقع مجلة المؤرخ بصيغة pdf.

– محمد مزين، حصيلة استعمال كتب النوازل الفقهية في الكتابة التاريخية المغربية، منشورات كلية الآداب والعلوم الإنسانية، الرباط، ط1 1989.

– محمد فتحة، النوازل الفقهية والمجتمع: أبحاث في تاريخ الغرب الإسلامي (من القرن 6 إلى 9هـ) رسالة دكتوراه، كلية الآداب، الدار البيضاء، 1999.

– عبد الواحد طه، أهمية الكتب الفقهية في دراسة تاريخ الأندلس في الزمان

والمكان، منشورات جامعة الحسن الثاني، المحمدية، المغرب،1993.

– عميـراوي حميدة، الجزائر في أدبيات الرحلة والأسـر، خلال العهد العثماني، مذكرات تيدنا أنموذجاً، دار الهدى، الجزائر، 2003.

– يوسف السلامي، التاريخ الاقتصادي من خلال عقود البيع والشراء، قبائل جبالة المغربية في القرن 11هـ، رسالة ماجستير كلية الآداب جامعة عبد المالك السعدي تطوان، 2016.

– عبيد علي بن بطي، كتابات الرحالة والمبعوثين عن منطقة الخليج العربي عبر العصور، مركز جمعه الماجد للثقافة والتراث، دبي، الإمارات، 1996.

87 – محمـد مزين، حصيلة اسـتعمال كتب النوازل الفقهية فـي الكتابة التاريخية المغربية، مرجع سابق، ص 73.

88 – J , leduc, v, marcos Alvarez, Gostraire l'histoire collection didactique, bertrand la costr, 1994, p37.

89 – شاكر مصطفى، التاريخ العربي والمؤرخون، دراسة في تطور علم التاريخ ومعرفة رجاله في الإسلام، دار العلم للملايين، بيروت، ط3، 1983، ص 75.

90 – H,I marrou , de la connaissance histoirique,edition du seuil, 1975, p69.

91 – عرَّف (مارو) الوثيقة التاريخية وربطها بحسـب المؤرخ وليس بحسـب أي قارئ آخر:

«est document toute source l'information dont l'esprit de l'historien soit tirer quelque chose pour la connaissance du passé humain, envisagé sous l'angle de la question qui lui à été posée» de la connaissance historique , p73.

92 – Charles Seignobos, Victor Langlois , introduction aux éludes historiques, paris, édition kimé, 1992, p13

93 – Ibid, p 29.

94 – شـاكر مصطفى، التاريـخ هل هو علم؟ مجلة عالم الفكـر، الكويت، 1974، «pdf»، ص 188.

95 – H. J. Marrou, 1975, Ibid, p. 122 – 123.

96 – عبد الله العروي، مفهوم التاريخ، الجزء الأول، ص 19.

97 – H.I. Marrou, 1975, op, cit, p73.

98 – جرينبلات وآخرون، التاريخانية الجديدة والأدب، ترجمة لحسن أحمامة، المركز الثقافي للكتاب، الدار البيضاء، المغرب، ط 1، 2018، ص 8.

99 – لمزيد من التفصيل حول توسعة مفهوم الوثيقة راجع مثلاً:

Jean – delmas, l'élargissement de la motion de source, Maison des sciences de l'homme, paris,199 5, p 111 – 118.

100 – جاك لوغرف، التاريخ الجديد، ترجمة محمد الطاهر المنصوري، المنظمة العربية للترجمة، بيروت، 2007، ص 12.

101 – محمد الطاهر المنصوري، من مقدمته لكتاب «جاك لوغوف»: التاريخ الجديد، مرجع سابق، ص 14.

H.I.Marrou, 1975, op.cit.p 73 – 74 – 102

103 – محمد صهود، الخريطة التاريخية: من التأصيل الإبستمولوجي للمفهوم إلى تعريف الحدث التاريخي من منظور التأويل الجغرافي، مجلة التربية الجزائرية، العدد 18، ص 10.

104 – A. Shnapp, Archéololgie, in Dictionnaire des sciences historiques, press universitaire DE France 1986 , p 61 – 62.

105 – فلاح الجرب، التاريخ والأركيولوجيا، مقال منشور على موقع العربي الجديد، رابط: التاريخ والأركيولوجيا/ www.alaraby.co.uk تاريخ نشر المقال: 06 أغسطس 2017، تاريخ الولوج إلى المقال 27 أغسطس 2021، التاسعة ليلاً.

106 – جوطار، التاريخ الشفهي، ترجمة محمد حبيدة، مجلة كلية الآداب والعلوم الإنسانية، جامعة ابن طفيل، القنيطرة، 2004، ص 105.

107 – ليسَ المقصود من عبارة «العبيد السود» تصنيفاً عنصرياً، بقدر ما المقصود هو تصنيف بحثي محض لمجموعة بشرية تعد من مكونات المجتمع الأمريكي.

108 – أشرنا في محور سابق أن التاريخ العربي اعتمد في البداية على الرواية الشفهية في تأريخه للأحداث، وترجمته للأعلام والحكام.

109 – جوطار، التاريخ الشفهي، مرجع سابق، ص 105.

110 – فــي هذا الإطار ظهرت عدة دراســات مقالات تهتــم بالتأريخ لهذه الجائحة نذكــر منها الكتاب الجماعي الــذي أصدرته «الجمعية المغربية للبحث التاريخي» بعنوان: أي دور للمؤرخ في فهم أزمة كورونا؟ سعيد حاجي، ط1، صيف 2020.

111 – Hassani idrissi Mostafa, pensée historienne et apprentissage de l'histoire, edi, Harmattan, 2005, p89.

112 – العروي عبد الله، مفهوم التاريخ، مرجع سابق، ص 82.

113 – المرجع نفسه، ص 80.

114 – المرجع نفسه، ص 80.

115 – المرجع نفسه، ص 80

116 – أحمــد بن خالــد الناصري، المــؤرخ المغربي المشــهور، صاحب كتاب، الاستقصا لأخبار دول المغرب الأقصى.

117 – العروي، مرجع سابق، ص 80 – 81.

118 – Hassani Idrissi Mostafa, Ibid, p 94.

119 – العروي، مرجع سابق، ص 81.

120 – مشيل فوكو، حفريات المعرفة، ترجمة سالم يفوت، المركز الثقافي العربي، الدار البيضاء، 2005، ص 09.

121 – هايدين وايت، محتوى الشكل الخطاب السردي والتمثيل التاريخي، ترجمة نايف الياســين، منشورات هيئة البحرين للثقافة والآثار، المنامة، ط1، 2017، ص 19.

122 – من هذه الدراسات نذكر:

– عواطــف بنت محمد، كتب الرحــلات في المغرب الأقصى مصدر من مصادر تاريــخ الحجــاز في القرنين 11 و12 الهجرييــن، دار الملك عبد العزيز، الرياض، 1429هـ – 2008م.

– إبراهيم القادري بوتشــيش، تاريخ الغرب الإســلامي: قراءات جديدة في بعض قضايا المجتمع والحضارة، دار الطليعة للنشر والتوزيع، بيروت، 1994.

– مصطفــى عبد الله الغاشــي، المــؤرخ والرحلة أو كيف تتصــدر الرحلة مدونة المؤرخ، مجلة أسطور، الدوحة، العدد 11 يناير 2020.

123 – محمد المنوني، المصادر العربية لتاريخ المغرب، من الفتح الإسلامي إلى نهاية العصر الحديث، الجزء الأول، منشورات كلية الآداب والعلوم الإنسانية، الرباط، المغرب، 1404هـ – 1983م، ص 08.

124 – جاء قول الناقد في سياق استشهاده بنموذج الرحلة الحجية ولهذا أعطى المثال بالمعرفة الخاصة بأحوال مناسك الحج.

125 – سعيد يقطين، خطاب الرحلة العربي ومكوناته البنيوية، مجلة علامات في النقد، العدد 9، المجلد3، 1414هـ – 1993، ص 169.

126 – شعيب حليفي، الرحلة في الأدب العربي، مرجع سابق، ص 120.

127 – محمد الفاسي من مقدمته لتحقيق رحلة: «الإكسير في فكك الأسير» لمحمد بن عثمان المكناسي، المركز الجامعي للبحث العلمي، الرباط، د.ت، ص5.

128 – عواطف بنت محمد، مرجع سابق، ص 20.

129 – حققها سعيد أعراب وقدّم لها بدراسة وافية نشرت سنة 1987م – 1407هـ، دار الغرب الإسلامي، بيروت.

130 – كراتشوفسكي، مرجع سابق، ج1، ص 268.

131 – حسن الشاهي، أدب الرحلة بالمغرب في العصر المريني، منشورات عكاظ، الجزء الأول، ص 80.

132 – محمد بن إدريس الشافعي، رحلة الشافعي، تحقيق محيي الدين الخطيب، المطبعة السلفية القاهرة، د ط، 1929.

133 – الحسن الشاهي، المرجع السابق، ص 80.

134 – عبد الرحمن بن خلدون، المقدمة، مرجع سابق، ص 226.

135 – سميرة أنساعد، الرحلة إلى المشرق في الأدب الجزائري، دراسة في النشأة والتطور والبنية، رسالة دكتوراه، جامعة الجزائر، 2006، ص20.

136 – محمد الفاسي، دراسات مغربية، منشورات عيون المقالات، الرباط، 1964، ص 68.

137 – آمال حسن عبد الحفيظ، السفارات بين الدولة العباسية والإمبراطورية البيزنطية (132 – 305هـ / 749 – 917م) بحث منشور على شبكة الإنترنيت، على الرابط: www.almerja.com/reading.php?idm=100316 شوهد يوم 17 – 09 – 2021، السابعة مساءً.

138 – محمد عثمان المكناسي، الإكسير في فكاك الأسير، تحقيق وتقديم محمد الفاسي، المركز الجامعي العلمي، ص 7.

يظهر من خلال قول محقق هذه الرحلة، أن المغاربة فقط هم من برعوا في هذا النوع من الرحلات، وهذا قول لا يخلو من مبالغة وإن كانت فيه وجاهة نقدية، ذلك أننا لا نعدم رحلات سفارية أخرى قام بها سفراء آخرون، لكننا لم نهتدِ بعد إلى تلك الرحلات مدونة مخطوطة، إما لضياعها، أو اكتنازها في المكتبات الخاصة، فليس من المعقول ألا يدوّن السفراء الآخرون –غير المغاربة – وهم من مستوى علمي رفيع، ما شاهدوه من الأحوال الثقافية والاجتماعية وتفاصيل عن المهمات السياسية.

139 – ابن الفراء، رسل الملوك ومن يصلح للرسالة والسفارة، تحقيق صلاح الدين منجد، دار الكتاب الجديد، بيروت، ط 2، 1972، ص8.

140 – الحسن الشاهدي، أدب الرحلة في المغرب بالعصر المريني، مرجع سابق، ص 100.

141 – عبد الهادي التازي، محمد بن علي أبغلي سفير السلطان مولاي إسماعيل لدى الملك جورج الأول ملك بريطانيا، ضمن منشورات أكاديمية المملكة المغربية، 1995، ص 42.

142 – خالد طحطح وخالد اليعقوبي، التاريخ من أسفل، رؤية للنشر والتوزيع القاهرة، ط1 2019.

143 – سعيد يقطين، خطاب الرحلة العربي، مجلة علامات، ع 9، م 3، (1414هـ / 1993م)، ص 166.

144 – لا نقصد بـ «التهجين» المعنى الأدبي الذي حدده باختين في تنظيره للغة الروائية فقط، وإنما نقصد بالتهجين في هذا السياق الطابع الحواري للنص الرحلي الذي تتعدد من خلاله الخطابات، وتتوارد في ظله أصوات مختلفة، فتظهر الرحلة كأنها «مونتاج» مركب من قبل الرحالة بتعبير الناقد عبد الرحيم المودن.

145 – من المعاني التي يحملها مفهوم «التهجين اللغوي» نجد تقاطع لغتين اجتماعيتين في الملفوظ الرحلي، وهذا التقاطع اللغوى مرآة عاكسة للواقع اللغوي الذي ينقله الرحالة، يقول ميخائيل باختين متحدثاً عن هذا المفهوم «إنه مزج لغتين اجتماعيتيـن داخل ملفوظ واحد وهو أيضاً التقاء وَعْيَيْنِ لسانين مفصولة بحقبة زمنية، وبفارق اجتماعي أو بهما معاً داخل ذلك الملفوظ» انظر: ميخائيل باختين،

الخطاب الروائي، ترجمة محمد برادة، دار الأمان الرباط، د ت، ط 2، ص 108.

146 – يرى «جاك لوغوف» أن مصادر البحث في تاريخ العقليات غير محددة، ويمكن أن تكون أية وثيقة، قد تكون وثيقة إدارية وضريبية...، غير أنه بفضل بعض الوثائق لأنها تشكل مدخلاً للسيكولوجية الجماعية للمجتمعات، ومنها النصوص التي تشهد على الإحساسات وتعمل على تصويرها وإبرازها، ومنها النصوص الأدبية أيضاً، يقول: «صنف آخر من الوثائق المفضلة لدى تاريخ العقليات: النصوص الأدبية والفنية، فالاهتمام بتمثلات الظواهر الموضوعية نفسها، يجعل تاريخ العقليات ينهل وعلى نحو طبيعي من نصوص المتخيل، لقد أبان «وزينغا» في كتابه الشهير أفول العصر الوسيط، عن إسهام استعمال النصوص الأدبية في إدراك حساسية عقلية زمن ما».

لمزيد من التفصيل انظر: جاك لوغرف، العقليات: تاريخ مبهم، ترجمة محمد حبيدة، مجلة فكر ونقد، العدد 20، 1999.

147 – عبد الله العروي، مجمل تاريخ المغرب، الجزء الأول، المركز الثقافي العربي، الدار البيضاء، ط 2، 1996، ص 11.

148 – الحبيب الجنحاني، إشكالية تحديد السمات المنهجية لمدرسة تاريخية عربية، مجلة الوحدة، المجلس القومي للثقافة العربية، عدد 42، مارس 1988، ص 19.

149 – وجيه كوثراني، تاريخ التأريخ: اتجاهات – مدارس – مناهج، المركز العربي للأبحاث ودراسة السياسات، الدوحة، 2013، ص 138.

150 – نحيل هنا إلى نوعين من الكتابات النوع الأول تمثل في كتابات قسطنطين زريق وعبد الله العروي والطيب التزيني، والنوع الثاني الدراسات المنشورة في الدوريات العربية المحكمة والتي تهيمن عليها كتابات الباحثين الشباب.

151 – هشام جعيّط، تأسيس الغرب الإسلامي، القرن الأول والثاني، دار الطليعة، للنشر بيروت، 2008، ص 7.

152 – جمال محمود حجر، الرحالة الغربيون في المشرق الإسلامي في العصر الحديث، دار المعرفة الجامعية، الإسكندرية، ط1، 2008، ص 8.

153 – سعيد بنحمادة، الماء والإنسان في الأندلس خلال القرنيين 7 – 8هـ/ 13 – 14م: إسهام في دراسة المجال والمجتمع والذهنيات، أطروحة دكتوراه نشرتها، دار الطليعة، بيروت، 2007، ص 18.

154 – Josep maria Castellet, la hora de lector, Barcelona seix – baral, 1957

155 – لمزيد من التعمق، انظر: عبد الكريم شرفي، من فلسفات التأويل إلى نظريات القراءة، الدار العربية للعلوم ناشرون، بيروت، ط1 2006.

156 – انظر: مقدمة مجلة سرود ثقافة نص الرحلي، العدد 2 ربيع 2019، ص 5.

157 – وجيه كوثراني، تاريخ التأريخ، مرجع سابق، ص 225.

158 – بومدين بوزيد، الفهم والنص: دراسة في المنهج التأويلي عند شلاير ماخر ودلتاي، الدار العربية للعلوم ناشرون، بيروت، ط1، (1429هـ / 2008م)، ص 95.

159 – Hans Georg Gadamer, vérité et méthode, les grandes lignes d'une herméneutique philosophique, paris, seuil, 1996 p303.

160 – محمد حبيدة، المدارس التاريخية، مرجع سابق، ص 35.

161 – وجهت المدرسة التأويلية انتقاداً لاذعاً للصرامة التي فرضها المنهج التاريخي الوضعاني، وذلك على مستويين:

* الأول: تأكيد المراجعات الفكرية في مجال الدراسات المنهجية أن المنهج التاريخي لا تقاس نجاعته بمدى إجرائية قواعده الخمسة، بل دعت تلك المراجعات إلى أن نجاعة المنهج التاريخي يجب أن تقاس بما يسمح به من تخصيب البحث التاريخي، واستكشاف المواضع المطموسة فيه.

* الثاني: ترى المدرسة التأويلية أن منهج المدرسة الوضعانية قاصر عن التعبير عن الذات الإنسانية، وهذا القصور يتمثل في اعتقادها أن العقل البشري يمكن أن يجرد نفسه من الأحكام والتصورات القبلية كلها، ليحقق صفة العقل المطلق الموضوعي، وهذا ينافي ما دعا إليه غادامير في مشروعه التأويلي؛ حيث اعتبر أن وجود العقل البشري لا يتحقق إلا في حدود ملموسة وتاريخية، كما أنه يظل مرهوناً بالظروف والسياقات التي يشتغل فيها.

لمزيد من التفصيل انظر: عبد الله العروي وآخرون، المنهجية في الأدب والعلوم الإنسانية، دار توبقال للنشر والتوزيع، الدار البيضاء، ط3، 2001، ص 5.

162 – إبراهيم القادري بوتشيش، النص التاريخي بين القراءة التأويلية والهيرمينوطيقا، دورية كان التاريخية، السنة العاشرة، العدد 36، يونيو 2017، ص 74 – 75 – 76.

163 – أحمد الحملاوي، شذا العرف في فن الصرف، دار ابن الجوزي، القاهرة، ط1، 2017م – 1438هـ، ص 62.

164 – أحمد عمر مختار، معجم اللغة العربية المعاصرة، مرجع سابق، مادة [أرخ].

165 – عماد عبد السلام رؤوف، من هو المؤرخ؟ مقال منشور على رابط، .www 88390/alukah.net/culture/0 تاريخ ولوج المسطحة: 17 – 09 – 2021، العاشرة ليلاً.

166 – نقولا زيادة، الجغرافية والرحلات عند العرب، الشركة العالمية للكتاب، بيروت، 1987، ص 16.

167 – العروي، مفهوم التاريخ، الجزء الأول، مرجع سابق، ص 43.

168 – المرجع نفسه، ص 317.

169 – عبد الرحيم الحسناوي، النص التاريخي: مقاربة إبستيمولوجية وديداكتية، دار الترجمة العربية، المغرب، 2011، ص 45.

170 – عبد الوهاب المسيري، إشكالية التحيز: رؤية معرفية ودعوة للاجتهاد، الجزء 2، المعهد العالمي للفكر الإسلامي، فيرجينيا، الولايات المتحدة الأمريكية، ط 2، 2010، ص 155.

171 – العروي، مفهوم التاريخ، مرجع سابق، ص 43 – 44.

172 – العروي، المرجع نفسه، ص 45.

173 – بلال بوسنة، الذاتية والموضوعية في الكتابة التاريخية الإسلامية المعاصرة المشاكل والحلول، مجلة الإحياء، المجلد 20، العدد 26، سبتمبر 2020، ص 563.

174 – يقول ابن خلدون: «إن المؤرخ محتاج إلى مآخذ متعددة، ومعارف متنوعة، وحسن نظر وتثبت، يفضي بصاحبه إلى الحق، ويبتعد به عن الزلات والمغالط؛ لأن الأخبار إذا اعتمد فيها على مجرد النقل ولم تحكم أصول العادة وقواعد السياسة والعمران والأحوال في المجتمع الإنساني، ولا قِيسَ الغائب منها بالشاهد والحاضر بالذاهب، فربما لم يؤمن فيها من العثور ومزلة القدم (...) كما يحتاج المؤرخ إلى العلم بقواعد السياسة، وحقائق الموجودات (...) وتعليل المتفق منها والمختلف» انظر: المقدمة، مرجع سابق، ص 17 – 26.

175 – العروي، مفهوم التاريخ، مرجع سابق، ص 321.

176 – العروي، المرجع السابق، ص 321.

177 – أزراج عمر، التاريخ والتأريخ بين الذاتية والموضوعية، مقال منشور

على الرابط: www.nourllah.com/53956 شوهد يوم: 19 – 08 – 2021، الخامسة مساءً.

178 – عبد الرحيم المودن، رحلة أدبية أم أدبية الرحلة، مجلة فكر ونقد، العدد 20، 1999، ص 70.

179 – ما نقدمه هنا مجرد مثال نسوقه هنا لتوضيح فكرة ارتهان الرحالة بين سلطة السرد وسلطة التوثيق، وأما الأمثلة على هذا فكثيرة في نصوص الرحلات العربية، ومألوفة عند قارئها.

180 – محمد الغساني الأندلسي، رحلة الوزير في افتكاك الأسير، تحقيق نوري الجراح، دار السويدي للنشر والتوزيع، أبوظبي، الإمارات، ط1، 2002، ص 39.

181 – سعيد يقطين خطاب الرحلة العربي، مرجع سابق، ص 178.

182 – جرجي زيدان، رحلة إلى أوروبا 1912، منشورات هنداوي (2012 (pdf، ص10. ورحلة جرجي زيدان مجرد مثال نسوقه هنا، إلا فالرحلات التي اعتمد أصحابها التوثيق أكثر من السرد، فكثير جداً، خاصة الرحلات الأوروبية تجاه المشرق العربي في القرنين 18 – 19.

183 – أسعد الفارس، الرحالة الغربيون في شبه الجزيرة العربية، أهدافهم وغاياتهم، ضمن كتاب دارة الملك عبد العزيز: الرحلات إلى شبه الجزيرة العربية، الجزء الأول، ط1، 2000، ص 558.

184 – سيدي آن بنلت، قبائل بدو الفرات علم 1878، ترجمة أسعد الفارس، دار الملاح للطباعة والنشر، ط1، 1991، ص5 – 6.

185 – المرجع السابق، ص 17.

186 – منها:

* عبد الله بوغوته، الرحلة الحجية المغربية في العصر المريني، أطروحة دكتوراه، 2014.

* عبد العزيز بلبكري، علاقات المغرب الأقصى مع المشرق العربي بين عامي (1012هـ/1603م – 1246هـ/1830م) من خلال الرحلات الحجازية المغربية، الاستمداد الروحي والتواصل الفكري، إشراف د. أحمد البوزيدي 2014، جامعة سيدي محمد بن عبد الله فاس.

* الحسن الشاهدي، أدب الرحلة بالمغرب في العصر المريني، جامعة محمد الخامس، الرباط، 1990.

187 – أشـهرها نـدوة أدب الرحلة والتواصل الحضاري التـي عقدت في رحاب كلية الآداب جامعة المولى إسـماعيل مكناس، 1993، وتوالت بعدها ندوات أخرى مثل ندوة النص الرحلي: التجنيس – الأنواع – الكتابة، جامعة ابن طفيل القنيطرة، المغرب، 2011.

188 – ابـن خلدون: تاريخ ابن خلدون المسـمى ديوان المبتـدأ والخبر، دار الفكر للطباعة والنشر، الجزء1، ص 182.

189 – ابن بطوطة، تحفة النظار في غرائب الأمصار وعجائب الأسـفار، تحقيق علي الكتاني، ط3، 1981.

190 – المصدر السابق، ص25.

191 – المصدر السابق، ص 26.

192 – المصدر السابق، ص 26.

193 – عبـد النبـي ذاكر، أرخنة الرحلـة ورحلنة التاريخ، ضمـن كتاب (الرحلة والتاريـخ) الجزء 1، منشـورات جامعـة ابن زهر، أكادير المغـرب، ط2020،1، ص 18.

194 – سـعيد علوش، مكونات الأدب المقارن في العالم العربي، الشـركة العالمية للكتاب، بيروت، لبنان، ط1، 1987، ص 465.

195 – شعيب حليف، الرحلة في الأدب العربي، مرجع سابق، ص 56.

196 – المؤرخ مهما تسلح بالصرامة المنهجية قد تعتري أعماله الذاتية، فالمؤرخ ابـن ثقافـة عصره، يتأثر بما هو سـائد في مجتمعه، يقول محمـد مفتاح: «وتجنباً للجحود وإبعاداً للمكابرة يجب التسـليم بأن المـؤرخ يكون متأثراً بثقافة عصره... كما يكون موجهاً بخلفياتها الفلسـفية والإيديولوجيـة ويخضع لهذا التأثير المؤرخ المحترف والهاوي معاً».

انظـر: محمد مفتاح، المؤرخ وثقافة عصره، مجلة أمل، مجلد 5، عدد 15، 1998، ص 88.

197 – سـلطان بلغيـت، مناهـج البحـث العلمي في العلوم الإنسـانية بيـن الذاتية والموضوعية، مجلة الواحات للبحوث والدراسات، ط3، 2009، ص 318.

198 – حميـد الكتانـي، أدب الرحلة في عصر الرقميات، الارتحال بين مرآة اللغة ومرآة الفيديو، مجلة الرافد الإماراتية، رابط المقال:

https://arrafid.ae/Article – Preview?I=J%2Bwa235xLBY%3D&m=5U3QQE93T%2F03%D

شوهد يوم الأربعاء 5 أكتوبر 2021، مساء.

199 – يقول مارك بلوخ:

Le bon historien, lui, ressemble à l'orge de la légendes là où il faire la chair humaine, il soit que là est gibier Mare Bloch, Apologie pour l'histoire ou métier d'historien (paris, Armand Colin 1997) p 51.

200 – يقول عبد الله العروي: «الأرّاخ يحفظ ولا يعي، فهو فعلاً موضوع، مجرد آلة وواسطة، الماضي حاضر فيه وبه وهو غائب لا يسمع ولا يعي يقوم بوظيفة الحفظ والاحتفاظ ولا يتعداها، فيكون مخبراً بدون خبرة». مفهوم التاريخ، مرجع سابق، ص 44.

201 – التاريخ من أسفل، مبحث جديد من مباحث الكتابة التاريخية في العالم الغربي، ظهر مع كل من مدرسة الميكروستوريا الإيطالية، ومدرسة التاريخ من أسفل البريطانية، ومدرسة الحياة اليومية الألمانية، ومدرسة شيكاغو الأمريكي، وهذه المدارس تنهل من تراكمات العلوم الاجتماعية وتناهجاتها.

202 – Alain Gorbin, le monde retrouve de Louis Francois pinagot, sur les traces d'un inconnu (1798 – 1876)

203 – علي بن حمد التامكروتي، النفحة المسكية في السفارة التركية، مصدر سابق.

204 – المصدر السابق، ص 124 – 126.

205 – ابن حوقل، صورة الأرض، منشورات مكتبة الحياة، بيروت، لبنان، 1995م.

206 – ياقوت الحموي، معجم البلدان، الجزء الأول، دار صادر، بيروت، دون تاريخ، ص 25 – 26.

207 – محمد زنيبر، المغرب في العصر الوسيط: المدينة – الدولة – الاقتصاد، تنسيق محمد المغراوي، منشورات كلية الآداب والعلوم الإنسانية، الرباط، مكتبة النجاح الجديدة، ط1، 1999، ص 369.

208 – أبو العباس ناصر الدرعي، الرحلة الناصرية، الجزء 1، دار السويدي

للنشر والتوزيع، أبوظبي، ط2، 2013، ص 184.

209 – عبد اللطيف محفوظ، وظيفة الوصف في الرواية، منشورات الاختلاف، الجزائر، ط1، 2009، ص 24.

210 – عواطف نواب، كتب الرحالة في المغرب الأقصى في القرنين الحادي عشر والثاني عشر الهجريين، مرجع سابق، ص 124 – 125.

211 – خالد ناصر الدين، موسوعة التكوين العلمي في الرحلات الحجازية المغربية، مجلة كلية الآداب، فاس، العدد 13، 2020، ص 191.

الشق التطبيقي: الرحلة السّفارية
من تأريخ الحدث إلى تأريخ اللغة

تمهيد

الفصل الأول: رحلة المَنْظَري ذريعة لتأريخ

الفصل الثاني: رحلة أحمد بن قاسم الحجري أفوقاي:

وتأريخ الجرح العربي القديم

الفصل الثالث: الرحلة وتأريخ اللغة

تمهيد

إن تراكم النصوص الرحلية العربية واختلاف أنواعها منذ بداية عصر التدوين إلى اليوم، يسمح لنا بروز المفاهيم النقدية التي صُغناها في المدخل النظري، وذلك من خلال قراءة النصوص الرحلية المنتقاة قراءة جديدة تعمل على استجلاء الجانب التاريخي الكامن فيها، ومُحاولة تأويله وفق الضوابط التأويلية التي تواضع عليها رواد النظرية التأويلية، خاصة الجانب التاريخي منها، والقصد من وراء هذه القراءة، من جهة أولى، هو الخروج بنتائج جديدة في موضوع الدراسة، ومن جهة ثانية، نسعى من خلال الشق التطبيقي إلى البرهنة على الأطروحة النقدية التي تبنيناها في هذه الدراسة، والتي من شأنها أن تمنح النصوص الرحلية مكانة اعتبارية أكثر مما هي عليه الآن، خاصة في الدراسات النقدية والتاريخية. فإذا كان التاريخ حافلاً بكتابات المؤرخين في المواضيع ذات الطابع الرسمي «قمة الهرم». وإذا كانت تلك الكتابات مُتضاربة في بعض الأحيان إلى درجة التناقض، فإن الحاجة إلى تنويع المصادر في مقاربة المواضيع التاريخية تُصبح ضرورة منهجية، ومُنطلقاً معرفياً لإعادة كتابة تاريخ قضية ما.

في هذا السياق، تأتي هذه الدراسة النقدية التاريخية لتعيد النظر في نقطة التماس بين الرحلة والتاريخ، من زاويتين، تتمثلُ الأولى في مُحاولة سدّ الثغرات والفجوات التي تركها المؤرخ التقليدي، على قلّة ما كتبهُ المؤرخون المسلمون عن الفترة التاريخية الأخيرة للوجود الإسلامي العربي في الأندلس، والتي تنتمي إليها النصوص الرحلية المنتقاة. والثانية، تتجلى في تعميق البحث التاريخي في آخر مرحلة للوجود العربي الإسلامي في الأندلس من خلال المصادر الدّفينة «الرحلة السّفارية نموذجاً».

انتقينا لتحقيق ما نسعى ثلاثة نصوص رِحلية سِفارية؛ مع الاستناد إلى نصوص رحلية عربية أخرى كُتبتْ في مرحلة تاريخية قريبة منهما. الرحلة الأولى لأحد فرسان القائد علي المنظري الأندلسي (ت 1540م) والمسماة بـ «تقاييد الارتحال في كشف المآل»، والرحلة الثانية لأحمد بن قاسم الحجري المعروف بأفوقاي، وهي «مختصر رحلة الشهاب إلى لقاء الأحباب»، والرحلة الثانية للسفير أحمد المهدي الغزّال المسماة «نتيجة الاجتهاد في المهادنة والجهاد» وقد جاء اختيارنا لهذه النصوص للاعتبارات الآتية:

* انتماء النصّين الأوّليْن زمنياً إلى الفترة التاريخية المدروسة، فالنص الأول كُتب حسب ما جاء في مخطوط الرحلة، قبل سقوط غرناطة (1492م) بقليل. والنص الثاني كُتب بعد سقوط غرناطة. وهذا من شأنه أن يمنحنا صورة تقريبية للواقع التاريخي للموريسكيين قبل السقوط وبعده.

* يتضمنُ النص الأول، أي رحلة «تقاييد الارتحال» معلومات تُكشف لأول مرة، خاصة على مستوى الأسباب التي أدت إلى سقوط غرناطة، وعلى مستوى عدد المسلمين الذي هاجروا وغادروا غرناطة قبل سقوطها. وعلى مستوى الأحباس، أي الأملاك التي تركها المسلمون وراءهم في الأندلس.

* تقدّم النصوص الرحلية، صورة حقيقية عن واقع اللغة العربية في القرون 15 و16 و17؛ إذْ تُساعد الباحثين في تاريخ اللغة العربية على الوقوف بجلاء على بنياتها المعجمية والصرفية والتركيبية في هذه الفترة التاريخية.

* تميّز النصوص الرحلية بالغنى المعرفي حول القضية الموريسكية.

إنّ انتقاءنا لهذه النصوص الرحلية، لا يعني بالضرورة الاعتماد عليها وحدها فقط، بل إن الاستناد إلى مصادر تاريخية أخرى، عربية أو إسبانية، هو مذهبنا المنهجي في هذه الدراسة، وذلك بغرض عقد مقارنات تروم بناء معرفة نقدية تاريخية جديدة وعادلة.

الفصل الأول:

رحلة المَنْظَري ذريعة لتأريخ

حدث لجوء المسلمين إلى المغرب وأملاكهم قبل سقوط غرناطة 1492 م

رحلة المنظري: التعريف والسياق التاريخي

«التاريخ لا يقنعه أن يكون نتاج مؤرخ واحد»[1]

تُعدُّ المرحلة التاريخية ما قبل سقوط غرناطة 1492م، بحوالي خمسين سنة، مرحلة الرّحلات من الأندلس إلى شمال المغرب والجزائر وتونس؛ ذلك أنّ الظروف السياسية الحرجة التي كان يمرّ بها المسلمون جراء توسّع المدّ المسيحي في سياق ما يُعرف بحروب الاسترداد[2] دفعت الكثير من الأسر إلى التفكير في الهجرة نحو المغرب، ونحو بلاد المسلمين في شمال إفريقيا، وشرق المتوسط، وقد تنوّعت تلك الرحلات بين رحلات عامّة الناس الذين كانوا يبحثون عن مُستقرٍ لهم، ورحلات الخاصّة، المتمثّلة في بعث السفراء إلى سلاطين الدولة المرينية (1244م – 1465م) أو إلى مؤسس الدولة الوطاسية «محمد الشيخ« (1472م – 1524م)، وكانت تلك الرحلات بغرض طلب يد العون العسكري، أو بغرض استطلاع الأراضي التي يمكن النزول بها بعد مُغادرة الأندلس[3]، خاصة أنّ إسبانيا كانت

«تبحث بقوة عن وحدتها السياسية مُتخطية بذلك كل الحواجز التي كانت تعوق هذه الوحدة»[(4)] ويسجّل التاريخ الإسلامي في هذه الفترة عدّة رحلات رسمية وغير رسمية، أغلبها لا يزال مخطوطاً في المكتبات القديمة بفاس، وتطوان، والرباط، وفي إسبانيا أيضاً[(5)]، ولعلّ رحلة علي المنظري (ت 1540م) القائد العسكري الأندلسي حاكم تطوان بعد سقوط غرناطة واحدة من تلك الرحلات.

1 - التعريف برحلة «تقاييد الارتحال في كشف المآل»:

1 - 1 - وصف المخطوطة:

تعدُّ هذه الرحلة من بين أهمّ الرحلات التي تم العثور عليها في مكتبة قديمة تعود للشاعر ابن الميموني[(6)] الوزّاني بمدينة وزّان شمال المغرب، ويظهر من خلال ديباجتها أنها أُلّفت سنة (885هـ)، أي قبل سقوط غرناطة بـ «12 سنة»؛ ذلك أن سقوط غرناطة كان في (897هـ – 1492م). وتقع الرحلة في ثلاث وثلاثين لوحة مكتوبة بخط مغربي باهت في بعض صفحات المخطوطة، في كل لوحة ثلاثة عشر سطراً، في كل سطر حوالي عشر كلمات. غير أن المصادر التاريخية الرسمية لا تذكرها حرفياً، ولكنها تذكر القائد العسكري الأندلسي الذي أشرف عليها. وقد أفادتنا الرواية الشفهية التي استقيناها من صاحب المكتبة أنه عثر عليها بمسرد كشّاف المخطوطات بخزانة مولاي عبد الشريف دفين بمدينة وزان، فقام بتصوير نسخة منها.

2 – 1 – صاحب الرحلة ومنهجه في الكتابة:

لا تصرّح الرحلة باسم مؤلفها، ولكنها تُصرّح لفظياً بأن كاتبها أنجزَ رِحْلَته بأمرٍ من القائد العسكري الغرناطي علي المنظري (ت1450م)، وهذا القائد معروف لدى المؤرخين الإسبانيين؛ نظراً لمكانته العسكرية، حيث كان يحكم قلعة بينيار Piñar التي تقع في أرباض مملكة غرناطة. يقول كاتب الرحلة: «.. أما بعد، فهذا تقييد[7] رحلتي المطولة إلى عدوة المغرب والجزائر وتونس وسميتها تقاييد الارتحال في كشف المآل، أذكر فيه ما أمرني بوصفه القائد المنظري الذي جزت البحر بإذنه..»[8] يظهر من هذا القول أن كاتب الرحلة قام برحلته هاته بأمر من القائد المنظري، وأنه اعتمد على منهج الوصف في كتابة رحلته، فمن يكون القائد المنظري؟

حظي القائد العسكري علي المنظري بدراسة وافية في التاريخ العربي والإسباني، فقد أفردَ له المؤرخ الإسباني «غيرّمو غوثالبيس بوستو» كتاباً مُستقلاً بعنوان: «AL – Mandari EL – Garandino Fundador De Tetuan»[9].

وخصّصت له الباحثة «نضار الأندلسي» فصلاً كاملاً في كتابها الصادر السنة الماضية بعنوان «تطوان بين المغرب والأندلس»[10]. إضافة إلى بعض المعلومات المتفرقة في كتاب «تاريخ تطوان» لمحمد داود.

وباستقراء هذه المراجع التاريخية يتبيّن أنَّ علي المنظري القائد العسكري الأندلسي كان يحكم قلعة Piñar في مملكة غرناطة

بالأندلس، وقد غادر قلعته بعد استيلاء النصارى عليها متجهاً إلى غرناطة، ثم إلى المغرب على رأس مجموعة من جنوده؛ حيث استقرّ في تطوان التي كانت وقتئذٍ عبارة عن ركام وخراب إثر تعرّضها للغزو البرتغالي سنة 1437م، فقام بإعادة بنائها من جديد بمساعدة مؤسس مدينة شفشاون علي بن راشد[(11)]. ويذكر المؤرخ «بوستو» أن المنظري كان «ينتمي إلى حزب أبي عبد الله الصغير، الذي كان في تلك الأيام لا يزال أسيراً عن المسيحيين»[(12)].

يظهر إذاً أن القائد المنظري عندما سقطت قلعته، وانهزم أبو عبد الله الصغير في حربه على العرش الغرناطي، بدأ يفكّر في مغادرة غرناطة قبل سقوطها إلى المغرب، فتكون هجرته اضطرارية، لا اختيارية، في هذا الإطار يرى الباحث «الحسن بوزينب» أن القائد المنظري «أتى إلى المغرب لاستجماع قواه فقط، والرجوع بعد ذلك إلى الأندلس لمتابعة قتال النصارى»[(13)] غير أن المنظري استقرَّ في تطوان، ولم يعد إلى عدوة الأندلس.

تأسيساً على هذه المعطيات التاريخية حول القائد الأندلسي، نستطيع أن نقول، إن تفكير المنظري لمغادرة غرناطة كان عن وعي مسبق بضرورة إرسال رحّالة من جنوده إلى تطوان لاستكشافها ومعرفة الأماكن التي يمكن أن ينزل فيها، ندعم هذا الرأي بحجتين، تتمثل الأولى في كون الرحلات الاستطلاعية كان أسلوباً عسكرياً معروفاً عن المسلمين العرب منذ فتح الأندلس (92هـ) فقد «أرسل موسى بن نصير طريف بن مالك المعافري في مهمة عسكرية استطلاعية، استطاع من خلالها أن يتعرّف على جنوب شبه جزيرة

إيبيريا (...) وقد سُميت باسم هذا القائد العسكري»[14] فلا نستبعد أن يستعمل المنظري الأسلوب العسكري نفسه قبل نزوله إلى تطوان. أما الثانية، فتتجلى في فترة الفراغ السياسي الذي كانت بلاد المغرب تشهدهُ، وهي الفترة التي عرفت حكم «الشيخ محمد الوطاسي (876هـ – 910هـ/ 1472م – 1505م)»؛ حيث كانت بلاد المغرب مضطربة بحكم رغبة دولة العثمانيين في إخضاعها لسلطانهم. وفي ظل هذه الظروف السياسية ما كان للمنظري أن ينزل في المغرب دون معرفة موطئ قدمه؛ بل إنه أرسل رحّالته إلى الجزائر وتونس حسب ما نصت عليه الرحلة «.. رحلتي المطولة إلى عدوة المغرب والجزائر وتونس»[15]. وهذا يدفعنا للقول بأن هذه الرحلة تكررت مرات عديدة، كان الغرض منها جمع المعلومات الكافية، وهذا ما نستشفه من عبارة «رحلتي المطوّلة»، إضافة إلى أنّ الرحلة السفارية بقدر ما تتخذ طابعاً رسمياً بين الحكام والأمراء، فإنها «تفي بجوانب المشاهدات فتسجل كل صغيرة وكبيرة، وترصد الأحداث، وتصف مظاهر السلام والحرب»[16].

2 – السياق التاريخي للرحلة:

تميز النصف الثاني من القرن (15م) والقرن (8هـ) باضطراب الأوضاع السياسية والعسكرية في الأندلس، خاصة في مملكة غرناطة؛ حيث أدى الصراع على العرش بين أبي الحسن علي وأخويه أبي الحجاج يوسف وأبي عبد الله الزغل سنة (768هـ/ 1463م) إلى تمزق المملكة وضعفها؛ حتى وصل الأمر بالزّغل إلى طلب العون ضد

أخيه من ملك قشتالة «أنريكي الرابع» الذي التقى به في أرشذونة سنة 1469م، ووعده بالعون والتأييد على أخيه، مُقابلَ ولائه له[17].

في ظل هذا الانقسام الذي أصاب المسلمين، كان القائد المنظري، وهو من أتباع أبي عبد الله الصغير يفكّر في الهجرة إلى المغرب، خاصة بعد سقوط قلعته «بينيار Piñar» في «سبتمبر عام 1485م»[18] وهو التاريخ نفسه الذي تشير إليه الرحلة السفارية التي قام بها أحد جنوده، والتي يقول مؤلفها: «اتفق لنا لقاء مع القائد المنظري ليلة الخميس من الشهر الثاني عشر عام خمس وثمانين وثمان مئة للهجرة»[19] أي بعد سقوط قلعته، وقبل سقوط غرناطة رسمياً بحوالي 12 سنة حسب التقويم الهجري.

يُستفاد من هذا السياق التاريخي أن الرحلة التي أمر بها المنظري جاءت في إطار سِفاري الغرض منه هو تأمين الجهة المُستقبِلة «تطوان». وقد ذكر المؤرخ بوستو أن المنظري كانت تجمعه علاقة قوية مع حاكم شفشاون علي بن راشد (1512م) بعد مُراسلات طويلة بينهما، يقول: «عندما بدأت الهجرة الغرناطية تتزايد في عددها، ظهر» علي المنظري «مع مُحاربيه وتفاهمَ كلا الزعيمين في الحال (...) ويحكي المؤرخون بالتفصيل المعارك الحربية لكلا القائدين من النادر جداً أن نجد معارك أو اشتباكات أو غارات، لا يكون فيها قائدا الشاون وتطوان مُتحدين»[20]. ونجد في رحلة «تقاييد الارتحال» إشارة قريبة من هذا المعنى، والتي تؤكد أن المنظري كان يسعى من خلال إرسال بعثات استطلاعية سفارية، يقول مؤلف الرحلة: «... وكنتُ قد رأيتُ في سفرتي السابقة جور الطائفة البرتغالية على

تطوان، وعيثها فساداً في بلاد العدوة، ولولا حاجتي بإيصال المرسول لأطلتُ البقاء فيها مُكتشفاً خرابها ودمارها»[21]. تبين هذه الفقرة، أن مؤلف الرحلة «الرَّحالة» قام برحلة قبل رحلته سنة (885هـ) وكان الغرض منها إيصال مرسول، ولكنه لم يفصح عن طبيعة الرسالة، ولا عن الجهة المستقبلة[22]. والراجح أنه كان متوجهاً إلى شفشاون حيث يوجد مؤسسها علي بن راشد، لكون هذا الأخير أصبح حليفاً ومُتعاوناً مع القائد المنظري عند نزوله من غرناطة إلى تطوان؛ بل ستتطور العلاقة السياسية بينهما إلى علاقة مُصاهرة؛ حيث سيتزوج المنظري الأندلسي من بنت علي بن راشد المشهورة بلقب السيّدة الحُرّة[23].

3 - مسار الرحلة:

انطلق الرّحالة المجهول[24] مؤلف رحلة «تقاييد الارتحال» من غرناطة ليلة الخميس 18 محرم 885هـ الموافق لشهر أبريل 1480م، متجهاً إلى مقصَدِهِ «شفشاون» وقد عبر في رحلته هاته من المدن الآتية، جبل طارق، ساحل المغرب عبر وادي أوليان، ثم ساحل أنجرة، ثم جبل بليونش المعروف بجبل موسى، ثم تطوان، وأخيراً شفشاون.

غير أن اللافت للنظر في مسار هذه الرحلة أن مؤلفها لم يمنح مساحة كبيرة على مستوى الكتابة لمنطقة جبل طارق وسبتة ومليلية، فناره يحجم عن ذكر التفاصيل المتعلقة بها، فلا يذكر شيئاً عنها. ولكنه في المقابل يركز في رحلته على تطوان فيمنحها حقها من الوصف في الفصلين الأول والثاني من الرحلة، وهذا يؤكد الفرضية القائلة أنه في رحلته هاته كان في مهمة سفارية الغرض منها جمع

المعلومات الخاصة بتطوان والتي ستكون مركزاً لنزول القائد المنظري الذي بعثه في هذه الرحلة، يقول الرحّالة: «وعبرنا بعد المشاورة إلى مضيق الجبل في مركب جزنا به البحر من متريل، ومنها إلى مربلة[25]، ومنها إلى سواحل العدوة، ونزلنا بوادي أوليان الواقع بين سبتة وطنجة، وهو مرسى مأهول بالسفن الصغيرة، وجدنا به صيادين، وليست عليه حراسة، ولما خرجنا به جزنا إلى ساحل أنجرة، وعبره إلى بليونش الجبل، ومن إلى تطوان، فوجدناها خراباً كأنها لم تكن معمورة من ذي قبل، وفي أحوازها قرى متباعدة، يعيش أهلها من الحراثة وما يتبعها من الزراعة والحصاد، وأغلبها في سفوح الجبال وبين الربوات. ولما كنا في ربوة الفدّان استوقفتنا حامية الكشافة، وكانوا نحواً من العشرين، وقد أثارهم مظهرنا، فاستفسرنا قائدهم، فأخبرناهم بطريقنا إلى علي. ولم يظهر عليهم أثر من كشافات الطاغية»[26].

يوضح هذا القول بجلاء، تراجع الحس الجغرافي عند الرحالة، وبروز الحس التأريخي، خاصة عند وصوله إلى تطوان، وهي المدينة التي خصها بفصل كامل، عرض فيه معطيات دقيقة عن تطوان ونواحيها في تلك الفترة التاريخية، يقول فيه: «... وتطوان يعمّها الخراب من كل الجهات لما أصابها من غزو الطاغية[27] لها، وأحياؤها تزيد عن الأربعين حياً، ومعظم بنائها من الحجر والجير الأبيض، وبها سواقي وعيون من ناحية الشمال الغربي، أما أرحية الزيتون فكثيرة، وليست مأهولة في جلها، والتجارة بها قليلة، إلا ما يعبرها إلى ثغور الطاغية، ويخرج منها إلى المضيق طريق عليها

السكان من الجانبين، وتنتشر على أراضيها الأغراس من الزيتون والتين والصبار والدفلى والبرقوق والرمان، وعليها يعيش معظم أهلها، وأما المضيق ففي ساحله ترسو سفن قليلة لعلها من مراكب القرى النابتة على ساحله، ولقينا في قرية تدعى بني صغير عائلات من إشبيلية أعادها الله إلى دار الإسلام، ولما استفسرت بعضها علمت من لهجتهم أنهم هاجروا بعد وقوعها في يد الطاغية عام...»[28].

4 - سؤال العتبة في رحلة «تقاييد الارتحال» بين الرحلي والتاريخي:

يُعدُّ سؤال العتبة في الكتابات الرحلية من بين أهم الموجهات الرئيسية في خلق أفق انتظار معيّن لدى القارئ، إضافة إلى تكثيف الدلالات المبثوثة في النص في جمل قصية مثل جملة العنوان، وعبارات الاستهلال؛ وبما أن النص الذي نتعامل معه في هذا السياق نص رحلي تاريخي ينتمي إلى حقبة ما قبل سقوط غرناطة، فإنه لا يختلف عن النصوص الرحلية المعروفة في عصره، من حيثُ العتباتُ النصية التي يتكئ عليها، والمتمثلة أساساً في العنوان[29].

إن العنوان في الكتابات الرحلية العربية يضطلعُ بعدّة وظائف، جمالية ودلالية؛ فعلى المستوى الجمالي، يتمثل في الصيغ التعبيرية ذات الطابع البلاغي الذي يستهوي المتلقي ويستنفر قدراته اللغوية والذوقية، ويتجلى هذا أساساً في جنوح الرّحالة العرب إلى اعتماد أسلوب السجع[30] كآلية تعبيرية تثير القارئ وتستنفر ذائقته. ولعلّ هذا الجانب اللغوي والبلاغي المبثوث في عناوين الرحلات العربية من

بين الأسباب التي دفعت النقد الأدبي العربي إلى مقاربتها من الزاوية الأدبية الجمالية، وإغفال ما تكتنزهُ من معرفة تاريخية وجغرافية. أما على المستوى الدلالي، فإنَّ العنوان الرحلي يُكثف دلالات النص برمته، ويقوم بتسويره من حيث الغرضُ من الرحلة، ومن حيثُ وجهتها الجغرافية، ومن حيث هدفُ الرحالة من كتابتها. ولهذا نلاحظ بعض الرّحالة يحرصون على اختيار عناوين رحلاته بعناية فائقة، مثل الرّحالة شكيب أرسلان الذي غيّر عنوان رحلته من «الحلل السندسية في الرحلة الأندلسية» إلى «الحلل السندسية في الأخبار والآثار الأندلسية» وهذا التغيير ينبئ عن استراتيجية كتابية ينهجها الرحالة في رحلته، قد تكون تلك الاستراتيجية مرتبطة باستكشاف الجذور التاريخية للقضايا التي يكتب عنها الرّحّالة في رحلته، مثل العروبة والإسلام في الأندلس بالنسبة للرحّالة. وقد تكون مرتبطة بمهمة سفارية دبلوماسية مثل افتكاك الأسرى في رحلة ابن عثمان «الإكسير في فكاك الأسير»، وقد تكون مرتبطة بغرض استكشافي كما هو الشأن في رحلة ابن بطوطة، حيث يكثف العنوان دلالة الاستكشاف الكامنة في العنوان. وقد ترتبط بمقصد ديني كما هو الأمر في الرحلات الحجّية، مثل رحلة «إحراز المعلى والرقيب في حج بيت الله الحرام والتبرك بقبر الحبيب» لمحمد بن عبد الوهاب المكناسي. هكذا يصير العنوان «سليل ملابسات سياقية معينة، قد تكون خارج نصية، أو داخل نصية، أو هما معاً»[31].

انطلاقاً من الوظائف الجمالية والدلالية التي يضطلع بها العنوان الرحلي، فإن عنوان رحلة المنظري «تقاييد الارتحال في كشف

المآل» لا يخرج عن هاتين الوظيفتين؛ فقد اختار الكاتب للرحلة عنواناً ذا جرس موسيقي من خلال التوازي بين عبارتين، هما: «الارتحال» و«المآل» وهو منحى بلاغي معهود في العناوين التراثية المسجوعة. غير أن هاتين العبارتين ليستا مجرد دال صوتي Phonetic Significant أو أسلبة خادعة توقع المتلقي في حيرة، ولكنهما عبارتان مُوجّهتان للمتلقي، عبارتان تعملان على تفجير الطاقة الدلالية الكامنة في النص الرحلي؛ فلفظة «الارتحال» تشير إلى الرحلة باعتبارها فعلاً مادياً ولفظة «المآل» تشير إلى مصير الرحلة، وإذا – نحن – جمعنا العبارتين بلفظة «التقاييد»[(32)] الواقعة في صدر العنوان، انتقلنا من معنى الارتحال المادي، إلى معنى تأريخ فعل هذا الارتحال، ذلك أن فعل «قيّدَ» يحيل على معنى «سجّلَ / دوّنَ» الذي يُعدّ فعلاً تأريخياً.

إذا كان عنوان «تقاييد الارتحال في كشف المآل» يكتنز دلالة التأريخ، فإن عتبة المقدّمة تضيء فعل التأريخ الذي يرغب فيه الرّحّالة كاتب الرحلة؛ ففي المقدمة نجد إشارات صريحة بأنّ الرّحالة يؤرخ ليس فقط لرحلته، بل يؤرّخ لرحلة جماعية عرفها تاريخ الوجود الإسلامي في الأندلس، وهي رحلة عودة المسلمين إلى عدوة المغرب وباقي دول العالم الإسلامي بعد أن بدت بوادر سقوط غرناطة تلوح في الأفق، وهو ما توضحه هذه الفقرة الواردة في مقدّمة الرّحلة: «وقلت بعد الاستعانة بالله وطلب العون منه، إنه لما توالت الهزائم والشرور على الأندلس من كل حدب وصوب، ودنا السقوط من حاضرة الجنوب غرناطة لما علمه الناس من صراع

الملكين على العرش، أمرني القائد المنظري مع سرب من فرسان شداد أن أجوز إلى عدوة المغرب مُكتشفاً أوضاعه وراسماً خريطته المأهولة وأرضه المزروعة..»[33].

يظهر بجلاء أن الدلالة المُكثّفة في العنوان تفصّلها المقدّمة، بحيثُ تستحيل دلالة العنوان من المعنى الرحلي، إلى المعنى التأريخي؛ ارتحال في الزمان والمكان، وتأريخ لفعل الارتحال، وكشف لمآله؛ مآلُ رحلة الكاتب، ومآل رحلة المسلمين قبل سقوط غرناطة.

رحلة المنظري ذريعة للتأريخ: اللجوء والأملاك

يقوم فعل التأريخ في رحلة «تقاييد الارتحال» على مسارين مُختلفين، غير أنهما مُتكاملان في إثبات أن الرحلة ذريعة للتأريخ؛ فمؤلف الرحلة من جهة أولى، يؤرخ للحظة والآن، أي يدوّن الفترة التاريخية التي يعيشها بصفته رحّالة، والمرحلة الزمنية التي تعيشها المجموعة البشرية التي يمرّ بها في مسيره الرّحلي. ومن جهة ثانية، تراهُ يؤرّخ لفترات زمنية سابقة لعصره؛ إذ يعود بذاكرة القارئ إلى زمن الفتح العربي للأندلس، فيذكر الأحداث المشهودة في ذلك الفتح. ويذكر حركة الجهاد التي يقودها المسلمون في سنوات ما قبل سقوط غرناطة.

إن المتأمل في رحلة «تقاييد الارتحال» يجد الفقرات التي تغطي فعل التأريخ بصورتيه، المضارعة لعصر الرحّالة، والماضية، تُهمين على فعل السرد الرحلي، والجانب الجغرافي؛ فالرحّالة لا يولي اهتماماً كبيراً للجانب الأدبي في رحلته، وحتى الجانب الجغرافي لم يذكره إلا في المقدّمة، ثم أقبلَ بعد ذلك على فعل التأريخ للبلاد التي زارها «تطوان وأرباضها» فعمَدَ إلى ذكر ما يتصل بالوضع البشري

والاقتصادي، وأولاه أهمية قصوى، وقد صرّح بهذا في قوله: «.. أمرني القائد المنظري مع سرب من فرسان شداد أن أجوز إلى عدوة المغرب مُكتشفاً أوضاعه وراسماً خريطته المأهولة وأرضه المزروعة»[34].

من صور تأريخه لماضي الأندلس، قوله متحدثاً زمن الفتح «سبحان مُبدّل الأحوال، وخالق الأهوال، جاء أجدادنا العرب فاتحين حاملين لواء العلم والدين، ومتوكلين على الله لإعلاء كلمته في ربوة هذه البلاد، ولم يكن معهم إلا اليقين بالفتاح العليم، وأرسوا دعائم العدل وأضاءوا الجزيرة بنور العلم... ونحن اليوم نعود خائبين»[35].

تشير هذه الفقرة على قصرها إلى زمن فتح الأندلس، كما تبين أن هذا الفتح لم يكن مقروناً بمزاعم العنف والاحتلال كما يزعم بعض الباحثين المتعصبين، بل تؤكد أن الفتح العربي للأندلس كان فاتحة لإرساء دعائم العدل، ونشر العلم والحضارة. والقول بهذا الطرح لا يحمل تحيُّزاً، بل نجد هذه الشهادات التاريخية لمؤرخين أجانب ليس لهم أدنى ارتباط إثني بالعرب، منهم المؤرخ الإسباني «إغناسيو أولاغوي» الذي أكد أن معظم وثائق التاريخ الحضاري الذي حمله العرب إلى الأندلس تعرضت للإتلاف، ودعا إلى إعادة قراءة مرحلة الفتح العربي وما بعدهن برؤية ناقدة تستند إلى حقول معرفية متنوعة، مثل الجغرافيا والهندسة المعمارية، والإثنوغرافيا، وعلم الأركيولوجيا[36] وفي السياق ذاته، يرى المؤرخ «خوان فيرنيت» أن «الفكر العربي الأندلسي لم يُمارس تأثيره في اتجاه الغرب فحسب، بل ترك أثراً لا يمحى من إفريقية الشمالية، كما أن إسبانيا الحالية

كانت الأولى التي احتضنت الحضارة ونقلت إلى الغرب الأوروبي كثيراً مما تلقته في حقل الثقافة والفن»[37].

بغض النظر عن البون الزمني بين ما قاله الرّحالة في رحلته، وما أكده المؤرخان بعدهُ، فإن مثل هذه الحقائق تؤكد أنَّنا في حاجة إلى إعادة البحث في التاريخ الأندلسي من خلال وثائق دفينة تعيد بناء المعرفة التاريخية العادلة.

ليس الغرض في هذا السياق أن نأتي على كل فقرة ذات بعد تأريخي لماضي الأندلس بالنسبة إلى زمن الرّحالة، فهذا مما يضيق المقام به، وإنما الغرض يتمثل أساساً في الوقوف على تأريخ الرّحّالة لمرحلته التاريخية، مرحلة ما قبل سقوط غرناطة، ونزوح المسلمين إلى شمال إفريقيا، وهي المرحلة الحرجة التي تحتاج إلى المزيد من الدراسات التاريخية النقدية التي تعيد كتابة تاريخ المسلمين الذين تعرضوا لأبشع صور الظلم والاعتداء والإقصاء من أراضيهم.

1 - لجوء المسلمين إلى شمال إفريقيا قبل سقوط غرناطة 1492م:

يعدُّ اللجوء ظاهرة بشرية منذ بداية الخلق؛ إذ عرف الإنسان اللجوء منذ عصور قديمة تعود إلى العهد الإغريقي، ثم عرف تطوراً في القرون الأولى من التاريخ المسيحي؛ حيث أصبحت الكنيسة تمنح حق اللجوء إليها طلباً للحماية والأمان. وفي التاريخ الإسلامي ارتبط مفهوم اللجوء بمفهوم الأمان؛ حيث كان هذا الحق يعطى لغير

المسلمين، ويصبحون آمنين في دولة الإسلام ما داموا فيها. وقد أصبح حق اللجوء في الحضارة الإسلامية ممارسة عملية، واجتهاداً فقهياً عميقاً يتغير بتغير الأحوال والسياقات، يقول الإمام النووي: «إذا دخل الكافر دارَ الإسلام بأمان أو ذمّة، كان ما معه من المال والولد في أمان»[38] وأكد الإمام الشيباني أنه «يجب على إمام المسلمين أن ينصر المستأمنين ما داموا في دارنا وأن يُنصفهم ممن يظلمهم، كما يجب عليه ذلك في حق أهل الذمّة؛ لأنهم تحت ولايته ما داموا في دار الإسلام»[39].

لا يزال اللجوء يلقي بظلاله على حياة الإنسان الحديث والمعاصر، فقد لجأ آلاف اليهود إلى دول متفرقة عبر العالم هرباً من ألمانيا النازية[40]، ولجأ الآلاف من السوريين إلى دول أوروبا نتيجة اضطراب الأوضاع السياسية والأمنية في وطنهم.

غير أن لجوء المسلمين قُبيل سقوط غرناطة بسنوات قليلة، لم يحظَ باهتمام الباحثين والدارسين في التاريخ الأندلسي، بقدر ما اهتموا بدراسة التهجير الذي تعرّض له المسلمون بعد سقوط غرناطة، وعلى وجه التحديد عندما صدر قرار طرد المسلمين نهائياً 1609م[41]. ولعلّ مرد ذلك إلى ندرة الوثائق التي تتضمن المعلومات الخاصة بلجوء المسلمين إلى بعض المناطق في شمال إفريقيا، إذا استثنينا كتاب «نبذة الدهر في أخبار ملوك بني نصر» لمؤرخ مجهول. وهذا ما سنحاول استخلاصه من خلال هذه المقاربة المعرفية لنص رحلة «تقاييد الارتحال في كشف المآل» قصد سدّ فجوة صغيرة من فجوات هذه الفترة التاريخية للوجود الإسلامي في الأندلس.

سجّلَ مؤلف رحلة التقاييد، معلومات كثيرة عن لجوء المسلمين إلى عدوة المغرب وبعض المناطق الساحلية في الجزائر وتونس، ولم يكتفِ المؤلف بتسجيل ما رآه وما سمعه عن المسلمين الذين هاجروا قبل سقوط غرناطة، فقط، بل كان يربط ذلك بالأسباب وعياً منه بأن ما يحدث له مُسبّبات مُباشرة وغير مُباشرة.

1 – 1 – صورة عامة عن اللجوء قبل سقوط غرناطة:

يقول مؤلف رحلة القايد: «... وغاضني ما رأيتُ من إقبال أسر وعوائل أندلسية على العبور إلى عدوة المغرب، فقد كانت المراكب والفلايك[42] لا تفتر ولا تتوقف ليلاً ونهاراً، حتى أصبحت حركة العبور عبر مضيق جبل طارق مزدهرة لأصحاب السفن والمراكب»[43]. يبيّن هذا القول الصورة العامة لحركة هجرة المسلمين من الأندلس – غرناطة نحو المغرب، ويكشف عن حجم الأعداد المُهاجرة، وإن لم يصرّح بالعدد لفظياً، فعبارة «كانت المراكب والفلايك لا تفتر ولا تتوقف ليلاً ونهاراً» تكشف ضمنياً الأعداد الكبيرة التي كانت تُهاجر يومياً من غرناطة إلى المغرب. وهذا يؤكد أن لجوء مسلمي الأندلس إلى عدوة المغرب كان قبل سقوط غرناطة، ويمكن تقديره انطلاقاً من زمن الرحلة بسنة (885هـ – 1983م).

وتشير بعض الدراسات التاريخية إلى أن هجرة الأندلسيين قبل سقوط غرناطة كانت عن وعي مسبق، لأنهم شاهدوا ما حدث لإخوانهم الذين طردوا من المدن الأندلسية الأخرى التي سقطت في أيدي النصارى، خاصة مدينة رندة التي سقطت قبل غرناطة سنوات قليلة[44].

إذا كانت هذه هي صورة لجوء الأندلسيين إلى المغرب قبل سقوط غرناطة، بشكل عام، فإن الرّحالة لم يفوّت الفرصة لتسجيل بعض أسماء الأسر الأندلسية التي هاجرت في هذه المرحلة المبكرة قبل السقوط، والتي تعرّفَ عليها إما بلقائها أو سمع عنها قبل تدوين رحلته.

2 – 1 – الأسر التي هاجرت نحو المغرب قبل سقوط غرناطة:

يقول مؤلف الرحلة عند نزوله بعدوة المغرب: «ونزلنا بوادي أوليان الواقع بين سبتة وطنجة، وهو مرسى مأهول بالمراكب الصغيرة وعليه حراسة ليست ذات بال، ولقينا فيه بعض الحراس أخبرناهم بأننا من أهل الأندلس، فأهّلوا واستبشروا، وأطعمونا، وأسمعنا أحد الحراس أنّ قبل يومين نزلت في مرساه عشر أسر، أسرة المالقي يحيى، وأسرة الفقيه الدغالي، وأسرة قاسم الإلتشي، وأسرة عبد الله الجياني، وأسرة بني سعيد، وأسرة الهسكوري»[45].

إن الأسر التي ذكرها الرّحالة في هذه الفقرة، هي أسر تنتسب إلى مدن وقرى وقلاع أندلسية؛ فأسرة يحيى المالقي من مالقة، وأسرة الفقيه الدغالي من أرباض غرناطة، وإليه ينتسب المحارب الغرناطي سعيد بن فرج الدغالي[46] أما أسرة الإلتشي فهي من مدينة إلتشي دي لاسيرا، وهي من المدن الصغيرة المُتاخمة لغرناطة من ناحية الشمال. وأسرة الجياني فمنحدرة من مدينة جيان، وأسرة بني سعيد من قلعة بني سعيد بريف غرناطة، وإليها ينتسب المؤرخ أبو الحسن بن موسى بن سعيد الأندلسي (ت 685هـ)، وتسمى اليوم بـ «ألكالا»، أما أسرة الهسكوري فالراجح أنها تنتسب إلى ألمرية، لأن هذا اللقب مذكور

في وثيقة المجاهدين في أرشيف ألميرية التي تعود إلى 1475م، أي فترة ما قبل سقوط غرناطة بسبع عشرة سنة؛ حيث ورد فيها ألقاب الفرسان الذين قادوا حملة عسكرية ضد الحاميات القشتالية[47].

اللافت أن ألقاب هذه الأسر التي ذكرها الرّحالة لا تزال مُتداولة إلى اليوم في شمال المغرب، خاصة في ريف طنجة وتطوان وأرباضهما، وبعض القبائل الجبلية المتاخمة لتطوان، كقبائل غمارة، وغزاوة، وبني مستارة، وبني سعيد.

وعند وصول الرّحالة إلى تطوان يخصها بالوصف، ويستحصل الروايات الشفهية عن المسلمين الذين وصلوا إليها، يقول: «وتطوان اليوم خراب كامل، وفساد شامل، غير مأهولة ببشر، دورها محروقة، وقصورها مسروقة (...)[48] تركها الغزو الظالم الذي مرّ بها قبل سنين مستوية بالأرض. ما خلا بعض القرى في الجهة المقابلة لتطوان مما وراء النهر الكبير، قصدناها في مسيرنا وأرحنا بها ليلة في مسجدها الصخري، وسمعنا من الإمام نذيراً بالحيطة والحذر من الكشافات السرية البرتغالية العاملة في الأرباض، وأخبرنا أنَّ أهل الأندلس يمرُّون من تطوان فيعبرونها إلى الشاون[49] وسألته عن بعضها، فأخبرني عن أسرة النقسيسن وأسرة سعد الإشبيلي الملقب بالتاجر، وأسرة أحمد بيضي البلنسي، وأسرة فقيه دانية، وأسرة آل بسكوس. وقد عرفت بعضاً مما ذكر، فآل النقسيس كانوا من المُقدّمين في أحواز غرناطة، وكانت تجمعهم خدمة بملوك بني الأحمر، وأسرة الإشبيلي أسرة تاجر الذهب اليهودي، وأما أسرة فقيه دانية فمعلوم عند أهل غرناطة»[50].

يُستفاد مما أوردهُ الرّحالة في هذه الفقرة، أن تطوان قُبيل سقوط غرناطة بسنوات قليلة، أي إلى حدود (880هـ - 1480م)، لم تكن سوى خراب. وهذا ما تؤكده بعض المصادر التاريخية على رأسها «نزهة الإخوان» للمؤرخ عبد السلام السكيرج[51] والرّحّالة الحسن الوزان المعروف بليون الإفريقي الذي أورد معلومات وافية عن بناء تطوان[52]، ويُستفاد أيضاً، أن تطوان والأقاليم المتاخمة لها كانت تحت عيون البرتغال، على الرغم من بعد غزوها سنة 1437م، وقد أورد المؤرخ «غوميس إبانيس» أن نظام الكشافات كان معمولاً به في الصراع الثلاثي على ثغور المغرب بين القوات الإسبانية والقوات البرتغالية والقراصنة[53].

أما على مستوى الأسر المسلمة التي عبرت تطوان إلى شفشاون، فيذكر أسرة النقسيس وهي أسرة كانت من طبقة المُقدّمين عند بني الأحمر، وتذكر بعض الدراسات أنها حكمت تطوان ما بين (985هـ - 1084هـ/ 1578 - 1673م) وقد نزلت هذه الأسرة بضواحي شفشاون، ثم انتقل أحفادها بعد ذلك إلى تطوان وتمكنوا من استرجاع وضعهم الاعتباري من خلال حكم تطوان[54].

واللافت للنظر هو أن الرّحالة يشير إلى أسرة سعد الإشبيلي، و«يحسِب» أنها من أسرة تاجر يهودي يبيع الذهب، ومهما كان شك الرّحالة في عقيدة أسرة هذا التاجر، فإن مصادر تاريخية أخرى تؤكد أن اليهود باعتبارهم مكوّناً من مكونات المجتمع الأندلسي تعرّضوا للاضطهاد المسيحي؛ بحيث «كانت السلطات المسيحية لا تتهاون في إخراج اليهود بالذات، ولم تكن تقبل حتى التحوّل إلى النصرانية»[55]

وقد بدأوا في الهجرة نحو المناطق الآمنة لهم بعد تراجع الحكم الإسلامي في الأندلس بثلاث مئة سنة، خاصة في المدن الشمالية كسرقسطة التي كان يسمّيها الأندلسيون بالثغر الأعلى.

في هذا السياق التاريخي بالذات جاءت رحلة «بنيامين التطيلي» اليهودي ما بين (1165 – 1173م) التي بدأها من مدينة سرقسطة والتي لم تكن حينئذ تحت الحكم الإسلامي، وكان الغرض من رحلته إحصاء جميع اليهود الموجودين في شبه جزيرة إيبريا ودول شرق المتوسط[56]. أما لقب «الإشبيلي» فمنتشر بكثرة في إقليم شفشاون، ولا نستبعد أن تكون منهم أسرة الإشبيلي تاجر الذهب اليهودي المشهور في مدينة وزان قرب مدينة شفشاون[57].

3 – 1 – الأسر التي لجأت إلى الجزائر قبل سقوط غرناطة:

على الرغم أن المؤلف كان متجهاً إلى المغرب، وبالضبط إلى شفشاون في مهمة سفارية، فإنه في بعض المواضع يذكر معلومات عن الأندلسيين الذين هاجروا إلى الجزائر في سياق استدعاء سفره السابق، كما أنه يربط تلك الهجرات بالمناسبات الدينية، مثل أداء فريضة الحج، يقول: «وسمعتُ من بعض ريّاس المراكب في سفرتي الأولى عام ثمانين وثمانمئة أن أسراً أندلسية هاجرت إلى إيالة بجاية في طريقها إلى الحج، وحكى لي ريّس المركب أنه أركب معه العام الفايت[58] ما ينيف عن عشرين داراً إلى مرسى مستغنم ومعظمهم من غرب الأندلس. وقد قيّدتُ ذلك[59]»[60].

يُستفاد من هذا النص أن هجرة أهل الأندلس لم تكن محصورة في اتجاه المغرب، بل اتجه كثير منهم إلى الجزائر وغيرها، إما رغبة منهم في الاستقرار فيها، أو عبوراً إليها في طريقهم إلى الحج. وأن تلك العائلات المهاجرة كانت كثيرة جداً، وفق رواية الرّحالة الذي أخبره رئيس المركب بأنه عبر معه أكثر من عشرين أسرة أندلسية في سنة واحدة؛ فالعدد مرجحٌ للزيادة إذا قدّرنا عدد المراكب التي تعبر من الأندلس إلى دول شمال إفريقيا سنوياً.

وهذا الطرح يعزّزه بعض المؤرخين العرب والإسبان، فالمؤرخ حسن الفكيكي يرى أن حركة الهجرة من الأندلس في اتجاه سواحل الجزائر وتونس كانت «نشيطة ما بين (830 – 870هـ/ 1426 – 1492م)، نظراً إلى اضطراب أحوال الأندلس وتساقط مُدنها واحدة تلو الأخرى»[61]. أما المؤرخ الإسباني «خيرونمو ماسكارنهاس Jeromino Mascarenhas» الذي يستند إلى وثائق الهجرات وشواهدها، فإنه يفسّر لجوء المسلمين إلى المغرب وإلى سواحل دول شرق المتوسط بانتشار اليأس وفقدان الثقة بين المسلمين، حيث دفعت الصراعات السياسية والعسكرية الكثير من الأندلسيين إلى الهجرة والاستقرار بعيداً عن صراعات الأندلس[62].

إن المتأمّل في رحلة «تقاييد الارتحال» يلفيها رحلة ذات صبغة تقريرية، مكتوبة بلغة شفافة وواصفة، بعيداً عن الحشو البلاغي، أو الإطناب المعهود في بعض النصوص الرحلية[63]؛ وهذا راجع في تقديرنا إلى الغرض الأساس الذي من أجله أُنجزَتْ الرحلة.

ومهما يكن من أمر، بالنسبة للمعطيات التاريخية التي تشير إليها

الرّحلة، خاصة تلك المتعلقة بقضية هجرة الأندلسيين قبل سقوط غرناطة، فإننا لاحظنا نزعة التأريخ لدى الرّحالة، فإنه لا يترك فرصة تمرُّ به إلا ويستغلها لتدوين المعلومات الخاصة بالهجرة واللجوء، وهذا دليل علمي ملموس يجعل الرّحلة تتبوأ مكانتها العلمية والمصدرية بغض النظر عن جانبيها الأدبي والفني.

2 – أملاك الأندلسيين قبل سقوط غرناطة:

يعدُّ موضوع أمـلاك الأندلسيين قبل السقوط وبعدها من المواضيع التاريخية التي لم تحظَ باهتمام كبير من لدن الباحثين في التاريخ الأندلسي، بخلاف اهتمامهم بالمواضيع السياسية والعسكرية الكبرى، ولعلَّ هذا التقصير في دراسة موضوع أملاك الأندلسيين راجع إلى شحّ الوثائق المتعلقة بالأملاك، في هذا السياق تقدّم رحلة «تقاييد الارتحال» بصفتها وثيقة تاريخية نصية تعود لفترة ما قبل سقوط غرناطة صورة تقريبية لطبيعة أملاك ومِهَن أهل الأندلس، وإنْ كانت لا تجيب عن جميع الإشكالات ذات الصلة بأملاك المسلمين في تلك الفترة التاريخية، فإنها تحدد نوعيتها وانعكاسها على المجتمع الغرناطي.

غير أن ما تجدر الإشارة إليه في هذا السياق هو أن المعلومات التي تتضمنها الرحلة، ليست في غاية في حد ذاتها، ذلك أنّ الرّحالة – المؤلف لم يفرد لها فصولاً خاصة في رحلته، بل يذكرها في سياق ذكر بعض العائلات والأسر الأندلسية المشهورة في غرناطة أو في المدن الأندلسية الأخرى التي سقطت قبلها. وعند تأمل المعطيات

المتصلة بأملاك المسلمين الغرناطيين في نص الرحلة، يمكن تقسيمها على النحو الآتي:

1 - 2 - الأملاك والمهن:

يشير الرّحّالة في رحلته «تقاييد الارتحال» إلى المهن الغالبة على الأسر التي تعيش في القرى الرابضة على حدود غرناطة، وتزوّدها بالمؤونة الغذائية، يقول الرّحّالة: «وأما أسرة قاسم بني سعيد التي هاجرت إلى العدوة قبل خمسين عاماً وكانت عائلة زراعة وحِراثة، ملكت حقول العنب في قلعة بني سعيد وعملت فيها إلى اليوم، وسمعت غير مرة في سوق الرملة[64] بغرناطة أن البُرّ فيها من قلعة بني سعيد»[65].

يُستفاد من هذه الإشارة أن أهل قلعة بني سعيد - وهي قلعة سقطت في 1341م - كانوا يشتغلون في الزراعة وما يتصل بها. خاصة زراعة العنب والقمح «البُرُّ» بتعبير الرّحالة. ويُرّجّح أن قبيلة بني سعيد التي توجد في شمال المغرب والمحسوبة إدارياً على إقليم تطوان تُنسبُ إلى هذه الأسرة التي استوطنت فيها بعد الهجرة.

2 - 2 - نظام الأحباس في غرناطة قبل سقوطها:

تُشكّل الأحباس أو الأوقاف نظاماً اقتصادياً واجتماعياً قائماً بذاته في الحضارة الإسلامية في المشرق والمغرب، منذ عهد رسول الله؛ يذكر البخاري في صحيحه أن عمر بن الخطاب حصل على أرضٍ

بخيبر تسمى ثمغاً، فقال لرسول الله: إني أصبت أرضاً بخيبر لم أصب مالاً قط أنفس عندي منها، فيمَ تأمرني؟ فقال له رسول الله: «إن شئت حبّستَ أصلها وتصدّقت بثمرها» فجعلها عمر صدقة موقوفة لا تُباع ولا توهبُ ولا تورث، تصدق بها على الفقراء والمساكين[66].

لقد نظّرَ فقهاء الإسلام لنظام الوقف تنظيراً عميقاً جعل نظام الأوقاف يرقى إلى درجة الأنظمة الاجتماعية التي تُساعد على بناء المجتمع الإنساني المنسجم مع روح الإنسان وفطرته الميّالة إلى الخير وصناعة المعروف، انسجاماً مع هذا النموذج الوقفي الحضاري تضمنت رحلة «تقاييد الارتحال» إشارة لطيفة لبعض مظاهر الوقف في غرناطة في سياق حديث الرّحالة عن الأسر التي هاجرت إلى تطوان وشفشاون: «ولما كنّا في الشاون سمعتُ بخبر أسرة يوسف الورّاق بن أبي عبد الله الورَّاق صاحب وقف الكتب في مسجد غرناطة، وعلمتُ أنه هاجر قبل عام، وهو من بيوتات غرناطة الكبيرة، وسّع الله عليهم في الرزق والعلم، وكان أبوه صاحب أوقاف في المكاتب والمساجد، حتى لُقّبَ بالورّاق»[67].

تفيد هذه الإشارة بأن غرناطة كان فيها نظام وقف خاص بالكتب، وأن المساجد لم تكن مخصصة للعبادة فقط، بل كانت فضاء للقراءة والتعلم والمعرفة، كما نستخلص من هذه الإشارة، أن الرّحّالة تستأثرُ به رغبة التأريخ؛ فيذكر الأسرة المهاجرة، ويُحيطها بمعطيات تبيّن تاريخها وأصلها ومكانتها الاجتماعية، وبما اشتهرت، ولعلَّ هذه الرغبة نابعة من صدق الرّحالة في تسجيل وقائع رحلته عملاً بمقتضى ما صرّح به في مقدّمة الرحلة «وحرصتُ فيها على الوصف الدقيق،

والإخبار الصادق لما رأته العين وأدركـه السمع»[68]. فهل كان إصراره على إحاطة رحلته بمعطيات عن المجتمع الغرناطي عبثياً؟ إنَّ إصرار الرّحّالة على التأريخ للأسر الغرناطية المهاجرة وذكر ما يعلمه من معلومات عنها كان عن وعي منه بالدور الحضاري الذي أدته هذه الأسر وغيرها في بناء حضارة وسعت كل شيء، وآمنت بالتعدد الثقافي والإثني والديني.

نسجّل في ختام هذا الفصل على المستوى الرحلي، أن رحلة «تقاييد الارتحال في كشف المآل» بقيت وفية لعناصر فعل الارتحال المادي، من ذكر تاريخ الانطلاق والأماكن والمدن التي زارها الرّحالة، كما نستخلص أنّ الرّحّالة لم تستهويه البلاغة أو فنون القول، ولم يُسخّر طاقته الكتابية لزخرفة النص وتوشيته، بل نلفيه قد كتب رحلته بلغة أقرب أن تكون لغة تقريرية واصفة مُدعمّة بما يعرفه الرحالة عن واقعه.

أما على المستوى التاريخي، فقد سجلنا من خلال الرحلة أن تاريخ هجرة المسلمين من الأندلس إلى شمال المغرب وباقي سواحل شرق البحر الأبيض المتوسط قد بدأ قبل سقوط غرناطة بـ 12 سنة تقريباً حسب ما تؤرخ له الرّحلة، وهناك أُسَر هاجرت قبل سقوط غرناطة بكثير، كما نسجل أيضاً أن الرحلة تضمنت الإشارة إلى جوانب غائبة عن البحث التاريخي الأندلسي مثل موضوع الوقف والأملاك.

أما على المستوى النقدي، فقد تبيّن أن النص الرحلي ليس مجرد نص أدبي هامشي، بل هو نص غني بالمعرفة التاريخية التي منْ

شأنها تغيير كثير من الأحكام السائدة حول حقبة تاريخية ما؛ فالنص الرحلي لا يقل أهمية – من حيث بناؤُهُ المعرفي – عن الكتب التاريخية التي ألفها المؤرخون، بل يكتنز هو الآخر معرفة تاريخية تتصل بقمّة هرم المجتمع وبأسفله، وبالتالي فالتاريخ لا يدوّنه المؤرخون فقط، فهناك الرّحّالون أيضاً.

الفصل الثاني:

رحلة أحمد بن قاسم الحجري أفوقاي: وتأريخ الجرح العربي القديم

الاحتجاج بالحجاج أو الرحلة عندما تصير هوية فرد وأمة

تمهيد

«لا بدّ من الاعتراف بدين كبير لآداب الأندلسيين المتأخرة، كنماذج تاريخية وإدراكية للظرف الذي عاشوه وكذلك للصعوبات الجمة التي واجهوها في حياتهم في ظل أكبر عمليات التقتيل والتهديد القسري وغياب الحريات العقائدية في القرون الوسطى»[69].

تُسجّل الأسطغرافيا العربية والإسبانية أن الملكين الكاثولكيين «فيرناندو وإزابيلا» عندما تغلبا على مُلك بني الأحمر، واستوليا على غرناطة عام (1492م – 897هـ)، فرضَا على المسلمين المنهزمين أحكاماً قاسية، تمثلت أساساً في القرارات التي ألغتْ كل ما تمّ الاتفاق عليه في وثيقة التسليم؛ إذْ نكثا العهود التي قطعاها في الوثيقة الموقعة، وضيَّقَا على المسلمين بصنوف التعذيب والاعتداء، حتى أصبحت الهجرة مصيراً محتوماً، وليست خياراً كما كانت قبل السقوط، فبدأ الوجود الإسلامي في ينحسر شيئاً فشيئاً إلى أن صارَ

المسلمون أقليّةً وسط أغلبية إسبانية مسيحية ونصرانية. لقد كانت الهجرة على صعوبتها وقساوتها، غير ممكنة لجميع مسلمي غرناطة، خاصة الفقراء منهم الذين اضطروا إلى البقاء في الأندلس والتظاهر بالنصرانية والتخفي، إثر صدور قرار تنصير المسلمين بداية من سنة 1449م على يد مطران طُليطلة «خمينيس دي سيسنيروس» لتبدأ مرحلة تاريخية جديدة عُرفت بمرحلة محاكم التفتيش Inquisition، هذه المرحلة التي ذاق فيها المسلمون الذين أبوا مُفارقة ديارهم كل أنواع التعذيب والتنكيل التي صوّرتها مصادر تاريخية إسلامية عربية وإسبانية. ولما يئست الكنيسة والدولة في إسبانيا من تنصير المسلمين وطمس حقهم في العيش بهويتهم أصدرت قراراً بطردهم نهائياً سنة 1609م. وبعد الطرد النهائي بدأت مرحلة تاريخية أخرى عُرفت بمرحلة التهجير القسري التي ذهب ضحية لها الأطفال والشيوخ والنساء والحوامل وأُتلفتْ أموالٌ وصودرت أملاك(70)، بل وأحرقت كتب علمية ودينية وتاريخية قدّرها المؤرخ «فرانسيسكو» بمليون وخمسمئة كتاب في تخصصات مختلفة(71).

في هذا السياق التاريخي المشحون بالصراعات العقدية والسياسية والعسكرية وُلدَ الرّحّالة أحمد بن قاسم الحجري المُلقب بأفوقاي، وهو آخر الأندلسيين الموريسكيين(72) الذين ألّفُوا بالعربية(73). فمن يكون أحمد أفوقاي؟ وما هي رحلته؟ وما علاقتها بتاريخ الجرح الإسلامي القديم؟

رحلة أفوقاي الحجري: التعريف والسياق التاريخي

1 - صاحب الرحلة:

هو أحمد بن قاسم بن أحمد بن الفقيه قاسم بن الشيخ الحجري الأندلسي، عُرفَ بلقب الشهاب عند المغاربة نسبة إلى مختصر رحلته «الشهاب إلى لقاء الأحباب» ولد عام (977هـ - 1570م) بقرية الحجر الأحمر بريف غرناطة، نشأ في بيئة يغلب عليها الصراع العقدي، فأخفى إسلامه كما كان يفعل مسلمو الأندلس، ويُظهر النصرانية، تعلمَ القشتالية وآدابها فأتقنها اتقاناً عجيباً جعله من الماهرين فيها. أما علوم القرآن والشريعة والعربية فقد تعلّمها سرّاً في بيت أهله، الذي عُرف عليه بيت فقه وعلم ودين(74). ورغم حرصه على إخفاء هويته الإسلامية كُشف أمرهُ ذات يوم عندما اكتشف أسقف غرناطة «جان ميندينيث دي سالفاتيرا» أنه يُحسنُ القراءة بالعربية، ويرجع ذلك إلى أنه كان يحضر مجالس علمية يعقدها الأسقف نفسه لترجمة نصوص

عربية وُجدتْ يوم «19 ربيع الثاني عام 996هـ – مارس 1588م» في أسفل جدار صومعة الجامع الكبير التي أمر الأسقف بهدمها.

إن «المرء مخبوء تحت لسانه»، كان لسان أفوقاي الحجري عربياً، فكشفَ أمرُهُ وأصبح مترجماً لدى الأسقف كلما استشكل عليه لفظ عربي في تلك المخطوطات التي تركها المسلمون وراءهم.

كان أفوقاي يرغب في الهجرة من الأندلس منذ صغره، فكان يتحيّن الفرصة التي تسمح له بالهجرة والاستقرار ببلد إسلامي هروباً من الاضطهاد الذي يعيشه المسلمون منذ سقوط غرناطة، وقد استطاع الهجرة على متن سفينة محمّلة بالقمح كانت متوجّهة من ميناء «سانتا مرية Santa Maria» إلى ميناء مدينة البريجة المغربية التي تسمى اليوم «الجديدة» والتي كانت مُستعمرة برتغالية وقتئذ، وقد كانت هجرته سنة (1599م). انقطعت أخباره عندما كان في تونس يوم 20 رجب عام 1051هـ/1641م ولم تعرف سنة وفاته.

2 – رحلة أفوقاي: جدل المخطوط والنسخ:

تعدُّ رحلة أفوقاي الحجري المسّماة «رحلة الشهاب إلى لقاء الأحباب» أهمّ مصدر تاريخي أندلسي كُتب بعد صدور قرار طرد المسلمين الذين آثروا البقاء في الأندلس رغم التعذيب والتنكيل، فمؤلفها يتحدث فيها عن رحلته الطويلة من الأندلس إلى مراكش، ومن مراكش إلى عواصم أوروبا الغربية، ويتكلم فيها وهو بمنأى عن محاكم التفتيش، يُناظر المسيحيين في عقر دارهم بفرنسا وهولندا،

ويُحاججهم دفاعاً عن عقيدة المسلمين الموريسكيين الذين عرّضتهم إسبانيا للتنصير كرهاً وغصباً لحريتهم الدينية.

غير أن رحلة «الشهاب إلى لقاء الأحباب» مفقودة اليوم، وما يوجد هو مختصرها المسمّى «ناصر الدين على القوم الكافرين» وقدْ طُبعَ وحُقّقَ بعنوانين مختلفين[75] لمحتوى واحد، غير أن تحقيق محمد رزوق أدق وأشمل من الناحية العلمية، وهو المعتمد في هذه الدّراسة، وإليه نشير في الهوامش.

يقول متحدّثاً عن رحلته المفقودة التي ألفها بمصر: «وطلب مني غير واحد من علماء المسلمين أن أعمل تأليفاً بذلك، ولم يتفق العمل إلى أن أمرني شيخنا وبركتنا بمصر المحروسة بالله وهو العلامة الشهير علمه وثناؤه الشيخ علي بن محمد الأجهوري المالكي، وجعلتُ التأليف رحلة سميتها برحلة الشهاب إلى لقاء الأحباب»[76] وقد ذكر فيها تاريخ الأندلس من الفتح إلى السقوط. أما المختصر الذي بين أيدينا، فيقول فيه: «وها أنا ذا أشرع بعون الله أكتب هذه الورقات ما وقع لي من مناظرات وكل مسألة ألهمني الله تعالى بالجواب عليها في الحين على البديهة، وأذكر نصوصها أيضاً ما وقع لي مع علماء اليهود بالبلاد المذكورة، وقد سميت الكتاب بناصر الدين على القوم الكافرين»[77].

يتضح من خلال هذا القول، أن كتاب ناصر الدين على القوم الكافرين، ليس سوى مختصر لكتاب الرحلة المفقود، لأن نسخة مخطوط هذا الكتاب التي توجد في المكتبة الوطنية بباريس تحت رقم

Arab 7024، خالية من العنوان واسم الناسخ وتاريخ النسخ، غير أنها تشير إلى العالم المصري الشيخ علي الأجهوري في اللوحة 59 منها. وفي هذه النسخة، هناك نسخة كُتبت قبلها بتونس سنة 1051هـ – 1641، وهي بخط المؤلف، كما يرى المحقق محمد رزوق، وتوجد بالقاهرة رقم 1634، وهي بخط مغربي[78]. ومهما يكن من اختلاف عنوان النسختين، فإن المحتوى واحد، مع اختلافات يسيرة في ترتيب الأبواب والفصول، إلى الملاحق التي أضافها المحمد محمد رزوق في آخر الرحلة.

3 – مسار الرّحّالة ومحطات الرّحلة:

وصلَ أفوقاي إلى المغرب بعد هروبه من البريجة «الجديدة» إلى آزمور سنة 1007هـ – 1599م، ثم قام بعد ذلك بسفارته عن السلطان زيدان السعدي بين 1020هـ – 1611م/1022هـ – 1613م. عبر الرّحالة أفوقاي في رحلته من محطات كثيرة بدأها من غرناطة، ثم إشبيلية، فسنتا مارية Santa Maria، ثم البريجة «الجديدة المغربية اليوم» وبعدها أزمور ومراكش وآسفي. وفي مساره إلى أوروبا في سفارته عبر آسفي إلى مرسى هبردي غرسي، ثم إلى باريس، ومنها إلى بوردو، ثم عاد إلى باريس، ثم بوردو من جديد، ومنها ذهب إلى طلوشة «تولوز اليوم» ومنها إلى روان، فمرسى هبردي غرسي، ومنه إلى هولندا، التي زار فيها أمستردام، ومدينة ليدا Leyde ومدينة لَهَايْ. ويظهر من خلال رحلته أنه لم يحدد مسار عودته ولكنه يشير إلى أنه توقف بتونس بعد عودته من الحج، عام (1051هـ – 1641م) وفيها كتب مختصرة لرحلته الطويلة.

أفوقاي الرّحالة والمؤرخ:
من التأريخ إلى الحجاج

تؤرخ رحلة أفوقاي الحجري لمنعطف حاسم ودقيق في تاريخ الحضارة الإسلامية العربية في الغرب الإسلامي «المغرب والأندلس»؛ حيث يلاحظ قراؤها أن المؤلف تتجاذبه رغبتان، تتمثلُ الأولى في حديثه عن تاريخ المغرب والأندلس، حيث يصف أوضاعهما كلما سنحت له الفرصة. وتتجلى الثانية في دفاعه المستميت عن عقيدة المسلمين من خلال المناظرات التي جمعته بالمسيحيين في العواصم الأوروبية.

واستجابةً لهاتين الرغبتين، أنتج أفوقاي رحلته التي بقدر تؤرّخ لشخصه المفرد- تنعكسُ على صفحاتها هوية الأمة الماثلة في شخصيته المسلمة. ولا جرم أن يصير أفوقاي برحلته هذه مصدر إلهام لكثير من الكتابات الأدبية والفكرية المعاصرة، منها رواية «الموريسكي»[79] التي استلهمت الأحداث التاريخية الكبرى التي تشير إليها رحلة أفوقاي لبناء تخييلها الروائي التاريخي.

إن أفوقاي في رحلته يقف مُؤَرِّخاً ومُناقشاً ومُحلّلاً للأوضاع المضطربة في بلاد الأندلس والمغرب، ويقف مُحاجِجاً غير من المسيحيين والنصارى للدفاع عن عقيدة الموريسكيين المُهجرين قسراً من وطنهم، ما يجعلنا أمام نص رحلي متلفّع بعباءة التاريخ والحجاج، فتارة يرخي الرّحالة العنان لقلمه لفعل التأريخ، وتارة يشيحُ عن التأريخ ويشرع في مُحاججة غير المسلمين «احتججت أقرأ الإنجيل الذي بأيديهم الآن، منه ومن غيره من كتبهم وجدت ما نردّ عليهم، ونبطل حُججهم، ونصرني الله عليهم مرات عديدة»[80]. وتارة أخرى، يجمع بينهما في آنٍ واحد.

ولعلَّ هذا التوارد بين التأريخي والحجاجي راجع إلى سببين، يرتبط الأول بفترة كتابة رحلته؛ حيث كتبها بعد أداء رحلته السفارية بسنوات، ما يجعل ذاكرته مُتداعية بتعلّة النسيان، فكان أفوقاي يملأ فجوات رحلته بتأريخ الأحداث التي وقعت في إسبانيا بعد سقوط غرناطة. أما السبب الثاني، فيرجع إلى مهمة أفوقاي في رحلته إلى العواصم الأوروبية الكبرى، والمتمثلة في الدفاع عن قضية أقلية الموريسكيين المهجرين والمضطهدين، والتعريف بأحقية الشعب الموريسكي في العيش بسلام مع احترام عقيدتهم الإسلامية، التي لطالما كانت عقيدة منفتحة تؤمن بالحوار والتسامح طيلة القرون التي حكمت فيها بلاد الأندلس، وأنتج فيها العرب حضارة باذخة لا تزال أنقاضها شاهدة على نتاج حضاري معرفي إسلامي خالص.

إن العمل الذي قام به الرّحالة أفوقاي، أشبه أن يكون مرافعة دولية قام من خلالها الرحالة بـ«تدويل Internationlization» لموضوع

الأقلية الموريسكية المسلمة: «بل نمشي إلى فلنضس، لأنهم لا يضرون المسلمين، بل يحسنون إليهم»[81]. انطلاقاً من هذا الملمح التأريخي والحجاجي العام للرحلة، نتساءل ما الدلو الذي سعى إليه مختصر رحلة «الشهاب إلى لقاء الأحباب» في المستويين الرحلي والتاريخي؟ وكيف يمكن اعتبار الرحلة فعلاً تأريخياً، وفعلاً حجاجياً عن قضية تاريخية لا تزال ماثلة في عصرنا الحاضر؟

1 – أفوقاي مُؤرِّخاً للجرح العربي الإسلامي القديم:

يقوم فعل الحكي الرحلي عند أفوقاي، على ثنائية متوازية، فهو من جهة أولى يسرد وقائع رحلته، ومن جهة ثانية يعرض عن السرد ويشرع في فعل التأريخ؛ خاصة عندما يدعوه السياق الرحلي للحديث عن محنة الموريسكيين، ولعل إصرار الرّحالة على الميل إلى فعل التأريخ يرجع إلى المحنة التي مرّ بها باعتباره واحداً من الموريسكيين؛ فالرّحالة عاين وعاشَ لحظة الاضطهاد في عقر داره بالأندلس، وبالتالي فإن حضوره في رحلته، ليس حضوراً عابراً، فحسب، بل حضوراً شاهداً؛ فهو مؤرخ وشاهدٌ عاين حدث التعذيب والتنكيل عن قرب، وذاق ويلاته، وحاصرته الخطوب، وأحاقت به الفجوع، مثله مثل باقي المسلمين الذين اختاروا البقاء في المملكة الإسبانية المسيحية، يقول في هذا السياق: «قال لي القسيس: بأي مدينة تسمى بالعربية مدينة البحر؟ قلت: لا أدري، لكن يظهر لي أنها البندقية لأنها في البحر مبنية، فأعطاني كتاب الجغرافيا بالعربية وهو من الكتب التي تعمل النصارى بالقالب المسمى: المشتاق في

اختراق الآفاق[82]، وقال: انظر هل تجد هذا الاسم فيه؟ فقرأته كله فلم أجدهُ، وبينما كنتُ أطالعُ، إذ جاء بعض المُسافرين من بلادي إلى مدينة غرناطة، وعلمتُ في أي موضع من الفنادق كانوا، فمشيتُ إليهم والكتاب عندي، وبعد السلام والكلام فتحت الكتاب، فلما رأوه مكتوباً بالعربية دخلهم الخوف العظيم من النصارى، وقلت لهم لا تخافوا لأن النصارى يكرمونني ويعظمونني على القراءة بالعربية. وكان أهل بلدي جميعاً يظنون أن الحرّاقين[83] من النصارى الذين كانوا يحكمون ويُحرّقون كل من عليه شيء من الإسلام يخافُ بعضهم من بعض، ولا يتكلمون في أمور الدين إلا مع من كان ذمّة، معناه: ذو آمنه. وكثيرٌ منهم كانوا يخافون بعضهم من بعض، وكان فيهم من يحبّ أن يتعلم شيئاً من دين الله، ولا يجدون من يعلّمهم. ولما كنت عازماً على الانتقال من تلك البلاد إلى بلاد المسلمين كنتُ أعلّم جميع من أراد يتعلّم من الأندلس في بلدي وغيرها من البلاد التي دخلتها. ولمّا رأى الأندلسُ[84] الحالة التي كنتُ عليها، كانوا يقولون فيما بينهم: لا بد لهذا من الوقوع في أي الحرّاقين. وبلغ الحال بي حتى وقفتُ مع جماعة للكلام، نرى كل واحد منهم ينسلُّ حتى أبقى وحدي منفرداً»[85].

تنفجر من هذا المقطع التوثيقي للوضع الذي كان يعيشه مسلمو غرناطة، بعد صدور قرار التنصير سنة 1499م، كلَّ معاني العذاب النفسي، والقهر الجسدي، والعيش المتشظي بين هويتين؛ هوية إسلامية مخفية، وهوية نصرانية مُعلنة تظاهُراً، كما تكشف العبارات التوثيقية التي يوظفها الرّحالة أن الخوف كان منتشراً حتى بين

المسلمين أنفسهم، للدرجة التي تنعدم فيها الثقة بين المرء وأخيه في الدين والدم والعرق.

إنّ تركيز الرّحالة أفوقاي على تسجيل حجم الجرح الذي تعرّضَ المسلمون جراء قرار التنصير وما تبعه من ممارسات تفتيشية عن النوايا وعن المعتقد، ينمُّ عن وعي تأريخي، ويصدر عن خلفية تأريخية تراهن على تسجيل واقع المسلمين الموريسكيين نفسياً واجتماعياً، الذين أصبحوا يشكلون أقلية لا يكترث لها المؤرخ الرّسمي، بل حتى المؤرّخ الإسباني المحكوم بسلطة الكنيسة ذات النفوذ الواسع في تلك الفترة.

إذا نظرنا إلى الفئة التي يتحدّث عنها الرّحالة، نجدها فئة المسلمين الذين آثروا البقاء بعد سقوط غرناطة، وهي الفئة الأقلية التي تحتاج إلى تأريخ وضعها الديني والاجتماعي والنفسي، وهذا ما انتبه إليه الرّحالة فعمدَ إلى تسجيله وتدوينه في هذا المختصر من رحلته. فماذا لو وصلتنا الرحلة كاملة؟![86]

يتعزّز هذا الطّرح كلما أمعنّا النظر في الأحداث التاريخية الكبرى التي يؤرّخ لها الرّحالة بوعي مُغاير لما كُتبَ عن هذا الجرح الذي لم تتناساه الذاكرة العربية الإسلامية مهما امتدت وباعدت بينهما القرون، فالكاتب هنا مُؤرّخ شاهدٌ، وضحية في الآن نفسه، لذلك فهو يقبض على الحدث لحظة وقوعه، ويعقل جميع الظروف والملابسات التي تحيط به، ما يدفعنا إلى القول بأن كتابات الرّحالة هنا تمثل نموذج «الكتابات المُؤرِّخة والمُؤَرَّخَة»[87] بتعبير عبد الله العروي.

من بين الأحداث التاريخية الكبرى التي يقدّم لها الرّحالة أفوقاي

تفسيراً مختلفاً عمّا كتبه مؤرخو الكنيسة في تلك الفترة، نجد حدث طرد المسلمين سنة 1609م[88]، وهو الحدث الذي فسرهُ أغلب المؤرخين تفسيراً دينياً؛ فالمؤرّخ «مانويل دانيلا 1609 – 1830م» فسّرَ قرار الطرد بعد انسجام المسلمين دينياً مع المجتمع الإسباني، يقول: «الوحدة الدينية كانت تلوح في سماء إسبانيا متألقة مُشرقة، ويا سعد ذلك البلد الذي يكون متحداً في مشاعره الكبرى»[89] وهو التفسير نفسه الذي ذهب إليه المؤرخ «فلورينسو جانييه 1877م – 1831م» الذي رأى في وجود المسلمين بإسبانيا «حضارة شرقية تفتقر إلى الأفكار والمقومات الأساسية للحضارة الحديثة»[90] أما المؤرخ «هورتز» فقد ظل تفسيره غامضاً، إذْ يقول: «على الرغم من وجود كثير من الوثائق الثابتة لدينا، فإن الأسباب الحقيقية التي جعلت الملك يميل في النهاية لهذا الحل المفجع لا تزال غير واضحة، ورُبَّما لن تتضح أبداً، لأنه يجب البحث عنها في أحاديث الملك مع الأشخاص المقربين له جداً، ومثل هذه الأحاديث لا تترك أثراً ويصعب معرفتها»[91].

إذا كان قرار طرد المسلمين قد تم تفسيره تفسيراً دينياً، وتم تسويغه تسويغاً دينياً من قبل القضاء الإسباني في مناسبات كثيرة[92] فإن الرّحّالة أفوقاي يلفت نظر قراء رحلته إلى تفسير آخر، يتمثل في النمو السكاني السريع لمسلمي الأندلس، فيشير في رحلته إلى أن المسلمين تم إحصاؤهم مرّتين، الأولى في عهد الملك فيلب الثاني 1527 – 1598م، والثانية في عهد الملك فيلب الثالث (1578 – 1621م)، يقول الرّحّالة: «وهذا فيلب الثاني أمر في بلاده كلها قبل خروجي منها أن يُزمّموا[93] جميع الأندلس صغاراً وكباراً، حتى التي في رحم النساء

بظهور الحمل، ولا علم أحد السر في ذلك. ثم بعد ذلك بنحو السبع عشرة سنة عملوا زِماماً آخر مثل الأول كما أعلموني بمراكش، ولم يدرِ أحدٌ السرّ في ذلك حقيقة. ولكن قال لسان الحال أنهم أرادوا أن يعلموا هل كانوا في زيادة أم لا؟ ولما وجدوا زيادة كثيرة أمروا بقرب ذلك بإخراجهم. وكتب الملك فيلب الثالث كتاباً لقريبه وخليفته بمدينة بلنسية يأمرهُ أن يشرعَ في إخراج الأندلس»[94].

تستوقفنا في المقطع أعلاه من رحلة أفوقاي، عدة ملاحظات تؤكد الطرح النظري الذي صُغناه في الجانب النظري لهذه الدراسة، والمتمثل في وعي الرّحّالة بفعل التأريخ، من خلال توسّله بعدّة وسائل، أهمها أسلوب المقارنة؛ فالرّحّالة يخبر عن عملية إحصاء مسلمي الأندلس في عهدين «فيلب الثاني وفيلب الثالث» وهذا بقدر ما يشير إلى أن مخطط تهجير المسلمين قد بدأ على عهد فيلب الثاني، بقدر ما يبيّن وعي الرّحّالة بمقاصد القرارات التي كانت تتخذ في الأندلس ولا «يعلم أحد حقيقتها»، لكن الرّحّالة يعلمها لأنه يتأمل الواقع ويعلم ما يقوله «لسان الحال» بتعبيره.

فإذا كان عدد المسلمين في زيادة، فهذا يعني أن مخطّط التنصير، ومشروع التذويب الثقافي والحضاري للمسلمين في الحضارة الغربية، سيتبعه مزيد من الإخفاق، لأن زيادة عدد المسلمين تعني زيادة في رسوخ الثقافة العربية الإسلامية، ولهذا فعبارة «ولما وجدوا زيادة كثيرة أمروا بقرب إخراجهم» التي اختتم بها الرّحالة قوله تعكس ذلك المخطط، وتعكس وعي المؤرخ به أيضاً. ويشير المؤرخ المغربي «عبد الوهاب بن منصور» إلى سبب لا يقل أهمية عمّا ذكره الرّحالة،

ولعله استنتجه منه، ويتمثل في كون كثير من سكان إسبانيا النصارى كانوا رهباناً وقساوسة في الكنائس، وكانوا لا يتزوجون[95]، وهذا ينعكس سلباً على النمو الديمغرافي للإسبان، في مقابل الزيادة في السكان الأندلسيين المسلمين.

لا يكتفي الرّحالة بهذا، فيورد ترجمة للنص - الكتاب الذي وجهه الملك فيلب الثالث إلى حاكم بلنسية «مرقش دي غرسينا Marques de Carazena يأمره فيه بطرد المسلمين» ذلك الكتاب الذي «يتضمن موقفاً حضارياً خالياً من حس الفضيلة ومتجرّداً من قيم الدين»[96] بعبارة المؤرخ الإسباني «فيرمين ميورغا» مناصر القضية الموريسكية.

يشير الملك فيلب الثالث في كتابه ذاك إلى مجموعة من المبررات التي دفعته إلى اتخاذ قرار الطرد، وهي مُبررات لا تقل أهمية عن التبريرين الديني والسكاني، فيذكر الملك المحاولات الفاشلة لتنصير المسلمين، ويزيد على ذلك التسويغ السياسي، يقول الملك كما جاء في نص الترجمة في رحلة أفوقاي: «... ولا نفع معهم قليلاً ولا كثيراً، لأنه لم يجد فيهم واحداً نصرانياً حقيقة. والضرر والشر الذي يمكن أن يحدث بسبب ما تعامينا عليهم، قد ذكره إلينا رجال صُلحاء، وأفتوا بِفَمِهِم بأنه يجوز لنا من غير شك أن نعاقبهم في أنفسهم وأموالهم، لأن الاستمرار على سوء أفعالهم ختم وحكم عليهم أنهم منافقون، وهب أننا قادرون على أن نجزيهم ونعاقبهم بما أوجب سوء فعلهم ولومتهم. فمع ذلك اخترت معاملتهم على طرق الحلم واللين وترك المؤاخذة (...) ونحن في هذا تحققنا وصحّ من

وجوه أنهم بعثوا للتركي الكبير بإسطنبول، ومولاي زيدان بمراكش رُسلهم يطلبون منهم أن ينجدوهم، وأيضاٍ بعثوا لأعدائنا البحرية بالجهة الشمالية التي تحت القطب، وأنعموا أن يعينوهم بسفنهم. وأما سلطان إسطنبول قد اصطلح مع سلطان الفرس لأنه كان يشغله. وأما سلطان مراكش فقد عزم على تدويخ البلاد وتسكينها (...) وللقيام بما لزمنا لحفظ مملكتنا أمرنا بإخراج جميع الأندلسيين الذين هم في تلك السلطنة (بلنسية)»[97].

يُستفاد من خلال هذا النص الذي أورده الرّحالة مُترجماً، عدة حقائق تاريخية، منها: الاتصال الروحي بين مسلمي الأندلس وباقي المسلمين في المغرب الأقصى وفي المشرق العربي، أيام الحكم العثماني، فقد كانوا يأملون المساعدة منهم من خلال الدعم العسكري والسياسي الذي طلبوه من سلطان الترك، ومن سلطان مراكش. وهذا الاتصال الروحي والسياسي اعتبره الملك تسويغاً يجيز له طردهم إلى خارج مملكة إسبانية. وهذه الحقيقة التاريخية التي أوردها الرّحالة أفوقاي، أشار إليها المؤرخ الإسباني «هورتز» الذي يقول: «أما في بلنسية فإن إمكانية نزول الأسطول العثماني لم يكن محتملاً بل كان قائماً، حيث كان يكفي إنزال كميات من السلاح حتى تتحول المنطقة إلى بؤرة مقاومة مزعجة في حالة غزو أجنبي، فالموريسكيون لا يستطيعون شيئاً بأنفسهم، وأما عندما تتم مساعدتهم من الخارج فيمكن حينذاك أن يتحولوا إلى خطر حقيقي»[98]. هذا من جانب اتصال الموريسكيين بالدولة العثمانية، أما عن اتصالهم بالدولة السعدية، فقد ذكر المؤرخ «مرثيديس غارثيا أرينال» أن مسلمي

بلنسية أوفدوا رسولاً إلى السلطان زيدان يلتمسون منه الدعم السياسي والعسكري[99]؛ ولكن الأطماع التركية في بلاد المغرب حالت دون تقديم تلك المساعدة[100].

إنّ التواشج الرحلي والتاريخي يبدو واضحاً من خلال إصرار الرّحّالة أفوقاي على إيراد وترجمة قرار طرد المسلمين، وتضمينه في نص رحلته، وهذا التواشج بين الرحلي والتاريخي يعكسُ توارد فِعْلين في بنية الرحلة، فعل حكي الرّحلة، وفعل تأريخ موضوع الرّحلة؛ ذلك أن الرّحالة أورد هذا الكتاب مترجماً في الباب الحادي عشر من رحلته، وهو الباب الذي يتحدث فيه عمّا وقع له في بلاد فلنضس «هولندا حالياً»؛ حيث عمدَ إلى ذكر قرار الطرد بوعي منه في المهمة السفارية التي يقوم بها، والمتمثلة في التعريف بالقضية الموريسكية في العواصم الأوروبية، والعمل على تدويلها، يقول في هذا السياق: «ويطول الكلام على ما رأينا في فلنضس، ذكرنا شيئاً في الرحلة[101] وأما ما ذكرته في هذا الباب مما جاوبتُ به للأمير في شأن الأسباب التي حملت لسلطان النصارى على الأندلس من بلاده فنذكر هنا شيئاً»[102].

يتضحُ إذاً، من خلال قول الرّحّالة، أن إيـراده لقرار الطرد مُترجماً، ما هو في الحقيقة إلا دليل على رغبة الرّحّالة لإبراز حجم الإشكال الحضاري الذي يثوي خلف قرار الطرد، الذي شكل مأساة الشعب المسلم؛ فالمسلمون الأندلسيون لم يُبْدُوا استعدادهم للذوبان في المجتمع الإسباني الجديد، بل ظلوا متمسكين بعاداتهم وعقائدهم، ورفضوا الاندماج الديني والسياسي، وبتعبير المؤرخ هورتز «من

الصعب على تلك الأقلية أن تشعر بالولاء لملك يرعى الجهاز القمعي كلّهُ»[103]. لقد أصرّ الرّحالة على إيراد قرار الطرد بكامل تفاصيله، باعتباره وثيقة تاريخية تتضمن قراراً سياسياً يعكس محنة شعب الأندلس المسلم إمعاناً منه في إبراز فاجعة طرده.

يقول الرّحالة معلقاً على قرار الطرد: «وبعد أن خرجوا أهل سلطنة بلنسية، فأمر بالخروج للذين كانوا بالأندلسية، وغيرها من البلاد القريبة إليها أن يخرجوا. وبعد أن اكتروا السفن وهم في وادي إشبيلية بعث السلطان أمراً عكس الأول، وقال: إن كل من اكترى سفينة ليمشي لبلاد المسلمين أن يخذوا لهم كل من كان أقل من سبع سنين من الأولاد والبنات، وأخرجوا كل من كان في عشرين سفينة، وأخذوا لأهل الحجر الأحمر نحو ألفٍ من الأولاد، وكل من جاز على طنجة وسبتة، أخذوا لهم أولادهم مثل الآخرين»[104].

يأتي هذا التعليق بعد أن انتهى أفوقاي من إيراد قرار الطرد، فما الغاية من هذا التعليق إذاً؟ ! للإجابة عن هذا السؤال يجب أن نعود قليلاً إلى خطاب الملك فيلب الثالث، ذلك الخطاب حاول فيه الملك أن يقلب الحقائق عن طريق مغالطات منطقية، ففي الخطاب يقول الملك: «وهب أننا قادرون على أن نجزيهم ونعاقبهم بما أوجب سوء فعلهم ولومتهم. فمع ذلك اخترت معاملتهم على طرق الحلم واللين، وترك المؤاخذة»[105]. فبين هذا الادعاء بمعاملة المسلمين معالمة حسنة، وبين قرار الإجلاء القسري والاعتداء «وإن كل من يوجد بعد ثلاثة أيام التي ينادى فيها بالأمر خارجاً عن بلده، يجوز كل من لقيه أن ينهبَ ما عندهُ ويُسلّمه للحكام، وإن امتنع يجوز له قتله»[106]،

بين هذين التصريحين تناقض صارخ، ومغالطة مقصودة، لإضفاء نوع من المصداقية على منطقية قرار الطرد، ولهذا لم يجد الرّحّالة أفوقاي بدّاً من التعليق على ادعاء الملك حسن معاملة المسلمين، وبيان بطلان ادّعائه.

نستطيع أن نقول بعد هذا العرض الموجز لتواشج الرحلي والتاريخي في مختصر رحلة الشهاب، إن الرّحّالة أفوقاي الحجري لم يكتفِ بسرد وقائع رحلته من مراكش إلى هولندا، بل طعّمها بنصوص ذات صبغة تأريخية تتكامل وتنسجم مع موضوع رحلته السِّفارية. فهل كان الرّحّالة أفوقاي يقصد من وراء هذا الفعل أن يكون رحّالة مؤرّخاً مُقْنعاً ومُحاجِجاً عن الفترة التاريخية التي يعيشها؟ هذا ما سنحاول الإجابة عنه في المحور الآتي.

2 - الرّحّالة أفوقاي: تأريخ الاحتجاج بالحجاج:

«وفي التاريخ إيصال لجانب الحق»[107].

يلاحظ قارئ رحلة أفوقاي أنه مولعُ ولعاً شديداً بمناظرة النصارى في عقيدتهم، والردّ عليهم، خاصة ردوده على تلك الاتهامات التي وجهوها للمسلمين في الأندلس، والتي كانت سبباً من أسباب اضطهادهم منذ سقوط غرناطة 1492م، ولهذا حمل الرّحالة على عاتقه مهمة الدفاع عن حقوق هذه الأقلية المضطهدة من خلال مُحاججة النصارى، ودحض حججهم وردّها عليهم. وقد كان الرّحالة يعي حجم المسؤولية التاريخية التي يحملها ولهذا فقد كان شديد الاطلاع على

كتب عقائد النصارى واليهود، إذ يقول: «اعلموا أني ترجمان سلطان مراكش، ومن بتلك الدرجة يحتاج أنْ يقرأ في العلوم وكتب المسلمين وكتب النصارى، ليعرف ما يقول وما يترجم بحضرة السلطان»[108].

انطلاقاً من الخاصية الحجاجية التي اتسمت بها الرّحلة، والتي جعلتها تأخذ طابعاً حضارياً خاصاً، فهي من جهة أولى، تتضمن آراء ومواقف الرحّالة، بصفته مثقفاً ومترجماً وسفيراً، يقوم بالدفاع عن هويته الإسلامية الفردية والجماعية، تلك الهوية التي حُجبتْ عنه وعن مسلمي الأندلس ردحاً من الزمن، بسبب سياسة الإقصاء الديني واللغوي الذي تعرضَ له بصفته فرداً من جماعته المسلمة. وفي مقابل ذلك الإقصاء، هناك إرغام على هوية بديلة، هوية مسيحية، ولغة قشتالية، لكنه يتشبث بلغته سرّاً، ويُجابه الآخرين بالعلم والمعرفة، ومقارعة الحجة بالحجة. ومن جهة ثانية، تعكسُ الرّحلة فعلاً «احتجاجياً Protest» على المجتمع الدولي آنذاك، فنراه يعمل على تدويل قضية اضطهاد المسلمين الأندلسيين من خلال مهمته السفارية، فرحلته في الأصل قامت من أجل هدف مقصود هو تخليص ما نُهبَ من بعض أهل الأندلس على يد البحارة الفرنسيين في طريق هجرتهم من إسبانيا «وكان الأندلس يقطعون البحر في سف النصارى بالكراء، ودخل كثير منهم في سفن الفرنج، ونهبوهم في البحر، وجاء إلى مراكش أندلس موريسكيون منهوبون من الفرنج من أربع سفن، وبعث رجل أندلسي من بلاد فرنجة بطلب منهم وكالة ليطلب الشرع عنهم ببلاد الفرنج»[109]. وقد وقع الاختيار على أحمد أفوقاي الحجري ليكون على رأس هذه المجموعة إلى فرنسا لاستخلاص

أموال المسلمين المنهوبة من قبل القراصنة الفرنسيين، حاملاً معه كتاباً دبلوماسياً من السلطان السعدي.

تجميعاً لهاتين السمتين «السفارية والحجاجية» تحوّلت رحلة أفوقاي من رحلة فردية ذاتية، إلى رحلة هُوية أمّة تُدافع عن حقها في العيش بسلام وتسامح مع الاختلاف الديني. إن احتجاج الرّحالة كان حجاجياً بالدرجة الأولى، فهو يناظر رجال الدين في فرنسا وهولندا، ويحاول إقناعهم بصحة العقيدة الإسلامية التي حافظ عليها الشعب الأندلسي فتعرّض للاضطهاد نتيجة لحريته الدينية[110].

تتنوع المناظرات التي قام بها الرّحالة في رحلته، وكانت تلك المناظرات تأتي في سياق ذكر أحوال مسلمي الأندلس، ولماذا تم اضطهادهم، وقد توزعت مواضيع تلك المناظرات على ثلاثة اتجاهات:

* مناظرات عقدية حول التوحيد ومسألة التثليث المسيحي

* مناظرات السلوك والمعاملات والزواج

* مناظرات حول الطهارة

وقد اختلفت في الطول والقِصر، فتارة يورد الرحالة المناظرة كاملة، وتارة يورد جزءاً منها، وتارة ثالثة، يذكرها على وجه الإجمال، وهذا ضربٌ من التصرف الذاتي الذي يعلي من ذاتية الرّحالة، ويحدُّ من موضوعيته؛ غير أننا نلتمس العذر نقدياً للرّحالة، ذلك أنه يصرّح في بعض المواضع بأن ذاكرته تداعت أمام السنين،

فبين رحلته كفعل، ورحلته كخطاب، سنوات كثيرة. فالثابت أنه كتب رحلته بعد القيام بها بسنين، ما يجعل النسيان ينسرب إلى الذاكرة ويحدُّ من قوتها. ومن هنا تصبح تَعِلّة الذاتية التي حُوكِم بها الرّحالة، قابلة للتفسير بالنسيان في حالة النصوص الرحلية التي تُكتب بعد القيام بالرّحلة، هذا إضافة إلى أن النسيان قد يعتري الرّحّالة والمؤرخ على حدّ سواء.

إن مناظرات أفوقاي، من حيث موضوعاتُها تعدُّ صورة من صور التفاعل الحضاري بالآخر الغربي «الفرنسي والهولندي» حسب سياق الرحلة، ومن خلال هذا التفاعل الحضاري، نستطيع أن نلمسَ حدّة الاحتجاج بالحجاج؛ فحيثما «يوجد التفاعل البَيْنِي يوجد التدافع الحجاجي»[111]؛ فجنوح الرّحّالة إلى تدوين مناظراته ليس فعلاً عبثياً، أو استجابة لملء الفجوات النصية، بل هو تلبية لنداء ذاتي داخلي يسكنه منذ بطش محاكم التفتيش به وبغيره، تلك المحاكم التي «تسائل الموريسكيين عن عقيدتهم الإسلامية، وتتهمهم بالكفر لأنهم لم يتنصروا على وجه الحقيقة»[112]. بهذا نستطيع أن نفسّر تنوع مواضيع تلك المناظرات، ونستطيع أن نفسّر من خلالها ظروف التعايش والتماس الديني والحضاري الذي كان في أوجه وقتئذٍ؛ فموضوعات تلك المناظرات تتصل بما خلفته محاكم التفتيش من ندوب نفسية وجراحات حضارية لم تندمل إلى الآن، وكأن رحلته الحجاجية تتمة للأوضاع المضطربة بين الإسبان والمسلمين بعد سقوط غرناطة، فحاول الرّحالة أفوقاي الإجابة عن تلك الأسئلة العقدية المعلقة، ولو بعد فراره من الأندلس.

1 – 2 – مناظرة الدفاع عن أخلاق المسلمين:

يسوق أفوقاي أولى مناظراته عندما وصل إلى فرنسا مع تاجر فرنسي كان يعرفه في مراكش، فيقول: «وجاء إلينا تاجر كنت عرفته في مراكش اسمه فرطن ولطول مكثه في بلاد المسلمين كان يعرف العربية غايةً، وبدأ يتكلم في دين المسلمين، ويشكر دينهُ. وقال: المسلمون في دينهم مُباحٌ الزنا والسرقة. قلتُ: هذا باطل. قال: بل صحيح، لأني سمعت علماءكم يقولون أن بعضاً سأل نبيّكم، قال: المومن يزني؟ قال له: يزني. قال: والمؤمن يسرق؟ قال: يسرق. قال أيضاً: والمؤمن يكذب؟ قال له: المؤمن ما يكذب. قلت له: المؤمن الذي ما يكذب فلا يسرق ولا يزني، وكيف تقول ذلك وعندنا أن من سرق ما يساوي ربع دينار تُقطعُ يدهُ شرعاً، وإذا زنا المحصن يرجمُ إلى أن يموت»[113].

يمثل هذا المقطع القصير نموذجاً حيّاً لبنية حجاجية تعتمل في نسق الرحلة؛ ذلك أن الرّحّالة عدلَ فوراً من الحديث عن وصوله إلى مرسى «هبردي غرسي» إلى نقل وقائع أوّلَ مناظرة له.

ليس الغرض من إيراد هذا النموذج من المناظرة الحديث عن أحكام الزنا والكذب والسرقة في الإسلام، فقد أُسيلَ بشأنها مدادٌ كثير في الكتابات التخصصية. وإنما الغرض هو الوقوف على القوة الحجاجية التي يستندُ إليها الرّحّالة؛ فقد استطاع من خلال اعتماده على قاعدة القياس، أن يكشف المغالطة الحجاجية التي وقع فيها التاجر الفرنسي، فإذا كان هذا الأخير يُمَرِّر مغالطة حجاجية[114] قوامها الاستشهاد بجزء من حديث نبوي دون استحضار سياقاته الكلية، للإيقاع بالمتلقي

«أفوقاي» فإن هذا الأخير يكشف تلك المغالطة عبر إخضاع قول التاجر الفرنسي إلى قاعدة القياس المُقدّماتي:

* مقدمة 1: المؤمن لا يكذب

* المقدمة 2: السارق يُعاقب بقطع يده

* المقدمة 3: الزاني المحصن يُعاقب بالرجم

= النتيجة: المؤمن الذي لا يكذب لا يسرق ولا يزني.

بهذه المقدمات يكشف أفوقاي تلك المغالطة، ويجعل الكذب والسرقة والزنا في خندقٍ واحد، فنراه يستنكر بسؤاله على خصمه «كيف تقول هذا وعندنا أن من يسرق ربع دينار تقطعُ يدهُ، وإذا زنا المُحصن يُرجم»، فـ «بُهتَ التاجر ولم يعرف ما يقوله».

2 – 2 – مناظرة حول مسألة الزيادة والنقصان في الأديان:

يورد الرّحالة أفوقاي مناظرة طويلة[115] جمعته بقاضي الأندلس في فرنسا، وذلك بعد مغادرة باريس إلى بوردو، وكان موضوع هذه المناظرة حول الزيادة والنقصان في الأديان. حاول فيها أفوقاي الانتصار لكمال الدين الإسلامي وتنزيهه عن الزيادة أو النقصان، في مقابل إلصاق الزيادة والنقصان بالأديان الأخرى: «قلت: دينكم مفتوح للزيادة والنقصان، لأن كلّ بابا له أمر عندكم ليزيد وينقص ما يظهر له في الدين»[116]. ويمضي أفوقاي في الدفاع عن وجهة نظره بسرد الحجج المناسبة لدفوعاته، فيذكر ما زاده المتعاقبون على

منصب البابا في الكنيسة، ويشير إلى مصدر معرفته بذلك فيقول: «قال كُرْتِش المنجّم في كتابه، وأيضاً سمران الإشبيلي، وقد عرفته في مدينة إشبيلية اسماً وعيناً، وأيضاً جِبِش، ذكر كلُّ واحدٍ في كتابهِ ما زادهُ وما نقص كلُّ واحد من البّابس «يقصد البابا»»[117].

بغض النظر عن موضوع المناظرة، وما يمكن أيقال عنه، يظهر أن أفوقاي في مناظراته ومجادلاته كان قويَّ الحجة، واسع الاطلاع على الكتاب المقدّس باللغتين العربية والأعجمية، إضافة إلى اطلاعه على ما كتب في الأديان في إشبيلية. ونرجح أن ثقافته حول الأديان استقاها وهو «صغير من المدارس الخاصة بدروس الكنيسة التي كانت تُفرض على المسلمين الأندلسيين من أجل تثبيت الإيمان المسيحي في نفوسهم»[118]. وفي بعض المواضع كان يعود إلى الكتاب المقدّس ليبحث عن الحجج التي تدعم وتثبت آراء الإسلام، كما يتبيّن من قوله: «رأيتُ أنه لا يكفيني في الردّ عليهم من كتبنا، إلا إذا كان من كتبهم فهو أقوى وأبلغ»[119]. يتضح أن أفوقاي يتكئ في حجاجه على استراتيجية حجاجية ثنائية، تنهل من كتب الإسلام ومن كتب المسيحية والنصرانية ويُسخرها لتقوية موقفه وآرائه.

إنّ الغرضَ من إدراج هذين النموذجين من مناظرات أفوقاي لغيره من النصارى والمسيحيين، يتجلى في التمثيل للحضور الحجاجي في القالب الرحلي الموريسكي؛ فظروف الصراع الديني كانت عاملاً مُباشراً لطفوح الحجاج على سطح الرحلة، خاصة أن الرّحّالة ذهب في مهمة سفارية الهدف منها هو الدفاع عن حقوق الأقلية المسلمة في الأندلس، وحيثما وُجدَ الدفاع وُجِدَ الحجاج.

إنّ الحجاج الذي غطّى مساحة كبيرة من نص رحلة أفوقاي، لم يكن غاية في ذاته، وإنما نتيجة لأسباب الرحلة من جهة أولى، وامتداداً للحجاج السائد بين المسلمين الأقلية، والنصارى الأغلبية في الأندلس، من جهة ثانية. فالرحالة عندما وصلَ إلى لَهَايْ بهولندا اجتمع بقاضيها، فسأله القاضي: «ما السبب الذي ظهر لك حمل سلطان إسبانية على إخراج الأندلس من بلاده؟ قلت: اعلم أن الأندلس كانوا مسلمين في خفاء من النصارى، ولكن تارة يظهر عليهم الإسلام، ويحكمون فيهم، ولما تحقق منهم ذلك لم يأمن فيهم، ولا كان يحمل منهم أحد إلى الحروب، وهي التي تفني كثيراً من الناس، وكان أيضاً يمنعهم من ركوب البحر لئلا يهربوا إلى أهل ملتهم (...) وهذا الذي ظهر لي حمله على إخراجهم، لأنهم بطول الزمن يكثرون...»[120]. انسجاماً مع هذا الوضع كان يناظر الرّحالة في مواضيع ذات صلة بمعاناة مسلمي الأندلس.

ما يسعنا في ختام هذا الفصل، هو التأكيد أن أفوقاي في مختصر رحلته، استطاع إلى حد بعيد تمثيل حالة التشظي الديني التي كانت تعيشها إسبانيا بتضييقها على الحريات الدينية، وعلى المسلمين بوجه خاص، تمثيلاً تأريخياً وحجاجياً، بل إنه عاش تلك الحالة التاريخية، الشيء الذي دفعه للترافع على ضعفاء الأندلس، ومحاولة خلق توازن ديني عبر آلية الحجاج، فإنه وإن كان في حالة ضعف وانحطاط، فإنه لم ينسَ أهمية الدفاع على حقوقه وحقوق غيره على مستوى حرية الاعتقاد والتدين والعيش في سلام، وهو يعلم علم اليقين أن عقيدته الإسلامية أنتجت حضارة أندلسية وسعت كل شيء، وانصهرت في بوتقتها الأديان والثقافات واللغات والأعراق والأجناس.

الفصل الثالث:

الرحلة وتأريخ اللغة

نحو اقتراب تاريخي من عربية الرِّحْلة

«فالأسلاف قد أسسوا ولا يمكن أن نطلب منهم أكثر مما قدّموا، أما اليوم فإن من حق العربية أن تطلب أكثر مما أنجزَ رغم أهميته»[121]

تمهيد:

ننطلق في هذا الفصل من فرضية مفادها أن المدونة الرحلية العربية تُعدُّ مصدراً تاريخياً لدراسة الجانب التاريخي للغة العربية، معجماً وصرفاً وتركيباً ودلالة، ذلك أن الرحلة نصٌّ تاريخي يعكسُ تاريخ مجتمع ما لغة وثقافة، ومنه تصير الرحلة وثيقة لغوية ذات صبغة سِيرِية تاريخية لمفردات اللغة، فهذه الأخيرة تتصفُ – بما هي أداة للتواصل والتعبير – بطابع تاريخي؛ فالكلمات والجمل والتراكيب، تعابير غير جامدة، بل متحركة عبر الزمان والمكان، تعبّر عن صور الأشياء والموجودات في زمانٍ ومكانٍ مُعينين، وتتفاعل مع بيئتها كلما تغير الزمان والمكان. ولقد تفطّن اللغويون العرب منذ عصر التدوين إلى الصفة التطورية للغة العربية، فكانوا يتتبعون المفردة

الواحدة وما تعنيه من معانٍ مختلفة حسب زمان استعمالها، ونطاق انتشارها، فيثبتون تلك المعاني كلها.

إنّ النصوص الرحلية جديرة بأن تُدرس من هذه الزاوية، وذلك للاعتبارات الآتية:

* النص الرحلي؛ نص تاريخي يحمل في طياته ثقافة مجتمع ما في فترة تاريخية ما.

* النص الرحلي؛ نص متنقل وعابر للزمان والمكان؛ فالرّحالة قد يدوّن في رحلته كلمات لا تستعمل إلا في البلاد التي زارها أو أقام فيها لمدة. وقد تكون تلك الكلمات تحمل دلالة مختلفة عن دلالتها في بلاد أخرى.

* النص الرحلي؛ سجل تاريخي للألفاظ والتراكيب التي تساعدنا إذا درسناها دراسة تحقيبية، على وضع خارطة تاريخية خاصة بالأساليب وأشكال التعبير وتطورها في اللغة العربية[(122)].

* النص الرحلي؛ فضاءٌ تعبر من خلاله الألفاظ من لغة إلى أخرى، ومن ثقافة إلى ثقافة، وهذا يسمح برصد الكلمات التي انتقلت إلى اللغة العربية عبر بوابتي التعريب «Arabization» والاقتراض، والتعرّف على زمن تعريبها ودخولها إلى العربية.

* النص الرحلي؛ غني بمستويات التعدد اللغوي «Multilingualism» خاصة على مستوى أسماء المستحدثات، والملابس، والأماكن، والمدن، التي تنتقل إلى اللسان العربي وتصير جزءاً من مُعجمه؛ وهذا يُساعد

الباحثين في اللسانيات العربية، خاصة اللسانيات الاجتماعية، على رصد الكلمات الطارئة في العربية المعاصرة.

تأسيساً على هذه الاعتبارات، فإن البحث في نصوص الرّحلات والتنقيب فيها بوصفها وثائق لغوية تأريخية، يعطي قيمة مضافة للأبحاث المعجمية ذات الطابع التاريخي. وتحقيقاً لهذا المسعى المعرفي، سنستند في هذا الفصل إلى نصوص رحلات عربية أندلسية تمتد من القرن 15 الميلادي، إلى القرن 18 الميلادي. واختيارنا للرحلات العربية الأندلسية، ليس إقصاءً لنصوص رحلات أخرى، بل هو اختيار منهجي مبني على اعتبارات معرفية وتاريخية تنسجم والغاية من هذا المبحث:

* إن الرحلات العربية الأندلسية، تعكسُ جزءاً لا يتجزأ من ثقافة الحضارة العربية الممتدة من المشرق إلى أقصى الغرب الإسلامي.

* إن الرحلات العربية الأندلسية؛ تشكّل نقطة التماس الحضاري واللغوي مع شعوب مختلفة، ما يجعلها مدوّنة غنية بالألفاظ الجديدة والدخيلة على العربية.

* إنّ دراسة نصوص الرحلات الأندلسية، تُمكننا من التعرف على المسار التاريخي لبعض ألفاظ العربية، ومعرفة جغرافية استعمالها ومعانيها.

كما أن دراسة نصوص الرحلات العربية، على اختلاف جغرافيتها والحقب التاريخية التي تنتمي إليها، يُوسّع المدونات المصدرية التي يستند إليها الباحثون في تاريخ العربية لفظاً وتركيباً وصرفاً ودلالة.

1 - نصوص الرحلات الأندلسـية رافد من روافد المعجم التاريخي:

تجدر الإشـارة في بداية هذا المحور إلى المشروع المعجمي الضخم الذي تقوده الإمارات العربية المتحدة من خلال أعمال مجمّع اللغة العربية بإمارة الشارقة، والمتمثل في إصدار أول معجم تاريخي للغة العربية، بإشراف صاحب السمو الشيخ الدكتور سُلطان بن محمد القاسمي حاكم الشارقة، ولا يسعنا إلا الاعتزاز بهذا المشروع الذي طالما انتظرته اللغة العربية. في هذا السياق، يُعدُّ هذا الفصل – على بساطته – إسهاماً في تكوين مادة لغوية تاريخية مُستمدّة من نصوص رحلية ممتدة على فترات زمنية طويلة.

إذا كـان المعجم التاريخي يستند إلـى مصادر متنوعة مثل «النقوش القديمة واللهجات الجاهلية لغات القبائل مثل عاد وطسم وغيرها، والألواح والنقود، ومصادر الشعر الجاهلي مثل: المعلقات والأصمعيات، وما كتب في التفسير، وعلوم القرآن والحديث والسنن وشروحها، والفقه الإسلامي وأصوله، والسيرة النبوية، وكتب التاريخ، وما كتب في الحقل المعجمي واللساني»[123] فإن النصوص الرحلية تعدُّ رافداً من روافد بناء المعجم التاريخي، نظراً لتكوينها اللغوي التاريخي، إضافة إلى انفتاحها على حضارات متنوعة، الأمر الذي يجعل لغتها مفعمة بدلالات جديدة؛ فاللغة «ليست مجرد أداة جامدة، بل هي مرآة عاكسة لثقافة الشعوب وحضارتها»[124].

تمدُّ النصوص الرحلية الباحثين في تاريخ اللغة العربية بمادة

معجمية غنية على جميع المستويات اللسانية، صرفاً وتركيباً ودلالة، ومنه، فإنها أكثر المصادر انسجاماً مع الأسس التي يقوم عليها المعجم التاريخي، والمتمثلة في «العناية بأصول الكلمات وفروعها، وسرد مسيرتها التاريخية منذ نشأتها أو ولادتها»[125]، كما تساعد الباحثين على معرفة مسار ارتحال الألفاظ جغرافياً، فالرّحالة يكتب ويدوّن ألفاظاً تستعمل في الأماكن التي زارها، وهذا يُمكّن الباحثين في معرفة مستويات استعمال الألفاظ وإهمالها جغرافياً وتاريخياً، ومعرفة أيضاً، ذلك الدخيل على العربية، والأصيل فيها، حسب التوزيع الجغرافي.

إن لكل لفظ من ألفاظ العربية سيرة زمنية، لها نقطة بداية، ونقطة نهاية، والنهاية هنا لا تعني موت اللفظ، بل نعني بها نهاية معنى أوّل، وظهور معنى ثانٍ، وهكذا تُراكِم الألفاظ معانيها المتسلسلة تاريخياً؛ فـ «لفظ «الذكاء» تطوّر معناه من معنى «لهب النار» إلى معنى «الفهم السريع وتوقّد الذهن»، ولفظ «الإعدام» انتقل معناه من معنى فَقْدِ المال، إلى معنى «فقد الحياة»»[126]. ولعل نصوص الرحلة في هذا السياق تستجيب لمنطق التطور التاريخي لمعاني الألفاظ؛ فالرّحالةُ يكتب بلغة عصرهِ، وينقل ويدوّن الكلمات المستحدثة في زمانه والمتداولة على ألسنة الناس؛ وهذا ما يجعل المدونة الرحلية حلقة تاريخية واصلة بين عصور سابقة، وعصور لاحقة على مستوى انتقال معاني الألفاظ وتداولها. فإلى أي حدّ أَرَّخَت الرحلة العربية الأندلسية للغة العربية؟ وما المستويات اللسانية التي يمكن أن نرصد من خلالها مسار السيرة التاريخية لألفاظ اللغة العربية؟

2 - الرحلة وتأريخ أسماء المدن:

تعدُّ أسماء المدن والأماكن عنصراً أساسياً في جميع الرحلات على مستوى الفعل، وعلى مستوى التلفيظ[127]؛ فالرّحالة يَعْبُرُ الجغرافيا متنقلاً بين المدن والجبال والقرى، ويقوم بتدوين أسمائها كما هي في زمانه، وأحياناً يذكر أسماءها في العصور السابقة[128] وينقل ذلك مشافهة من الناس. في هذا المنحى نسجل في النصوص الرحلية المنتقاة أسماءً لبعض المدن الأندلسية خاصة، وبعض المدن الأوروبية التي زارها مؤلفو الرّحلات، وهي أسماء كانت تُكتب وتُنطق في عصر كل رحّالة بشكل مختلف عن عصر رحّالة لاحق أو سابق، وهذا مما يدلّ على تغيّر أسماء المدن بتغيّر العصور والثقافات والحضارات، ويجعلنا قادرين على وضع تحقيب «Periodization» تاريخي لأسماء المدن التي ذكرت في تلك النصوص. لنختبر فيما يلي ما نذهب إليه من خلال النماذج الآتية:

*** جبل طارق – جبل الفتح: «من القرن 15 إلى القرن 17م»:**

يُسمّى الجبل الذي عبر منه القائد طارق بن زياد في طريقه إلى الأندلس (92هـ) في رحلة «المنظري: القرن9 هـ – 15م»[129] بـ«جبل طارق»[130]. أما الرحالة محمد الغساني الأندلسي في أواخر القرن17م، فيسميه في رحلته بـ «جبل الفتح»[131]، والفارق الزمني بين الاسمين يزيد على قرنين من الزمن. يرجع الرحّالة الغساني سبب تسميته بجبل الفتح، بكونه كان منطلقاً لفتح الأندلس.

وبهذا يكون الاسم الثاني مرتبطاً بالمسمّى بعلاقة سببية. وهذا شائع في العربية.

*** مجريط – مذريل – مدريد: «من القرن 9 هـ إلى اليوم»:**

تؤكد بعض الدراسات التاريخية أن العاصمة الإسبانية التي تسمى اليوم «مدريد» كانت تسمى «مجريط»[132] أسست على يد الأمير الأموي محمد بن عبد الرحمن الثالث في القرن التاسع الميلادي «860م»[133] ويرجح المؤرّخ «ابن شريفة» أن اسم مجريط «يتألف من كلمة عربية هي مَجْرَى أو مَجْرِي بالإمالة، أُلحقت بآخره نهاية لاتينية للدلالة على التكثير، لأنها مدينة معروفة بكثرة مجاري المياه»[134] وإليها يُنسب العالم الرياضي الفلكي الشهير أبو القاسم المجريطي الملقب بإقليدس الغرب.

غير أن هذا الاسم لا يلبث يتغيّر بعد تغيّر الأحوال السياسية بسقوط الأندلس، ليتحوّل كما يصرّح الرّحّالة أفوقاي في بداية القرن17م، إلى اسم «مذريل»، وقد كرّر هذا الاسم في موضعين من رحلته، الأول: «ثم مشيتُ إلى مذريل»[135]، والثاني: «إن كتّاب الديوان السلطاني بمذريل»[136] ودلالة تكرار الاسم بهذه الصيغة تأكيد على تداوله على هذا النحو. أما الرحّالة أحمد بن المهدي الغزّال السفير، فيذكر أن اسمها مدريد في عهده، أول القرن 18م، يقول: «ومن خارج سور المدينة المدريدية متصلٌ بها أجنةٌ كثيرةٌ»[137].

يتضحُ من خلال هذا التتبع التاريخي لسيرة اسم العاصمة الإسبانية،

أنه مرَّ بثلاث مراحل تاريخية، في المرحلة الأولى؛ العهد الإسلامي الأموي (860م – 246هـ) كان بلفظ «مجريط» وقد سميت به للمناسبة بينه وبين مجاري المياه الكثيرة. ثم تحول إلى لفظ «مذريل» في عصر الرّحالة أفوقاي بداية القرن 17م[138]، ثم عُدِل عن لفظ مذريل إلى لفظ مدريد منذ القرن 18 كما يُستفاد من رحلة «الغزّال» إلى إسبانيا والتي كانت في «1766 – 1767م».

*** وادي تاجة ـ وادي الطاخو ـ بانطاخو:**

يُستفاد من بعض النصوص الرحلية أن «نهر تاجة» الذي ينبع من جبال قبيلة «بني رزين الأندلسية» بمنطقة «أراغون» ويعبر مُدُناً إسبانية كثيرة، إلى البرتغال غرباً، هذا النهر سُميَ في العهد الإسلامي بـ«نهر تاجة الكبير»، غير أن هذا الاسم سيعرف تحولاً من نسق الحرف العربي إلى نسق الحرف اللاتيني، يقول الرحالة الغساني «القرن17م» في رحلته: «ووصلنا إلى وادٍ كبير يُسمونه وادي طاخو»[139] في حين يذكره الرحّالة الغزّال «القرن 18م» باسم «بانطاخو»، فيقول: «قطعنا الوادي الكبير المسمى بانطاخو وهو المار بمدينة طليطلة عن يسار عبورنا»[140].

تبيّن هذه الفوارق الشكلية على المستوى اللفظي أن لاسم النهر، أنه تغير من اللفظ العربي «نهر تاجة» إلى لفظ «وادي طاخو»، ثم فيما بعد إلى لفظ «بَّانْطَاخَو» الذي نُحتَ من لفتظي «وادي+طاخو». ونرجح في هذا السياق أن اللفظ العربي «نهر تاجة» هو الأصل من الناحيتين اللغوية والتاريخية، لاعتبارين، أولهما: أن المؤرخ ياقوت

الحموي يذكره بهذا اللفظ. وثانيهما: أن الحروف التي يتشكل منها حروف متناسقة ومنسجمة مع بعضها كأنه اسم وُضِعَ وَضْعاً عربياً. وهذا الطرح تزكيه العلاقة الصوتية بين «تاجة» و«تاج في العربية» حيث توجد بينهما مناسبة معجمية.

*** أسماء مدن متفرقة:**

يدوّن الرّحالة أفوقاي في رحلته (1611م) مجموعة من أسماء المدن التي زارها وأقام فيها، ويثبتها كما كانت تُلفظُ في عصره، فمدينة أثينا عنده هي «أطناش» في قوله: «ومشى بها إلى مدينة أطِنَاش ببلاد اليونان»[141]. ومدينة باريس هي «بريش» كما في قوله: «ولم ندرِ من هي أعظم بِّرّيش أو مصر»[142]. ومدينة بوردو هي «بورضيوش»، يقول: «والتقيتُ في مدينة بورضيوش بفرنجه ببعض علمائهم»[143]. أما مدينة مكسيكو فهي «ميشقُ» في قوله: «.. مما صدر منهم مع سلطان الهنود بمدينة ميشقُ»[144]. وعندما يصل إلى هولندا التي يسميها «فِلَّنْضِس»، يقول: «بل نمشي إلى فلنضس»[145]، ويسمي مدينة لَهَايْ بـ «إِلْهايَهْ» في قوله: «ثم مشينا من مدينة ليدا إلى مدينة اِلْهايَه»[146]. ويُرجح أن هذا الاسم تعريب للفظ الفرنسي «La Haye» لأنه الأقرب على المستوى الصوتي.

يتضحُ من جهة أولى، أنّ أسماء المدن الأوروبية التي دوّنها الرّحالة في رحلته قد عرفت تطوراً عما كانت عليه في الماضي، ومن جهة ثانية، تبيّن الرحلة أن تلك الأسماء كانت مُتداولة في عصر الرّحالة كما دوّنها لفظاً وصوتاً.

أما الرّحالة «الغزّال» فيشير إلى أن الاسم «ميدنا»[147] يُطلق على المدينة التي تُسمى اليوم صيدونا «Medina Sidonia» وهي التي كانت تسمى في العهد الإسلامي بـ «شذونة». وذكرها المؤرخ لسان الدين بن الخطيب بهذا اللفظ في رسائله السلطانية[148].

وعندما وصل إلى مدينة «أستجة» ذكرها باسم «أسيخا Ecija»، فيقول: «الخبر عن مدينة أسيخا»[149]، وهذا الاسم مُحوّل عن الاسم المُعرّب «أستجة» الذي عرّبه العرب من الاسم القوطي ما قبل فتح الأندلس «أستيجي». ويظهر أن التحوّل الذي عرفه هذا الاسم من العهد القوطي إلى العهد العربي الإسلامي، إلى العهد الإسباني المعاصر، ليس تحولاً دلالياً، بل تحوّلاً صواتياً، حيث عُدِلَ عن «الجيم» إلى «الخاء» والإسبانية لا تحقق الجيم صوتياً، بل تَقْلبه «خاءً».

3 - الرحلة وتأريخ المهمل والمستعمل في العربية:

يعتبر مبحث المهمل والمستعمل في اللغة العربية من أهم المباحث المعجمية التي اهتم بها اللغويون العرب منذ مرحلة الجمع والتدوين؛ حيث عمل المعجميون العرب على تهذيب اللغة من خلال بيان المستعمل منها من المهمل؛ ذلك أن اللغة عموماً منذ نشأتها «سلوك إنساني، أن للإنسان دخلاً في تطوراتها وتغيراتها»[150].

كان المعجميون الأوائل يذكرون بعد اللفظ وتتبع أصول معانيه أنه مستعمل في قبيلة كذا، ومهمل عند قبيلة كذا. وهكذا تهذبت اللغة ذاتياً واجتماعياً؛ فأصبح الاستعمال بما يجوز استعماله، والإهمال بما لا يجوز استعماله.

إن ثنائية المهمل والمستعمل في العربية مقترنة بعاملين اثنين، أولهما ذاتي، ويتمثل في خصائص المرونة والسلاسة التي تتميز بهما العربية، فهي لغة «ليّنة مطواعة»[151] بتعبير الرافعي. وثانيهما مقترن بفطرة الإنسان العربي المجبول على الاستعداد لكل تغيير طبيعي يُناسب حياته في كل زمان ومكان.

حصر علماء اللغة العوامل المتحكمة في استعمال أو إهمال المفردات والتراكيب في أحد عشر عاملاً، هي: الاستثقال الصوتي، والقبح والجمال في اللفظ والإفـراد والجمع، وطبيعة الألفاظ، والاختلاف اللهجي، واختلاف الأجيال، والشيوع وكثرة الاستعمال، وطول الزمن، وقوة الكلمة [152]، بيد أن هناك عوامل أخرى ظهرت مع تطور الحياة العربية في العصر الحديث، وعلى رأسها ظهور الترجمة المتخصصة التي أدت إلى ظهور مصطلحات علمية جديدة في مقابل إهمال مصطلحات قديمة. إضافة إلى العامل التكنولوجي المتمثل في شبكة الإنترنت ومواقع التواصل الاجتماعي، حيث أسهمت هذه الوسائل في استعمال ألفاظ دون غيرها، وشيوع تراكيب وأنماط تعبيرية جديدة لم تكن معهودة في كلام العرب.

انسجاماً مع حركية التطور اللغوي الذي عرفته العربية منذ عصورها الأولى إلى اليوم، فإن النصوص الرحلية العربية غنية بالألفاظ والتراكيب التي كانت مستعملة في زمن كل رحّالة، وفي الأقطار الجغرافية التي زارها الرّحّالون. مما يتيح لنا منهجياً تتبع السيرة التاريخية والجغرافية لتلك الألفاظ، ومعرفة حدود استعمالها أو إهمالها، واستجلاء معانيها في التواصل الكتابي والشفهي، في

هذا السياق تمدّنا بعض الرحلات بنماذج كثيرة للألفاظ التي كانت مستعملة كتابياً وشفاهياً في عصر كل رحلة، ثم أصبحت مهملة بعده، أو أُهملت على المستوى الفصيح، وحافظت على استعمالها في المستوى اللهجي الدارج.

*** لفظ «الزّمام»: بين الاستعمال والإهمال:**

يعدّ لفظ «الزمام» من الجذر اللغوي «ز – م – م» من الألفاظ التي وردت في رحلة أفوقاي، ورحلة الغزّال، يقول أفوقاي في سياق حديثه عن عملية إحصاء مُسلمي الأندلس التي أمر بها الملك فيلب الثاني: «أمر في بلاده كلها قبل خروجي منها أن يزمّموا جميع الأندلس»[(153)]. ويقول في موضع آخر «ثم بعد ذلك بنحو السبع عشرة سنة عملوا زماماً آخر»[(154)]. أما الرّحالة الغزال فيقول: «فأدرجتها في الزِّمَام المذكور»[(155)]. يُستفاد من هذين القولين أن لفظ «زمام» كان مستعملاً في المستوى الفصيح في عصر الرّحْلتين، أي في القرنين (17 – 18م) وهو لفظ عربي فصيح، جاء في لسان العرب: «زمّ الشيء يزمّهُ زمّا فانزمَّ: شدّهُ. والزّمامُ ما زمَّ به. تقول: زممتُ الناقة أزمُّها زما. ومنه زممتُ البعير: خطمتُهُ»[(156)] وفي معجم الرائد «هو زمام قومه، أي مُقدّمهم»[(157)].

يُلاحظ أن معنى «زمام» في الوضع العربي يعني: القيادة والمقدّمة والتحكم. لكنه تطور ليدل على الكتابة والمكتوب، كما يظهر من سياق الجملة في قول الرّحّاليْن، وهو لفظ شائع الاستعمال

في لهجة عربية شمال المغرب، يقولون: «زَمّمْهُ» بمعنى «اكتبه» أو «قيّدهُ». غير أننا نلاحظ إهمال استعمال هذا اللفظ بمعنى «الكتابة والمكتوب» وعودة استعماله بمعنى «القيادة والتحكّم»، نسمع في لغة الإعلام المعاصر عبارات من قبيل: «زمام المبادرة».

*** لفظ «براءة – بْريّة»: بين الاستعمال الدارج والإهمال الفصيح:**

ورد لفظ «براءة» بمعنى رسالة في رحلة أفوقاي، يقول: «ولما رأيت أن بَرَاوَاتِ السلطان ما قضيتُ بها شيئاً»[158]. استعمل أفوقاي لفظ «بْريّة» بصيغة الجمع «براوات» وهذا اللفظ يدل في عربية أهل الأندلس وشمال المغرب على الرّسالة المكتوبة، يقولون: «كْتَبْ بْرَا» أي كَتَبَ رِسالةً. وفي العربية المعيار نجد «بَرَا – برو: العود أو السهم أو القلم»[159] فالرسالة «البراة – البرية» تُكتبُ بالقلم، ويجوز أن تكون العلاقة بين «برَا» التي في العربية المعيار و«برية – براوات» التي في لهجة أهل الأندلس مبنية على معنى الكتابة. ما يفسّر هذا هو السياق اللغوي الذي وردت فيه لفظة «براوات»؛ فالرّحالة يضطلع بمهمة سفارية حمل من خلالها «كتاباً» والكتاب الذي يحمله السفير، يُحمل بمعنى «رسالة» وقد أخبر عن هذا في بداية رحلته، حيث قال: «وأعطانا السلطان كتاباً وذهبنا»[160].

وثمة اتصال معجمي بين «برا – بريّة» و«برَأ» بالهمزة، وقد استعمله الرّحّالة بالمعنى نفسه، أي «رسالة» قال عن صكوك الغفران التي كانت تمنحها الكنيسة الأوروبية للمذنبين: «يمشي كل من هو

بالغ من ذكر أو أنثى إلى الكنيسة ويذكر للقسيس جميع ذنوبه، ويعطيه براءة بالمغفرة، ويأخذ الدراهم عليها»[161]. وقال في موضع آخر: «وبعد أن قرأ الجواب كتب لي براءةً ثانية»[162]. الشاهد أن البراءة هنا تكون مكتوبة، عبارة عن رسالة يأخذها المذنب.

ونفسّر هذا الانتقال على مستوى الاستعمال من حالة الهمزة «براءة» إلى حالة تسهيل الهمزة «برية» قد يكون ناشئاً عن طلب الخفة وتجنب الاستثقال. واللافت للنظر أن لفظ «برية» أنه مستعمل إلى اليوم في عربية شمال إفريقيا، خاصة عربية المغاربة، لكنه مُهْملٌ في المستوى الفصيح. ويُستفاد من الرحلة أنه كان مُستعملاً تاريخياً في عصر الرّحالة، أي في القرن 17م.

*** لفظ «تدويخ»: بين شرط التداول وغرابة الاستعمال الفصيح:**

يستعمل الرّحالة أفوقاي لفظ «تدويخ» في سياق ترجمة قرار فيليب الثالث بطرد مسلمي الأندلس، يقول: «وأما سلطان مراكش فقد عزم على تَدْوِيخِ البلاد وتسكينها»[163] ويدل هذا اللفظ في المعجم العربي على معنى «دُوار» يُقال: «داخ يدوخ دخْ، دوخاً، فهو دائخ، داخ الشخص: أصابهُ دُوار. داخ عندما نظر من مكان مرتفع، كنت دائخاً من شدة الجوع والسهر»[164] وجاء في لسان العرب: «داخ يدوخ دوخاً: ذلَّ وخضعَ، وداخ البلاد يدوخها: قهر واستولى عليها»[165].

نلاحظ أنّ لفظ «داخ – تدويخ» يُستعمل بمعنيين، أحدهما «الدوار» وثانيهما «القهر والاستيلاء» ويظهر أن الرّحالة يستعمل

هذا اللفظ بالمعنيين معاً، فعبارة «تدويخ البلاد وتسكينها» تحتمل أن تعني السيطرة على البلاد وإخضاعها، وكذلك جعلها مضطربة كأنها أصيبت بالدوار.

وما نسجله بخصوص هذا اللفظ من الناحية التاريخية، أنها كانت متداولة بالمعاني السابقة في المستوى الفصيح إلى حدود عصر الرّحالة، ثم أُهملَ معناها الأول «القهر والسيطرة» وبقي المعنى الثاني «الدوار والاضطراب» وهو المعنى الذي تستعمل به لفظة «تدويخ» في العربية المعاصرة كما يشير معجم «اللغة العربية المعاصرة» وتُستعمل به في الدوارج العربية، خاصة اللهجة المغربية، وهذا يعني أن «الاستعمال والإهمال إنما يكونان من جانب المعنى أيضاً، وليس فقط على مستوى اللفظ، فالإهمال يكون من جانب اللفظ كما يكون من جانب المعنى»[(166)].

4 - الرحلة وتأريخ الألفاظ المعرّبة:

شكل مبحث «تعريب الألفاظ» في الدراسات العربية القديمة والحديثة مبحثاً مهماً، استأثر باهتمام اللغويين منذ عصور مبكّرة، ولعل أبرز كتاب وصلنا من القدماء هو كتاب «المعرّب من الكلام الأعجمي على حروف المعجم» لأبي منصور الجواليقي (ت 540هـ) ويعدُّ هذا الكتاب نموذجاً نظرياً لمقاربة موضوع اللفظ الأجنبي في اللغة العربية، بل إن الجواليقي من أبرز اللغويين الذين وظفوا مصطلح «مُعرب» لتسمية الكلمات المقترضة من اللغات الأجنبية.

يُعرّف التعريب عند اللغويين القدماء بأنه «أن تتفوه العرب بالاسم

الأعجمي على منهاجها، تقول: عرّبه العرب، وأعربته أيضاً»[167]، ويذكر الزمخشري أن معنى التعريب «أن يُجعل عربياً بالتصرف فيه، وتغييره عن مناهجه، وإجرائه على وجه الإعراب»[168]. أما عبد العالي الودغيري وهو من المعاصرين، فيرى أن التعريب «يُطلق عادة على ما دخل العربية من ألفاظ اللغات الأجنبية، فوقعَ تداوله واستعماله سواء خضع لقوانين العرب في كلامها، وقِيسَ على بناء من أبنيتها، أم لم يخضع ولم يُقَسْ»[169].

بما أن لكل لغة نسقها الخاص بها، وأن الوسائل التعبيرية والصيغ اللفظية قد تتطابق بين اللغات، وقد لا تتطابق في كثير من الأحيان، فإن القائم بعملية تعريب الألفاظ يقوم بتطويع اللفظ الأعجمي من لغة الانطلاق إلى لغة الوصول، وذلك التطويع يشمل جميع المستويات الصرفية والصوتية والدلالية. بهذا المعنى يصير التعريب عملية ارتحال لفظ من لغة إلى لغة، من نظام لغوي إلى آخر مختلف عنه. وقد وضع اللغويون – وعياً منهم – منهجاً لعملية التعريب، يقوم على ثلاثة ضوابط، هي:

- الضابط الصوتي.
- الضابط الصرفي.
- الضابط الدلالي[170].

إذا كان التعريب وجهاً من وجوه التأثير والتأثر بين اللغات، فإن نصوص الرّحلات هي الفضاء الأنسب لتجلّي ذلك التفاعل بين اللغات والثقافات والحضارات؛ فالرحالة عندما يزور بلداً ما، يصطدم بعالم

آخر جديد عليه، وغير مألوف عنده، حينذاك لا مندوحة له من تدوين أسماء المدن والأماكن والمهن والعادات بلغة أولئك القوم، وإذا كان متمكناً من العلوم اللغوية، فإنه يعمل على تعريب تلك الألفاظ وإخضاعها لنظام العربية صرفاً وإعراباً ودلالة.

في هذا السياق تمدنا النصوص الرحلية المنتقاة في هذه الدراسة بمادة معجمية معرّبة لا بأس بها، تبيّن من حيث التحقيب التاريخي والموقع الجغرافي متى دخلت إلى العربية، ومن أين جاءت، كما تكشف عن الملابسات الثقافية والحضارية المرتبطة بها.

*** لفظ «صُبّاط»: من الإسبانية إلى العربية في القرن 17م:**

يقول الرّحّالة أفوقاي: «قد رأيت رجلاً يشتري بعض الصّبابط أو رواحي»[171]. الشاهد أن لفظ «صبابِط» ومفردهُ «سُبّاطٌ – صُبّاط» مُعرب من الإسبانية «Zapatos» ويقابله في العربية «الحذاء» أي ما ينتعله الإنسان في قدميه، وقد ذكره الرحالة بهذا المعنى، بدليل كلمة «رواحي» ومفردها «رِيحيّةٌ» التي جاءت في سياق مرادف لها. نلاحظ أيضاً أن الرّحّالة أورد اللفظ مُعَرَّفاً على صيغة الجمع «الصّبابط» وهذا يدل على وعي الرّحالة بنظام العربية، حيث أخضعه لنظامها، ويظهر من هذه الصيغة المُعرَّبَة أنها تنتمي إلى الصنف الأول من المُعرّبات التي تستسيغ دخول أداة التعريف «ال» في أولها حسب معيار الجواليقي[172]. ونرجح أن هذا اللفظ شاع في العربية مُعرّباً منذ القرن 17م، وقد ارتبط تعريبه بسمة وظيفية تتمثل في الانتعال، أي ما يرتديه الإنسان في قدَمَيْهِ.

*** لفظ «الشِّـلْطَاظُ والفِسْيَان»: من الإسـبانية إلى العربية في القرنين 17 – 18م:**

يورد الرّحّالة الغساني لفظ «الشلطاظ»[173] ويذكرهما الرّحّالة الغزّال، فيقول: «وقد برز لملاقاتنا خلقٌ كثيرٌ شِلْطَاظاً وفِسيَاناً»[174] نلاحظ أن مؤلفيْ الرِّحْلتين، عرّبا اللفظين، لفظ «الشلطاظ» وأصلها الإسباني «Soldados» وتعني عسكري، ولفظ «الفسيان» وأصلها الإسباني «Oficiales» وتعني «ضابط – ضُبّاط». ويظهر أن تعريبهما كان من خلال إخضاعهما إلى الضوابط الصرفية والصوتية والإعرابية، وحتى توظيفهما في الكتابة جاء مُعَرَّباً، من خلال إلحاق تنوين الفتح على آخرهما كما يظهر في تعبير الرّحّالة الغزّال. وتعدُّ كلمة «فِسيان» من الكلمات الشائعة الاستعمال في عربية أهل المغرب.

*** لفظ «كَدَش»: من الإسبانية إلى العربية في القرنين 17 – 18م:**

يذكر الرّحالة الغساني أنه لقي «في مدريد رجلاً راكباً في كدشٍ لهُ»[175]، ويقول الرحّالة الغزّال «وفي الغد طلب منا الحاكم الوصول إليه لداره وأتى بأكداشٍ»[176]. نلاحظ بداية أنّ الغساني يذكر لفظ «كدش» بصيغة المفرد. أما الرحالة الغزّال فيورده بصيغة الجمع «أكـداش»، وهذا يؤكد أن اللفظ كان شائع الاستعمال في عربية القرنين 17و18م، على مستوى الكتابة.

إن لفظ «كـدش» ويُجمع على «أكـداش» هو تعريب للأصل الإسباني «Coche – Choches» ويعني العربَة التي يركبها الإنسان،

وتجرُّها الخيول، ويظهر أن تعريبه خاضع للضوابط الصوتية والصرفية والدلالية والإعرابية، فقد جاء على وزن «أفعال» وهي صيغة صرفية مُطّردة في العربية، ومثله «قفصٌ – أقفاصٌ». ونسجلُ أنه هذا اللفظ لايزال مستعملاً إلى اليوم في اللهجتين المغربية والمصرية، وبالتالي فهو مُهملٌ في الفصحى المعاصرة، ونادراً ما يُوظف كتابةً، ومُستعملٌ في بعض اللهجات.

5 – الرحلة وتأريخ ظاهرة «تسهيل الهمزة» في عربية الأندلس:

نشأ مبحث «الهمز والتسهيل» في حضن علوم القراءات القرآنية، وهذا لا يعني ضرورة أنه مبحث قرآني خاص، بل تأسس على الاجتهادات التي قدّمها علماء اللغة الذين في معظمهم كانوا قراءً، وتأثيرهم على الاجتهاد في قراءات القرآن بادٍ لا ينكرهُ أحدٌ[177].

يتفق اللغويون والقراء القدامى على أنّ الهمزة حرف شديد مجهور[178] مخرجه من أول مخارج الحلق، من آخر الحلق مما يلي الصّدر، قال الخليل بن أحمد (ت: 175هـ) عن تسمية الهمزة: «وإنما سُميت الهمزة في الحروف، لأنها تُهمزُ فَتُهَتُّ، فَتُهْمزُ عن مخرجها، تقول: يهتُّ فلاناً هتّاً إذا تكلمَ بالهمز»[179].

وقد حظيت الهمزة في الدراسات اللغوية القديمة والحديثة باهتمام كبير، لم تحظَ به الحروف الأخرى، وكان منشأ ذلك الاهتمام نابعاً من تصرف العرب في هذا الحرف، فأتت على مستوى الاستعمال بسبعة وجوه، سواء في القرآن الكريم، أو في محكي الكلام، وهي: التحقيق،

والتخفيف، والإبدال بغيره، وإلقاء حركته على ما قبله، والحذف، والتسهيل بين حركته والحرف الذي منه حركتُهُ[180]. وبالنظر إلى الأحوال التي تعتري الهمزة يمكن إجمالها في حالتين اثنتين، هما:

- التحقيق: وهو همز الهمزة، أي إخراجها بكل صفاتها، سواء كانت مفردة أو مُجاورة لهمزة أخرى.

- التسهيل: ويُقصدُ به إخراج الهمزة مُسَّهلة على مستوى النطق، ويقع بمعنيين، أولهما تغييرها مُطلقاً، إما بالحذف أو الإبدال، أو تسهيلها بين بين، وثانيهما: تسهيلها بَيْنَ بَيْن.

في الحالة الأولى تُحذفُ الهمزة، خاصة الهمزة المتطرفة في حالة الوقف، أو عند التقاء همزتين من كلمتين مُتجاورتين، مثل: «هؤلاء إنّ» و «جاءَ أجلهم» فقد قرأ أبو عمر: «هؤلا إنّ» و «جا أجلهم» وقرأ أبو جعفر «ملء الأرض» هكذا «مل الأرض»[181]. أما الحالة الثانية فهي إبدال الهمزة واواً أو ياءً أو ألفاً.

انطلاقاً من هذه الأرضية العلمية التي أرساها علماء العربية والقراءات، نستطيع رصد بعض مظاهر تسهيل الهمزة في عربية أهل الأندلس المتأخرين على مستوى الكلام المكتوب، ونقصد بعربية أهل الأندلس المتأخرين، المسلمين العرب الذين فضلوا البقاء في الأندلس بعد سقوطها إلى صدور قرار طردهم سنة 1609م، وتعدُّ رحلة الشهاب أفوقاي الحجري، نموذجاً يمثل عربيتهم المكتوبة في أواخر القرن 16 وبداية القرن 17، ذلك أن أفوقاي هو «آخر أندلسي موريسكي يؤلف بالعربية»[182] حسب تعبير المؤرخ عبد الوهاب بن منصور.

من خلال استقراء فصول رحلة أفوقاي، وقفنا على اثني عشر

لفظاً عربياً مُسهّلاً على مستوى الهمزة، تارة يُسهّل الهمزة بالحذف، وتارة يُسهلها بإبدالها ياءً.

*** تسهيل الهمزة بالحذف:**

وردت الهمزة مُسهلة بالحذف في مواضع كثيرة، نذكر منها موضعين على سبيل التمثيل[183]، قال في وصف امرأة لقيها في بوردو: «وذلك أنها كانت بَيْضَا بشيء من الحمرة وشعرها أسود»، وقال في موضع ثانٍ: «وتارة يحتاج الدّعَا إلى الله». الشاهد في القولين هما: «بيضا» و«الدعا» نلاحظ أنه حذف الهمزة المتطرفة الواقعة في «بيضاء» وفي «الدعاء» ونرجح أن حذف الهمزة فيهما عائد إلى طلب الخفة والاقتصاد في النطق على مجرى لغة العرب، ونلاحظ أيضاً أنه حذف همزة «الدعاء» نظراً لكونها وقعت متطرفة ومُجاورة لهمزة «إلى» التي بعدها؛ فحذفت ونقلت حركتها إلى همزة «إلى» على نحو ما أشرنا إليه أعلاه في حالة تسهيل الهمزة بالحذف.

*** تسهيل الهمزة بالإبدال:**

يميل الرّحالة أفوقاي في رحلته إلى تسهيل الهمزة بإبدالها ياءً في مواضيع كثيرة [184] منها على سبيل المثال:

- وكان فيها أناس جاءوا من بلادهم لرؤية الذّخَاير...
- ...أن الإنسان إذا كان صَايِماً....
- إن الوثن الكاين...

- لأن نعايم الدنيا دالة نعايم الجنة

- ولا استعملتُ قطّ عزايم....

الشاهدُ في هذه الأمثلة التي سقناها هنا هي الألفاظ «الذخاير - صايم - كاين - نَعَايم - عزايم...»؛ حيث عمدَ الرّحّالة على تسهيل همزاتها بإبدالها ياءً «ذخائر - صائم - كائن - نعائم - عزائم..».

إن ميل الرّحالة إلى تسهيل همزة الألفاظ المذكورة وغيرها، بإبدالها ياءً، يدل من جهة أولى، على تمكنه من لغات العربية، فجاء إبداله مبنياً على ما تواتر لديه من أدلة تفيد تجعله يكتبها مُسهّلة؛ فابن خالويه يثبت أن الأنصارَ تقلب الهمزةً ياءً، قال عبد الله بن رواحة الأنصاري: «باسم الله وبه بدينا»[185] وهي «بدأنا» بتحقيق الهمزة. وذكر ابن يعيش «وإنما كتبت الهمزة تارة واواً وياءً وتارة أخرى على مذهب أهل الحجاز في التخفيف»[186]. ويؤكد من جهة ثانية أن عربية أهل الأندلس المتأخرين تميل إلى تسهيل الهمزة على غرار ما هو معهود في كلام بعض اللهجات العربية مثل لهجة قريش «التي تتركُ الهمز وتُبدل منه»[187].

إنّ الأمثلة التي أتينا على ذكرها في هذا الفصل، سُقناها للتمثيل فقط، ذلك أن الأمثلة كثيرة، بل غزيرةٌ في النصوص الرحلية المنتقاة، وإنما اقتصرنا على أمثلة محدودة، لروزِ الطرح النقدي الذي صُغناه في الشق النظري من هذه الدراسة، والمتمثل أساساً في إعادة قراءة نصوص الرحلات قراءة معرفية تتجاوز حدود الأدبي والجمالي في الرحلي، وتعمل على تفجير الطاقة المعرفية الكامنة النصوص الرحلية.

هوامش الشق التطبيقي:

1 – عبد الرحيم جيران، علبة السرد: النظرية السردية من التقليد إلى التأسيس، دار الكتاب الجديد المتحدة، بيروت، ط1، 2013، ص45.

2 – يعدّ مصطلح «حروب الاسترداد» مصطلحاً مُتحيّزاً، يتضمن دلالة سلبية، تتمثل في كون العرب احتلوا إسبانيا. والحقيقة أن العرب لم يحتلوا إسبانيا «شبه جزيرة إيبيريا سابقاً» وإنما قاموا بفتحها ونشر الحضارة فيها، وهذا بشهادة المؤرّخين الإسبان أنفسهم، انظر: خوان فرنيت، فضل الأندلس على ثقافة الغرب، ترجمة نهاد رضا، دار إشبيلية للدراسات والنشر، سوريا، ط1، 1997م. وانظر كذلك: إغناسيو أولاغوي، العرب لم يستعمروا إسبانيا: ثورة الإسلام في الغرب، ترجمة علي المنوفي، مركز نهوض للدراسات والنشر، الكويت، ط1، 2019.

3 – محمد رزوق، الهجرات الأندلسية إلى المغرب، مجلة كلية الآداب والعلوم الإنسانية، ابن مسيك، الدار البيضاء، عدد 14، 1998، ص 133.

4 – محمد رزوق، الأندلسيون وهجراتهم إلى المغرب خلال القرنين 16 – 17، إفريقيا الشرق للنشر، الدار البيضاء، ط3، 1998، ص 51.

5 – تجدر الإشارة هنا، إلى أن الرّحلات الموريسيكية قبل سقوط غرناطة وبعدها اتسمت بالندرة، لعدّة أسباب، أهمها خوف الموريسكيين المسلمين من قوة المدّ المسيحي. إضافة إلى خوفهم من محاكم التفتيش التي كانت تمنع الكتابة باللغة العربية، أو تداولها بين سكان الأندلس.

6 – أحمد بنميمون، ولد يوم 1 يناير 1949 بمدينة وزّان شاعر وكاتب وقاص مغربي، يعتبر من رواد الشعر الحديث في المغرب.

7 – تقييد من «قيّدَ» الشيء أي جعلهُ مكتوباً، وهذا اللفظ شائع في العربية المغربية بشمال المملكة المغربية، ويُجمع على تقاييد، وتقييدات، ولا نستغرب توظيفه في عنوان الرحلة من طرف الكاتب. فهو لفظ عربي فصيح.

8 – مخطوطة «تقاييد الارتحال في كشف المآل» اللوحة 01.

9 – غيرّمو غوثالبيس بوستو، المنظري الغرناطي: مؤسس تطوان، ترجمة ممدوح البستاوي، المركز القومي للترجمة، القاهرة، ط1، 2007.

10 – نضار الأندلسي، تطوان بين المغرب والأندلس، تشكيل مجتمع مغربي أندلسي في القرنيين 16 – 17، منشورات دار النقسيس للثقافة والتراث، تطوان، المغرب، ط1، 2020.

11 – محمد داود، تاريخ تطوان، الجزء الأول، مطبوعات معهد مولاي الحسن، ب – ت، الصفحة 89 – 90.

12 – غيرّمو غوثالبيس بوستو، المنظري الغرناطي، مرجع سابق، الصفحة 59.

13 – الحسن بوزينب، العلاقات المغربية الأندلسية، منشورات أكاديمية المملكة المغربية، 1998، ص 106.

14 – محمد بلحسن، نصوص وتعليقات على تاريخ الأندلس، منشورات كلية الآداب والعلوم الإنسانية، جامعة عبد المالك السعدي، تطوان، ط1، 2006، الصفحة 15.

15 – مخطوط رحلة «تقاييد الارتحال في كشف المآل» اللوحة 01.

16 – محمد ماكمان، الرحالون السفراء إلى أوروبا بين الانفتاح والهوية، منشورات جامعة ابن زهر، ط1، 2020، الصفحة 323.

17 – لمزيد من التفاصيل، انظر: علي الكتاني، انبعاث الإسلام في الأندلس، دار الكتب العلمية، بيروت، ط1، 2005، ص51. وانظر كذلك: مؤرخ مجهول، نبذة العصر في أخبار ملوك بني نصر، تسليم غرناطة ونزوح الأندلسيين إلى المغرب، مكتبة الثقافة الدينية، بور سعيد، مصر، الطبعة 1، 2006.

18 – غيرّمو غوثالبيس بوستو، المنظري الغرناطي، مرجع سابق، ص 99.

19 – مخطوط رحلة «تقاييد الارتحال في كشف المآل» اللوحة 03.

20 – غيريمو بوسطو، المنظري الغرناطي، مرجع سابق، ص 98.

21 – مخطوط رحلة «تقاييد الارتحال» اللوحة 03.

22 – إن معظم الرحلات السفارية لا تذكر الهدف الرئيس من السفارة، ويكتفي الرّحّالة فيها بتدوين رحلته، وفي أبعد تقدير يذكر بعض الأهداف. نمثّل هنا برحلة

علي التامكروتي «النفحة المسكية في السفارة التركية» التي اكتفى في الرحالة بذكر الهدية التي أرسلها السلطان أحمد السعدي إلى السلطان العثماني. ومنها أيضاً رحلة الفقيه الكردودي المسماة «التحفية السنية للحضرة الحسنية بالمملكة الإسبنيولية» نشرت سنة 1963م – 1383ه والتي لم يحدّثنا فيها صاحبها الرحالة السفير عن الغرض الذي ذهبت السفارة من أجله إلى إسبانيا. ولا غرابة في هذا لأن أغراض السفارة في الماضي كانت تعدُّ من أسرار الدولة التي لا يجوز إفشاؤها، لأن العصور السابقة لم تكن فيها الدبلوماسية مكشوفة كما هي اليوم. ومع ذلك لا نعدم أن السرّية لا تزال تتسم بها بعض السفارات في عصرنا الحالي.

23 – غريمو بوسطو، المنظري الغرناطي، ص 91. وانظر كذلك: محمد داود، تاريخ تطوان، الجزء الأول، ص 94.

24 – كثير من الكتب والمخطوطات التي وصلتنا من الحضارة الأندلسية لم يُعرف كاتبها، خاصة الكتب التي ألفت في زمن تساقط مدن الأندلس وفي مرحلة ما بعد السقوط. أشهرها كتاب نبذة العصر في أخبار ملوك بني نصر لمؤرخ مجهول. ولعل عدم توقيع الكتب بأسماء مؤلفيها يعود إلى أسباب عدة منها: الخوف من التصريح باسم المؤلف، وكثرة النساخ الذين كانوا يمحون أسماء المؤلفين، وكذلك ضياع اللوحات الأولى والثانية والثالثة لبعض المخطوطات.

25 – متريل ومربلة مدينتان ساحليتان في جنوب مملكة غرناطة، إسبانيا حالياً. ومربلة هي التي تسمى اليوم ماربيا.

26 – مخطوط رحلة «تقاييد الارتحال» اللوحة 03.

27 – يقصد ملك البرتغال الذي احتل تطوان عام 1437م.

28 – مخطوط رحلة «تقاييد الارتحال» اللوحة 05.

29 – يُشكّل العنوان عتبة رئيسة لا يمكن القفز عليها في مقاربة أي عمل فكري، أو أدبي، أو فلسفي، أو تاريخي، فهو يعمل على استقطاب القارئ، ويشحذ قريحته، ويستهوي رغبته، غير أن العنوان ليس هو العتبة الوحيدة في الكتابات الأدبية والفكرية المعاصرة؛ إذ نلاحظ جنوح الكتاب والمفكرين إلى التنويع في هذه العتبات، فهناك العنوان والاستهلال والتصدير والإهداء، بخلاف الأعمال التراثية التي كانت تكتفي بالعنوان والمقدمة، والإهداء المذكور في المقدمة، بالنسبة إلى الكتب التي كان يؤلفها أصحابها بطلب من وزير أو سلطان. انظر: محمد بازي، العنوان في الثقافة العربية، 2012.

30 – الأمثلة في هذا السياق كثيرة لا تحصى، منها: عنوان رحلة ابن بطوطة «تحفة النظار في غرائب الأمصار وعجائب الأسفار» وعنوان رحلة ابن عثمان المكناسي «الإكسير في فكاك الأسير» وعنوان رحلة محمد القيسي «أنس الساري والسارب من أقطار المغارب إلى منتهى الآمال والمآرب».

31 – عبد النبي ذاكر، أرخنة الرحلة ورحلنة التاريخ، مرجع سابق، ص 19.

32 – التقييد من الفعل قيّدَ بمعنى سجّل، يُقال قيّدَ تقييداً، أي سجّل إثباتاً في ورقة أو دفتر، ويُقال: قيّدَ دابّته، أي عقلها وربط رجليها برباط، ومنه قيّدوا الأسير، أي جعلوا في رجله قيداً. ولفظ التقييد يستعمل كثيراً في عربية أهل المغرب، بهل هو مستعمل في كثير من المؤلفات ذات المنحى التاريخي مثل كتاب محمد بن العباس برهون الأندلسي «ت1241هـ /1826م» المسمى: «زبدة التقاييد الجلية في أخبار الهجرة الأندلسية» وهو مخطوط يوجد في خزانة المؤرخ ابن عزوز حكيم.

33 – مخطوط رحلة «تقاييد الارتحال»، اللوحة 02.

34 – مخطوط رحلة «تقاييد الارتحال»، اللوحة 02.

35 – مخطوط رحلة «تقاييد الارتحال» اللوحة 03.

36 – إغناسيو أولاغوي، العرب لم يستعمروا إسبانيا: ثورة الإسلام في الغرب، ترجمة علي عفيفي، منشورات مركز نهوض للدراسات والنشر، الكويت، ط1، 2019.

37 – خوان فيرنيت، فضل الأندلس على ثقافة الغرب، ترجمة نهاد رضا، إشبيلية للنشر والتوزيع، سوريا، ط1، 1997، ص 5 – 8.

38 – النووي، روضة الطالبين وعمدة المفتين، الجزء 10، المكتب الإسلامي، بيروت، ط1، 1991، ص 289.

39 – الشيباني، السر الكبير، معهد المخطوطات، جامعة الدول العربية، القاهرة، د ط، 1983، ص 33.

40 – اللاجئون، موسوعة الهولوكوست، على الرابط:

https://encyclopedia.ushmm.org/content/ar/article/refugees

شوهد يوم 8 – 8 – 2021 مساءً.

41 – من الدراسات التاريخية الجادة في هذا السياق نذكر: محمد رزوق، الأندلسيون وهجراتهم نحو المغرب خلال القرنين 16 – 17، إفريقيا الشرق للنشر والتوزيع، الدار البيضاء، ط3، 1998.

42 – كلمة مُتداولة في عربية أهل المغرب، ومفردها «فلوكة» وتعني المركب الذي يكرب فيه المهاجرون.

43 – مخطوط رحلة «تقاييد الارتحال» اللوحة 07.

44 – محمد قشتيلو، الموريسكيون في الأندلس وخارجها، منشورات مركز دراسات الأندلس وحوار الحضارات، الرباط، ط1، 2008، ص 21.

45 – مخطوط رحلة «تقاييد الارتحال» اللوحة 03 – 02.

46 – الحسن بوزينب، صعوبة اندماج الموريسكيين، منشورات أكاديمية المملكة المغربية، عدد 15، 1998، ص 109.

47 – وثيقة «Phy – Mou» أرشيف بلدية ألميرية، من مصورات معهد الدراسات الأندلسية، الرباط.

48 – بياض في المخطوطة لم نستطع تبين الكلمة المكتوبة فيها.

49 – الشاون في لهجة المغاربة هي مدينة شفشاون.

50 – مخطوط رحلة «تقاييد الارتحال» اللوحة 09.

51 – عبد السلام السكيرج، نزهة الإخوان وسلوة الأحزان في الأخبار الواردة في بناء تطوان، مخطوط بمكتبة تطوان، تحقيق يوسف احنانة، ط1، 2005.

52 – الحسن الوزان، وصف إفريقيا، الجزء 1، ترجمة محمد حجي ومحمد الأخضر، دار الغرب الإسلامي، المغرب، ط2، 1983م، ص 318 – 319.

53 – غوميس إبانيس، حكاية الكونت بدرو دي مينيسيس، ترجمة خالد السعدي، مجلة كلية الآداب والعلوم الإنسانية، دمشق، عدد 04، 1999، ص 102.

54 – محمد بن عزوز حكيم، أولاد النقسيس، الأسرة الأندلسية التي حكمت تطوان، مجلة أكاديمية المملكة المغربية، عدد 15، 200، ص 93 – 106.

55 – عبد الرحمن الشيخ، رحلة بنيامين التطيلي، دراسة وتعليق، منشورات المجمع الثقافي، أبوظبي، الإمارات العربية، ط1، 2002، ص 12.

56 – رحلة بنيامين التيطيلي، المصدر السابق.

57 – عبد الرحيم الكتاني، أسر شفشاون: الشرفاء والمريدون، مطبوعات الزاوية القاسمية، المغرب، ط1، 2001، ص44.

58 – أصلها «الفائت» لكن يبدو أن المؤلف يميل إلى تسهيل الهمزة، وسيأتي الحديث عن هذا في الفصل الثالث من هذه الدّراسة.

59 – يبدو أن مؤلف الرحلة يقصد أنه قيّدَ ذلك في كتاب عن رحلته السابقة، لكنه مفقود إلى الآن.

60 – مخطوط رحلة «تقاييد الارتحال» اللوحة 17.

61 – الحسن الفكيكي، مقاومة الوجود الإيبيري بالثغور الشمالية المحتلة، أطروحة دكتوراه، مقرونة بكلية الآداب والعلوم الإنسانية، الرباط، 1991، الجزء 1، ص 149 – 150.

62 – نقلاً عن، عزيز العابدي، حصيلة توثيق الهجرات الأندلسية من خلال أرشيف سمنكاس 1330 – 1500م، الجزء 1، مطبوعات جمعية البحث الأندلسي، سرقسطة، ط1، 2012، ص 77.

63 – يمكن التمثيل هنا برحلة «النفحة المسكية في السفارة التركية» للتمكروتي حيث يلاحظ قارئ هذه الرحلة استسلام الرّحّالة في مواضع كثيرة إلى ذاكرته اللغوية والبلاغية والشعرية، ما جعل الرحلة في معظمها قوية من الناحية الأدبية، ضعيفة من الناحية المعرفية، إلا من بعض المواضع التي تحدث فيها عن الجغرافيا والتاريخ. انظر: مقدّمة مُحقق الرحلة «محمد الصالحي» الصفحات: 14 – 15 – 16.

64 – سوق الرّملة سوق غرناطي اشتهر بلقب الرّملة نسبة إلى باب كبير يُسمى باب الرّملة، ولا يزال ذلك الباب شاهداً من شواهد المعمار الإسلامي الغرناطي إلى اليوم.

65 – مخطوط رحلة «تقاييد الارتحال» اللوحة 18.

66 – صحيح البخاري، رقم 2772، ومسلم برقم 1632.

67 – مخطوط رحلة «تقاييد الارتحال» اللوحة 22.

68 – مخطوط رحلة «تقاييد الارتحال» اللوحة 02.

69 – عبد الهادي سعدون، الرحلة الموريسكية المتأخرة، مجلة سرود، العدد 2، 2019، المغرب، ص 41 – 42.

70 – يُراجع في هذا السياق:

* أنطونيو دومينيغيث، تاريخ الموريسكيين، حياة ومأساة أقلية، ترجمة محمد ينيانة، منشورات هيئة أبوظبي للسياحة والثقافة، مشروع كلمة، الإمارات العربية المتحدة، ط1، 1434هـ – 2013.

71 – Francisco Piferrer: Nobiliario de los reinos y senarios de Espana. Madrid. 1860. p 138.

72 – مصطلح «موريسكي» أطلقه الإسبان على مسلمي الأندلس الذين بقوا فيها بعد السقوط، وكان يعني معنى قدحيا، ولكنه شاع استعمالهُ في الدراسات الأدبية التي تعنى بتاريخ تلك الحقبة، وشاع استعماله أيها في الدراسات التاريخية. ونحن إذْ نستعمله هنا، لا نقصد به التنقيص منهم، وإنما نستعمله تماشياً تداول المصطلح وشيوعه.

73 – عندما نقول بأنه آخر موريسكي يؤلف بالعربية، فإننا لا نقطع بهذا الرأي نهائياً، وإنما نقصد آخر موريسكي يصلنا نصه مكتوباً بالعربية، مع ترجيحنا وجود مخطوطات موريسكية بالعربية مفقودة، أو مُحتجنة في المكتبات الخاصة. وهذا معروف، خاصة في مكتبات عوائل مدينة فاس، ففي سنة 2019 اكتشفت مكتبة إثر انهيار منزل قديم يعود بناؤه إلى القرن 16 الميلادي، وقد عُثر فيها على مخطوطات نادرة، في مجملها مخطوطات أندلسية وموريسكية.

74 – انظر ترجمته في: رحلة أفوقاي الأندلسي، مختصر رحلة الشهاب إلى لقاء الأحباب، تحقيق محمد رزوق، دار السويدي للنشر والتوزيع، الإمارات العربية المتحدة، ط1، 2004، ص 11 – 12.

75 – هما:

* ناصر الدين على القوم الكافرين، تحقيق وترجمة شورد فان وقاسم السامرائي وخيرار دفيخرز، المجلس الأعلى للأبحاث العلمية، د ط، د تاريخ.

* رحلة أفوقاي، مختصر رحلة الشهاب إلى لقاء الأحباب، تحقيق وتقديم محمد رزوق، دار السويدي للنشر والتوزيع، الإمارات العربية المتحدة، ط1، 2004.

76 – أفوقاي، مختصر رحلة الشهاب، ص 20.

77 – أفوقاي، مختصر رحلة الشهاب، ص 22.

78 – المصدر نفسه، ص 12.

79 – التي صدّرها كاتبُها حسن أوريد بتسويغ مُقدّماتي، يقول فيه: «استقيتُ مادة هذه الرواية من سيرة أحمد شهاب الدين أفوقاي الذي خلف لنا شهادة عن مساره الفكري في كتابه ناصر الدين، يوم أن فرَّ من الأندلس خوفاً على حياته من فتنة محاكم التفتيش، وانتظم بعد هجرته إلى المغرب في بلاط السلطان السعدي أحمد منصور الذهبي، ورحلَ في مهمة دبلوماسية إلى فرنسا ثم هولندا بأمر من

السلطان زيدان الذي خلف أباه أحمد المنصور» الموريسكي، دار أبي رقراق للطباعة والنشر، الرباط، ط1، 2011، ص 07.

80 – أفوقاي، مختصر رحلة الشهاب، ص 20.

81 – أفوقاي، المصدر السابق، ص 109.

82 – يقصد كتاب الشريف الإدريسي المسمى: المشتاق في اختراق الآفاق، وهو من أوائل الكتب العربية في علم الجغرافيا، وإليه تُنسب أول خريطة للعالم.

83 – لفظ يُطلق على القساوسة القائمين بأمر محاكم التفتيش، والذين كانوا يعذّبون المسلمين ويقومون بحرقهم، وقد تضمنت وثائق الموريسكي محمد ميغيل ديمولينا شهادات بالعشرات على نماذج حرق المسلمين.

84 – يستعمل المؤلف كثيراً لفظ «الأندلس» كناية على أهل الأندلس.

85 – أفوقاي، مختصر رحلة الشهاب، مصدر سابق، ص 34.

86 – نلفت ذهن القارئ الكريم، أنّ ما وصلنا من رحلة أفوقاي كما سبقت الإشارة هو مختصر رحلة «الشهاب إلى لقاء الأحباب» أما نص الرحلة كاملة فلا يزال مفقوداً، فلو وصلتنا الرحلة كاملة حتماً كنا سنظفر بحقائق ومعطيات تاريخية جديدة تعيد بناء تصورنا لتاريخ الأقلية المسلمة في الأندلس بعد سقوطها، وقد أخبرنا في مختصره عن ما ذكره فيها فقال: «ثم ذكرت كيف كان حال المسلمين بين النصارى بعد أن أدخلوهم جميعاً كرهاً منهم في دينهم، وكانوا يعبدون دينين: دين النصارى جهراً، ودين المسلمين في خفاء من الناس. وإذا ظهر على أحد شيء من عمل المسلمين يحكمون فيهم الكفار حكمَ القوي، يحرقون بعضهم كما شاهدتُ حالهم أكثر من عشرين سنة قبل خروجي منها...» ص 20 – 21.

87 – عبد الله العروي، في مفهوم المؤرّخ، سلسلة محاضرات جامعية، كلية الآداب ابن مسيك، جامعة الحسن الثاني، الدار البيضاء، ط1، 1999، ص 16.

88 – في 9 أبريل 1609م أصدر الملك فيلب الثالث قراراً يقضي بطرد جميع المسلمين الموريسكيين من إسبانيا، وقد تم تنفيذ القرار تدريجياً حسب المدن والمواقع التي يسكنها الموريسكيون، انظر:

* أونطونيو دومينيغيث وبرنار فانسون، تاريخ الموريسكيين، ترجمة محمد، مرجع سابق، ص 267 وما بعدها.

89 – نقلاً عن ماثيو كار، الدين والدم، إبادة شعب الأندلس، ترجمة مصطفى

قاسم، هيئة أبوظبي للسياحة والثقافة، مشروع كلمة، الإمارات العربية المتحدة، ط1، 2013، ص 44.

90 – المرجع السابق، ص 44.

91 – أنطونيو هورتز، تاريخ مسلمي الأندلس، الموريسكيون حياة ومأساة أقلية، ترجمة عبد العالي صالح، دار الإشراق، الدوحة، دون طبعة، 1988م، ص 196.

92 – المرجع السابق، ص 149 – 177.

93 – زمّمموا بمعنى قيّدوا ودوّنوا، وسيأتي الكلام على هذه الكلمة في الفصل الخاص بتأريخ اللغة.

94 – أفوقاي، مختصر رحلة الشهاب، ص 116.

95 – نقلاً عن: خالد أمين، المجتمع الإسباني في القرنين 16 – 17، من خلال وثائق إسبانية، سلسلة أبحاث تاريخية، كتاب الجيب، العدد 22، 2015، الصفحة 36.

96 – Fermin Mayorga . Los Moriscos De Hornachos y La inguisicion

ضمن كتاب: الموريسكيون، أربعة قرون بعد التهجير، تنسيق رحمة الحضري، مركز دراسات الأندلس، الرباط، ط1، 2015، ص 53.

97 – مختصر رحلة الشهاب، ص 117 – 118.

98 – هورتزن مرجع سابق، ص 201.

99 – مرثيديس غارثيا أرينال، المهاجرون الأندلسيون، ترجمة فكري محمد عبد السميع، المجلس الأعلى للثقافة، القاهرة، ط3، 2011، ص67.

100 – محمد حجي، العلاقات المغربية العثمانية في القرن السادس عشر، مجلة التاريخية المغربية، عدد 29 – 30، يوليو 1983، ص 151 – 160.

101 – يقصد رحلة الشهاب إلى لقاء الأحباب المفقودة، وليس مختصرها الذي بين أيدينا.

102 – مختصر رحلة الشهاب، ص 115 – 116.

103 – أنطونيو هورتز، مرجع سابق، ص 201.

104 – مختصر رحلة الشهاب، ص 119.

105 – المصدر السابق، ص 117.

106 ـ المصدر السابق، ص 118.

107 ـ محيي الدين الكافيجي، المختصر في علم التأريخ، تحقيق محمد كمال الدين، عالم الكتب، بيروت، ط1، 1410ه ـ 1990، ص 51.

108 ـ مختصر رحلة الشهاب، ص 67.

109 ـ مختصر رحلة الشهاب، ص 47 ـ 48.

110 ـ ماثيو كار، الدين والدم، مرجع سابق، ص 157 ـ 169.

111 ـ يونس حبّاش، الحجاج عند طه عبد الرحمن، مركز معارف للنشر والتوزيع، المغرب، ط1، 2018، ص 113.

112 ـ عبد الله حمادي، الموريسكيون ومحاكم التفتيش، الدار التونسية للنشر، تونس، ط3، 1998، ص 40.

113 ـ مختصر رحلة الشهاب، ص 49.

114 ـ الحجاج المغالطي نوع من الحجاج يُحاول فيه المُحاجِج إخفاء مقاصدهِ الحقيقية، ويسعى إلى الإيقاع القصدي بالمتلقي ـ المُحاجَج حتى يقبل دعواه المعروضة، فهذا النوع من الحجاج يتكئ على الاستدلال الذي يبدو كأنه مقنع سيكولوجياً لا منطقياً. لمزيد من التفصيل، انظر:

محمد أسيداه، اللسانيات والحجاج، الحجاج المغالط نحو مقاربة لسانية وظيفية، عالم الكتب، الأردن، ط1، 2010، الصفحة 272.

115 ـ مختصر رحلة الشهاب، الصفحات 58 ـ 89 ـ 60.

116 ـ المصدر السابق، ص 59.

117 ـ المصدر السابق، ص 59.

118 ـ عبد الوهاب بن منصور، أحمد بن قاسم أفوقاي الحجري آخر موريسكي يؤلف بالعربية، مرجع سابق، ص 19.

119 ـ مختصر رحلة الشهاب، ص 88.

120 ـ مختصر رحلة الشهاب، ص 113.

121 ـ الطيب البكوش، بعض الإشكالات المنهجية الخاصة بالمعجم التاريخي العربي، ضمن كتاب «المعجم العربي التاريخي: وقائع الندوة التي نظمتها جمعية المعجمية العربية بتونس» المؤسسة الوطنية للترجمة والتحقيق والدراسات، بيت الحكمة، ط1، 1989، ص 405.

122 – لا يقتصـــر الأمـــر على النصوص الرحلية، بل يتعداه إلى نصوص أخرى، فالصحافــة مثــلاً، منذ القرن 19 ســاهمت بشــكل كبير في تطور البنيــات اللغوية والأســلوبية للغــة العربيــة، فظهرت أســاليب وتراكيب ومفردات جديــدة لم تكن معهودة في النســق اللســاني العربي، فقامــت المجامع اللغوية العربية بدراســتها وإجازة استعمالها.

123 – المعجم التاريخي للغة العربية، مقال منشــور على الرابط: https://www. alashj.ae شوهد يوم: 26 – 09 – 2021، الثامنة مساءً.

124 – حسان الباهي، اللغة والفكر، دار البوكيلي للنشر والتوزيع، القنيطرة، ط1، 2015، ص 122.

125 – إبراهيم السامرائي، في شرف العربية، كتاب الأمدة، الدوحة، ط1، 1415ه، الصفحة 138.

126 – أحمد العلوي، الألفاظ الســائرة: الواقع والقول، مجلة الموقف، ضمن ملف خاص بالتعريب، العدد 3، محرّم – سبتمبر 1408ه – 1987م، المغرب، ص 162.

127 – تلفيظ الرحلة، كتابتها.

128 – مثلما فعل الرّحّالة الشــيخ المنتصر الكتاني في رحلته إلى دول شرق آسيا، حيث كان يشير إلى التوارد التاريخي لأسماء كثيرة لمسمى واحد. انظر: المنتصر الكتاني، رحلة الشرق الأقصى، تحقيق حميد الكتاني، قيد الطبع.

129 – سبق الحديث عنها في الفصل التطبيقي الأول من هذه الدراسة.

130 – مخطوطة رحلة «تقاييد الارتحال في كشف المآل» اللوحة 02.

131 – محمد الغســاني الأندلســي، الوزير في فكاك الأسير، تحرير وتقديم نوري الجراح، دار السويدي للنشر والتوزيع، أبوظبي، الإمارات العربية المتحدة، ط1، 2002، ص 27.

132 – محمد بن شريفة، أضواء على مجريط الإسلامية، مجلة المنهل، العدد 12، 2002، ص 28.

133 – محمد الخطابي، مجريط عاصمة أوروبية أسســها المسلمون، مقال منشور على الرابط: www.hespress.com/416401. شوهد يوم 22 – 09 – 2021. الرابعة بعد الزوال.

134 – محمد بن شريفة، مرجع سابق، ص 33.

135 – أفوقاي، مختصر رحلة الشهاب، مصدر سابق ص 30.

136 – المصدر السابق، ص 50.

137 – أحمد بن المهدي الغزال، رحلة: نتيجة الاجتهاد في المهادنة والجهاد، تحقيق ألفريد البستاني، منشورات مؤسسة الجنرال فرانكو للأبحاث العربية والإسبانية، ط1، 1941، ص 107.

138 – لا نقصد أن تغير الاسم كان في عصر الرّحالة بالذات، وإنما نُقارب من حيث زمن التغيّر.

139 – الغساني، الوزير في فكاك الأسير، ص 65.

140 – الغزّال، نتيجة الاجتهاد في المهادنة والجهاد، ص 43.

141 – أفوقاي، مختصر رحلة الشهاب، ص 63.

142 – المصدر السابق، ص 53.

143 – المصدر السابق، ص88.

144 – المصدر السابق، ص 101.

145 – المصدر السابق، ص 109.

146 – المصدر السابق، ص 112.

147 – أحمد بن المهدي الغزّال، نتيجة الاجتهاد، ص 28.

148 – لسان الدين بن الخطيب، الرسائل السلطانية، تحقيق محيي الدين يوسف، ضمن كتاب جماعي «الرسائل الأندلسية» كلية الآداب والعلوم الإنسانية، منوبة، تونس، ط1، 1999، ص 120.

149 – أحمد بن المهدي الغزّال، نتيجة الاجتهاد، ص 35.

150 – إبراهيم أنيس، اللغة بين القومية والعالمية، دار المعارف، مصر، د ط، د ت، ص 07.

151 – مصطفى صادق الرافعي، تاريخ آداب العربية، ج3، دار الكتاب العربي، بيروت، ط4، 1393هـ – 1973م، ص 91.

152 – محمد صالح أمين، المهمل والمستعمل في اللغة العربية، مجلة جامعة تكريت للعلوم الإنسانية، المجلد 17، العدد 4، أبريل 2010.

153 – أفوقاي، مختصر رحلة الشهاب، ص 116.

154 – أفوقاي، مختصر رحلة الشهاب، ص 116.

155 – الغزّال، نتيجة الاجتهاد في المهادنة والجهاد، ص 126.

156 – ابن منظور، لسان العرب، مادة [ز – م – م] معجم إلكتروني.

157 – جبران مسعود، الرائد، معجم لغوي عصري، دار العلم للملايين، بيروت، ط3، مادة [زمم] ص 302.

158 – أفوقاي، مختصر رحلة الشهاب، ص 65.

159 – معجم الرائد، مادة [برا – برو].

160 – أفوقاي، مختصر رحلة الشهاب، ص 20.

161 – المصدر السابق، ص 123.

162 – المصدر السابق، ص 121.

163 – المصدر السابق، ص 117.

164 – أحمد عمر مختار، معجم اللغة العربية المعاصرة، عالم الكتب، القاهرة، ط3، 2002، ص 222.

165 – ابن منظور، لسان العرب، مصدر سابق، مادة [د – و – خ].

166 – محمد أمين صالح، مرجع سابق، ص 506.

167 – الجوهري، معجم صحاح اللغة، تقديم أحمد عبد الغفور عطار، القاهرة، مادة [عرب].

168 – التهانوي، كشاف اصطلاحات الفنون والعلوم، تحقيق لطفي عبد السميع، الهيئة المصرية للكتاب، القاهرة، الجزء 3، ص 207.

169 – عبد العالي الودغيري، من قضايا المعجم العربي، منشورات عكاظ، الرباط، ط1، 1989، ص 198.

170 – لمزيد من التفصيل، انظر: حسن عبد العزيز، التعريب في القديم والحديث، دار الفكر العربي، القاهرة، ط1، 1990.

171 – رواحين كلمة تدل على ما ينتعله الإنسان في قدميه، وهي مستعملة إلى اليوم في عربية أهل المغرب، خاصة فاس ومدن الشمال.

172 – الجواليقي، المعرب من الكلام الأعجمي على حروف المعجم، تحقيق أحمد محمد شاكر، د ط، 1966، ص 35.

173 – الغساني، الوزير في فكاك الأسير، ص 33.

174 – الغزّال، نتيجة الاجتهاد في المهادنة والجهاد، ص 15.

175 – الغساني، الوزير في فكاك الأسير، ص 53.

176 – الغزّال، نتيجة الاجتهاد، ص 12.

177 – محمد خان، الهمز والتسهيل في اللغة العربية، بحث في القراءات، مجلة جذور، العدد 33، 1434هـ – 2012، ص 10.

178 – ابن الطحان الإشبيلي، مخارج الحروف وصفاتها، تحقيق محمد يعقوب، ط1، 1404هـ – 1984م، ص 88.

179 – الخليل بن أحمد، معجم العين، الجزء 1، تحقيق مهدي المخزومي وإبراهيم السامرائي، ط1، 1414هـ، ص 57.

180 – القيسي، الرّعاية، تحقيق أحمد حسن فرحات، دار عمار، عمان، ط1، 1984، ص 95.

181 – محمد خان، مرجع سابق، ص 24.

182 – عبد الوهاب بن منصور، أحمد بن قاسم الفوقاي الحجري، مرجع سابق، ص 15.

183 – أفوقاي، مختصر رحلة الشهاب، الصفحات 71 – 72 – 73.

184 – أفوقاي، مختصر رحلة الشهاب، الصفحات: 69 – 70 – 73 – 76 – 81 – 94 – 134 – 137 – 146.

185 – ابن خالويه، الحجة في القراءات السبع، تحقيق عبد العالي، دار الشروق، بيروت، ط2، 1977، ص 133.

186 – ابن يعيش، شرح المفصّل، ج5، دار الكتب العلمية، بيروت، ط1، 2001، ص 352.

187 – إبراهيم السامرائي، في اللهجات العربية القديمة، دار الحداثة، بيروت، ط2، 1998، ص 24.

خاتمة

بعد التتبع النقدي الموسّع لمفهومي الرحلة والتاريخ، على المستويين التنظيري والتطبيقي، تَتَّجِهُ الأنظار في نهاية هذه الدراسة إلى صوغ جملة من الخلاصات التي نعدّها لَبِنَةً بدائية لدراسات نقدية ومعرفية أخرى، تجيب عن الأسئلة الإشكالية العالقة ذات الصلة بموضوع تواشج الرحلي والتاريخي.

فعلى المستوى النظري، توصلنا إلى أن التاريخي – المعرفي يربضُ داخل الرحلة بأشكال متنوّعة، تارة يحضر فيها بصفته مكوّناً أساسيا يتكئُ عليه الرّحّالة وهو يكتبُ رحلته، وتارة يحضر التاريخ بصفته خادماً لموضوع الرحلة، وتارة ثالثة، يكون عرَضاً وثانوياً.

إن درجة حضور التاريخ في النص الرحلي تتعلق باستجابة الرحّالة للغرض الذي يعلن عنه الرّحالة في صدر رحلته؛ بحيثُ يعمَدُ الرحالة إلى تطعيم نصه الرحلي بالأحداث والشخصيات التاريخية التي تضفي على رحلته صبغة تاريخية ومصدرية، وفي معظم الرحلات يلجأ مؤلفوها إلى تأريخ راهن رحلاتهم، وما يُصاحبها من

أحداث كبرى، فتصبح الرحلة نصاً ثلاثيَ الأبعاد، فهي من جهة أولى تؤرخ لماضيها، ومن جهة ثانية تؤرخ راهنها وحاضرها، ومن جهة ثالثة تصير مصدراً لما بعدها من الدراسات.

لقد مكنتنا المقاربة المعرفية والمرونة الإجرائية للمفاهيم الواردة في الشق النظري من هذه الدراسة، من الاقتراب أكثر من النص الرحلي، والوقوف على تجليات التاريخ فيه، بل الوقوف على الاستراتيجيات الكتابية المتنوعة التي يعلن عنها الرّحالة في مقدمات رحلاتهم، والتي تكون خياراً منهجياً ينمُّ عن رغبة تأريخية تتوارد على قريحة الرّحالة.

أما على مستوى الإنجاز والتطبيق، فقد توصلنا من خلال مقاربة رحلة «تقاييد الارتحال في كشف المآل» إلى أن مُؤَلّفها ارتحل من الأندلس إلى شمال إفريقيا بغاية تأريخ الأوضاع التي كانت عليها سواحل شمال المغرب الأقصى، الأمر الذي جعل فعل الارتحال فيها ما هو إلا ذريعة للتأريخ. هذا فضلاً عن المعلومات التاريخية الجديدة التي تضمنتها الرحلة، والتي أكدت أن التاريخ الأندلسي قبيلَ سقوط غرناطة لا يزال يحتاج إلى مزيد من الدراسات والتقصي. ولعل نصوص الرحلات كفيلة بسد الفجوات التي تركها المؤرخون الرسميون. فكثير من تاريخ الأندلس ماثلٌ فيما أهملهُ التاريخ الرسمي.

في سياق موازٍ، أسعفتنا رحلة أفوقاي «مختصر رحلة الشهاب إلى لقاء الأحباب» على إبراز الجانب الإنساني للرّحّالة؛ حيث اضطلع هذا الأخير بمهمتين، تمثلت الأولى في تأريخ مأساة الاضطهاد الديني

الذي اغتالَ حضارة الأندلس، وعقيدةَ أهلها الذين طالما أسسوا مبادئ التعايش والتسامح بين الأديان طيلة ثمانية قرون للوجود العربي في الأندلس. أما الثانية، فقد تجلت في دفاعه المستميت عن مُسلمي الأندلس المُهجَّرين الذين سُلبت أمولهم وهم في عرض البحر، وذلك من خلال رحلته السفارية إلى عواصم أوروبا. إنّ الرّحّالة أفوقاي في نصه، وهو يؤرّخ ويُدافع، لا يكون رحّالة فحسب، بل صانعاً للتاريخ.

من جهة أخرى، شكلت النصوص الرحلية التي انتخبناها لهذه الدراسة، معيناً لا ينضب لدراسة تاريخ الألفاظ العربية في عربية أهل الأندلس، وعربية الغرب الإسلامي عموماً، حيث تبيّن من خلال الأمثلة التي أوردناها، أن الرحلة مصدرٌ لا يُستغنى عنه في الدراسات المعجمية ذات المنحى التاريخي، ويمكن الاستناد إليها في إعداد مدونة المعجم التاريخي للغة العربية.

إن الخلاصات والنتائج النّيرة التي صغناها في سياق هذه الخاتمة، إنْ على المستوى النظري أو على المستوى التطبيقي، لا تعدو أن تكون لبنة بدائية خضنا غمارها في منطقة معرفية ونقدية بَيْنِيَّة شائكة، الأمر الذي يجعلنا ندعو إلى تكثيف الجهود النقدية في هذا المبحث، وذلك قصدَ تعميق الدرس والتحليل في موضوع تواشج الرحلي والتاريخي، وإغناء الجهاز الإجرائي بمفاهيم جديدة توسع الرؤية المنهجية المناسبة لمقاربة ما تضمره نصوص الرحلات من معارف، وتُعْلي من شأنها، وتُخْرِجها من دائرة الأدبي والجمالي التي ظلت مُنْطَمِرة تحت أنقاضها لعقود طويلة.

ثبت المصطلحات

Travel	الرحلة
History	التاريخ
The new history	التاريخ الجديد
Transcendence	التعالي
Empathy	التماهي
Encyclopedic Knowledge	موسوعة معرفية
Source	مصدر
Motive	حافز
Hybridization	التهجين
Polyphony	تعدد الأصوات
Centrality	مركزية
Interpretation	تأويل
Historian	مؤرخ
Traveller	رحَّالة
Phonetic significant	دال صوتي

Inquisition	محاكم التفتيش
Protest	احتجاج
Multilingualism	التعدد اللغوي
Periodization	تحقيب
Arabization	تعريب
Narration	سرد

لائحة المصادر والمراجع

*** الرّحلات:**

1 – أبو عبد الله العبدري، الرحلة المغربية، تحقيق علي إبراهيم كردي، دار سعد الدين، دمشق، ط2، 2005.

2 – أفوقاي بن قاسم الحجري، مختصر رحلة الشهاب إلى لقاء الأحباب، تحقيق محمد رزوق، دار السويدي للنشر والتوزيع، أبوظبي، الإمارات العربية المتحدة، ط1،2004..

3 – جرجي زيدان، رحلة إلى أوروبا 1912، مؤسسة الهنداوي للتعليم والثقافة، ط1، 2012.

4 – عبد الله بن أحمد التجاني، الرحلة، تحقيق وتقديم حسن حسني عبد الوهاب، الدار العربية للكتاب، ليبيا، تونس، 1981.

5 – علي المنظري، تقاييد الارتحال في كشف المآل، مخطوط في خزانة زاوية سيدي قاسم، قيد التحقيق.

6 – علي بن محمد التامكروتي، النفحة المسكية في السفارة التركية، دار السويدي للنشر والتوزيع أبوظبي، ط1، 2007.

7 – علي سالم، رحلة إلى إسرائيل، مكتبة مدي ولي الصغير، ط1، 1416هـ/ 1996م.

8 – محمد الغساني الأندلسي، الوزير في افتكاك الأسير، تحقيق نوري الجراح، دار السويدي للنشر والتوزيع، أبوظبي، الإمارات، ط1، 2002.

9 – محمد بن المهدي الغزّال، نتيجة الاجتهاد في المهادنة والجهاد، تحقيق ألفريد البستاني، دون طبعة، دون تاريخ.

10 – محمد بن عبد الوهاب المكناسي، إحراز المعلى والرقيب في حج بيت الله الحرام وزيارة القدس الشريف والخليل والتبرك بقبر الحبيب، دار السويدي للنشر والتوزيع، أبوظبي، الإمارات، ط1، 2003.

11 – محمد بن عثمان المكناسي، الإكسير في فكك الأسير، تحقيق محمد الفاسي، المركز الجامعي للبحث العلمي، الرباط، د – ت.

12 – يوسف القعيد، مفاكهة في رحلة اليابان، دار الشروق القاهرة، ط 1، 2001.

*** المراجع العربية والمترجمة:**

1 – إبراهيم القادري بوتشيش، تاريخ الغرب الإسلامي: قراءات جديدة في بعض قضايا المجتمع والحضارة، دار الطليعة للنشر والتوزيع، بيروت، ط1، 1994.

2 – إبراهيم السامرائي، في اللهجات العربية القديمة، دار الحداثة، بيروت، ط2، 1998.

3 – إبراهيم القادري بوتشيش، المغرب والأندلس في عصر المرابطين المجتمع – الذهنيات – الأولياء، دار الطليعة، بيروت، ط1، 1993.

4 – ابن الفراء، رسل الملوك ومن يصلح للرسالة والسفارة، تحقيق صلاح الدين منجد، دار الكتاب الجديد، بيروت، ط 2، 1972.

5 – ابن بطوطة، تحفة النظار في غرائب الأمصار وعجائب الأسفار، تحقيق علي الكتاني، ط3، 1991.

6 – ابن بطوطة، تحفة النظار في غرائب الأمصار وعجائب الأسفار، دار صادر، لبنان، ط 1، 1992.

7 – ابن حوقل، صورة الأرض، منشورات مكتبة الحياة، بيروت، لبنان، 1995م.

8 – ابن خلدون: تاريخ ابن خلدون المسمى ديوان المبتدأ والخبر، الجزء 1، دار الفكر للطباعة والنشر، ط 2، 1994.

9 – ابن فارس، مقاييس اللغة، دار الفكر للطباعة والنشر، تحقيق عبد السلام هارون، 1979.

10 – أبو العباس ناصر الدرعي، الرحلة الناصرية، الجزء 1، دار السويدي للنشر والتوزيع، أبوظبي، ط2، 2013.

11 – أحمد الحملاوي، شـذا العرف في فـن الصرف، دار ابن الجوزي، القاهرة، ط1، 2017.

12 – أحمد مختار، معجم اللغة المعاصرة، منشـورات عالم الكتب، القاهرة، ط2، 2008.

13 – أسعد الفارس، الرحالة الغربيون في شبه الجزيرة العربية، أهدافهم وغاياتهم، ضمن كتاب «دارة الملك عبد العزيز: الرحلات إلى شبه الجزيرة العربية، الجزء الأول»، ط1، 2000.

14 – إغناسـيو أولاغوي، العرب لم يسـتعمروا إسبانيا: ثورة الإسلام في الغرب، ترجمة علي عفيفي، منشـورات مركز نهوض للدراسـات والنشر، الكويت، ط1، 2019.

15 – إغناطيوس كراتشكوفسـي، تاريخ الأدب الجغرافي العربي، ترجمة صلاح الدين عثمان، دار الغرب الإسلامي، ط2، 1987.

16 – إميل بديع يعقوب وميشـال عاصي، المعجم المفصّل في اللغة والأدب، دار العلم للملايين، بيروت، ط1، 1984م.

17 – أنطونيو دومينيغيث، تاريخ الموريسـكيين، حياة ومأساة أقلية، ترجمة محمد بنيانة، منشورات هيئة أبوظبي للسياحة والثقافة، مشروع كلمة، الإمارات العربية المتحدة، ط1، 1434هـ – 2013.

18 – أنطونيو هورتز، تاريخ مسـلمي الأندلس، الموريسكيون حياة ومأساة أقلية، ترجمة عبد العالي صالح، دار الإشراق، الدوحة، دون طبعة، 1988م.

19 – أنيـس منصـور، أعجب الرحلات في التاريخ، مطبعـة الأهرام القاهرة، ط 3، 1995.

20 – أوليا جلبي، الرحلة إلى مصر والسـودان والحبشـة، إشـراف محمد حرب، ترجمة حسين مجيب، الجزء 10، دار الآفاق العربية، القاهرة، ط1، 2006.

21 – بـول ريكور: الزمان والسـرد والحبكة والسـرد التاريخـي، الجزء الأول، ترجمة سعيد الغانمي وفلاح رحيم، دار الكتاب الجديد، بيروت، ط1، 2006.

22 – بومدين بوزيد، الفهم والنص: دراسـة في المنهج التأويلي عند شـلاير ماخر ودلتاي، الدار العربية للعلوم ناشرون، بيروت، ط1، 1429هـ – 2008م.

23 – بيتر يوركي، نظرات جديدة في الكتابة التاريخية، ترجمة قاسـم عبده قاسم، المركز القومي للترجمة، القاهرة، 2010.

24 – جاك لوغرف، التاريخ الجديد، ترجمة وتقديم محمد الطاهر المنصوري، المنظمة العربية للترجمة، بيروت، 2007.

25 – جرجي زيدان، رحلة إلى أوروبا 1912، منشورات مؤسسة هنداوي للتعليم والثقافة، القاهرة، 2012.

26 – جمال محمود حجر، الرحالة الغربيون في المشرق الإسلامي في العصر الحديث، دار المعرفة الجامعية، الإسكندرية، ط1، 2008.

27 – الحسن الشاهدي، أدب الرحلة بالمغرب في العصر المريني، جامعة محمد الخامس، الرباط، 1990.

28 – الحسن الوزان، وصف إفريقيا، الجزء 1، ترجمة محمد حجي ومحمد الأخضر، دار الغرب الإسلامي، المغرب، ط2، 1983م.

29 – الحسن بوزينب، صعوبة اندماج الموريسكيين، منشورات أكاديمية المملكة المغربية، 1998.

30 – الحسن بوزينب، العلاقات المغربية الأندلسية، منشورات أكاديمية المملكة المغربية، 1998.

31 – خالد التوزاني، الرحلة وفتنة العجيب بين الكتابة والتلقي، دار السويدي للنشر والتوزيع، أبوظبي، ط1، 2017.

32 – خالد طحطح وخالد اليعقوبي، التاريخ من أسفل، رؤية للنشر والتوزيع، القاهرة، ط1 2019.

33 – خوان فرنيت، فضل الأندلس على ثقافة الغرب، ترجمة نهاد رضا، دار إشبيلية للدراسات والنشر، سوريا، ط1، 1997م.

34 – رحمة الحضري، الموريسكيون، أربعة قرون بعد التهجير، كتاب جماعي، مركز دراسات الأندلس، الرباط، ط1، 2015.

35 – سعيد بن علي المعينري، رحلة السلطان خليفة بن حارب إلى أوروبا، تحقيق محمد علي الصليبي، المطبعة الشرقية، سلطنة عمان، ط 4، 1985.

36 – سعيد حاجي، أي دور للمؤرخ في فهم أزمة كورونا؟، ط1، صيف 2020.

37 – سعيد علوش، معجم المصطلحات الأدبية المعاصرة، المكتبة الجامعية الدار البيضاء، د – ط، 1984.

38 – سعيد علوش، مكونات الأدب المقارن في العالم العربي، الشركة العالمية للكتاب، بيروت، لبنان، ط1، 1987.

39 – سيد حامد النساج، مشوار كتب الرحلة قديماً وحديثاً، مكتبة غريب، القاهرة، د ط، د ت.

40 – شاكر مصطفى، التاريخ العربي والمؤرخون، دراسة في تطور علم التاريخ ومعرفة رجاله في الإسلام، دار العلم للملايين، بيروت، ط3، 1983.

41 – شوقي ضيف، الرحلات، دار المعارف، مصر، ط 1، د.ت.

42 – شعيب حليفي، مرايا التأويل، تفكير في كيفيات تجاور الضوء والعتمة، دار الثقافة للنشر والتوزيع، الدار البيضاء، ط1، 2009.

43 – الشيباني، السر الكبير، معهد المخطوطات، جامعة الدول العربية، القاهرة، د ط، 1983.

44 – الطيب البكوش، بعض الإشكالات المنهجية الخاصة بالمعجم التاريخي العربي، ضمن كتاب «المعجم العربي التاريخي: وقائع الندوة التي نظمتها جمعية المعجمية العربية بتونس» المؤسسة الوطنية للترجمة والتحقيق والدراسات، بيت الحكمة، ط1، 1989.

45 – عبد الرحمن الشيخ، رحلة بنيامين التطيلي، دراسة وتعليق، منشورات المجمع الثقافي، أبوظبي، الإمارات العربية، ط1، 2002.

46 – عبد الرحمن بن خلدون، المقدمة، منشورات دار طنجة، المغرب، د – ط، 1998.

47 – عبد الرحيم الحسناوي، النص التاريخي: مقاربة إبستيمولوجية وديداكتية، دار الترجمة العربية، المغرب، 2011.

48 – عبد الرحيم الكتاني، أسر شفشاون: الشرفاء والمريدون، مطبوعات الزاوية القاسمية، المغرب، ط1، 2001.

49 – عبد الرحيم المودن، أدبية الرحلة، دار الثقافة للنشر والتوزيع، الدار البيضاء، المغرب، ط1، 1996.

50 – عبد الرحيم جيران، علبة السرد: النظرية السردية من التقليد إلى التأسيس، دار الكتاب الجديد المتحدة، بيروت، ط1، 2013.

51 – عبد السلام السكيرج، نزهة الإخوان وسلوة الأحزان في الأخبار الواردة في بناء تطوان، تحقيق يوسف احنانة، ط1، 2005.

52 – عبد الكريم شرفي، من فلسفات التأويل إلى نظريات القراءة، الدار العربية للعلوم ناشرون، بيروت، ط1 2006.

53 – عبد اللطيف محفوظ، الصوغ الحكائي في الرواية التاريخية، الرواية العربية الذاكرة والتاريخ، أبحاث.

54 – عبد اللطيف محفوظ، وظيفة الوصف في الرواية، منشورات الاختلاف، الجزائر، ط1، 2009.

55 – عبد الله العروي وآخرون، المنهجية في الأدب والعلوم الإنسانية، دار توبقال للنشر الدار البيضاء، ط3، 2001.

56 – عبد الله العروي، العرب والقدر التاريخي، المركز الثقافي العربي، الدار البيضاء، بيروت، ط5، 2006.

57 – عبد الله العروي، في مفهوم المؤرّخ، سلسلة محاضرات جامعية، كلية الآداب ابن مسيك، جامعة الحسن الثاني، الدار البيضاء، ط1، 1999.

58 – عبد الله العروي، مجمل تاريخ المغرب، الجزء الأول، المركز الثقافي العربي، الدار البيضاء، ط 2، 1996.

59 – عبد الله العروي، مفهوم التاريخ، المركز الثقافي العربي، الدار البيضاء/ بيروت، ط 1، 1992.

60 – عبد الملك مرتاض في نظرية الرواية: بحث في تقنيات السرد، عالم المعرفة، عدد 240 ديسمبر 1998.

61 – عبد النبي ذاكر، أرخنة الرحلة ورحلنة التاريخ، منشورات جامعة ابن زهر، أكادير المغرب، ضمن كتاب جماعي، ط1، 2020.

62 – عبد الهادي التازي، محمد بن علي أبغلي سفير السلطان مولاي إسماعيل لدى الملك جورج الأول ملك بريطانيا، ضمن منشورات أكاديمية المملكة المغربية، 1995.

63 – عبد الواحد طه، أهمية الكتب الفقهية في دراسة تاريخ الأندلس في الزمان والمكان، منشورات جامعة الحسن الثاني، المحمدية، المغرب، 1993.

64 – عبد الوهاب المسيري، إشكالية التحيز: رؤية معرفية ودعوة للاجتهاد، الجزء 2، المعهد العالمي للفكر الإسلامي، فيرجينيا، الولايات المتحدة الأمريكية.

65 – عبيد علي بن بطي، كتابات الرحالة والمبعوثين عن منطقة الخليج العربي عبر العصور، مركز جمعة الماجد للثقافة والتراث، دبي، الإمارات، 1996.

66 – عزيز العابدي، حصيلة توثيق الهجرات الأندلسية من خلال أرشيف سمنكاس

1330 – 1500م، الجزء 1، مطبوعات جمعية البحث الأندلسـي، سرقسـطة، ط1، 2012.

67 – علي الكتاني، انبعاث الإسلام في الأندلس، دار الكتب العلمية، بيروت، ط1، 2005.

68 – عميراوي حميدة، الجزائر في أدبيات الرحلة والأسر، خلال العهد العثماني، مذكرات تيدنا أنموذجاً، دار الهدى، الجزائر، 2003.

69 – عواطف بنت محمد، كتب الرحلات في المغرب الأقصى مصدر من مصادر تاريـخ الحجـاز في القرنين 11و 12 الهجريـيـن، دار.الملك عبد العزيز، الرياض، 1429هـ – 2008م.

70 – غرينبـلات وآخرون، التاريخانية الجديدة والأدب، ترجمة لحسـن أحمامة، المركز الثقافي للكتاب، الدار البيضاء، المغرب، ط 1، 2018.

71 – غيرّمـو غوثاليبس بوسـتو، المنظري الغرناطي: مؤسـس تطوان، ترجمة ممدوح البستاوي، المركز القومي للترجمة، القاهرة، ط1، 2007.

72 – الليـدي آن بنلـت، قبائل بدو الفرات علم 1878، ترجمة أسـعد الفارس، دار الملاح للطباعة والنشر، ط1، 1991.

73 – ليندا هتشـيون، سياسة ما بعد الحداثة، ترجمة حيدر حاج إسماعيل، مراجعة ميشال زكرياء، المنظمة العربية للترجمة، بيروت، ط1، 2007.

74 – ماثيو كار، الدين والدم، إبادة شـعب الأندلس، ترجمة مصطفى قاسـم، هيئة أبوظبي للسياحة والثقافة، مشروع كلمة، الإمارات العربية المتحدة، ط1، 2013.

75 – مجهـول المراكشـي، الاسـتبصار فـي عجائـب الأمصار، طبعـة جامعة الإسـكندرية، مصر، 1958م، وتجدر الإشـارة إلى أن هذه الرحلة أعيد طبعها في المغرب سنة 1997م.

76 – محمد أسـيداه، اللسـانيات والحجـاج، الحجاج المغالط نحو مقاربة لسـانية وظيفية، عالم الكتب، الأردن، ط1، 2010.

77 – محمد الفاسي، دراسة مغربية، منشورات عدون المقالات، الرباط، 1964.

78 – محمد المنونـي، المصادر العربية لتاريخ المغرب، من الفتح الإسـلامي إلى نهاية العصر الحديث، الجزء الأول، منشـورات كلية الآداب والعلوم الإنسـانية، الرباط، المغرب، 1404هـ – 1983.

79 – محمد بلحسن، نصوص وتعليقات على تاريخ الأندلس، منشورات كلية الآداب والعلوم الإنسانية، جامعة عبد المالك السعدي، تطوان، ط1، 2006.

80 – محمد بن إدريس الشافعي، رحلة الشافعي، نشر محيي الدين الخطيب، المطبعة السلفية القاهرة، د ط، 1929.

81 – محمد بن عبد الرحمن السخاوي، الإعلام بالتوبيخ لمن ذمّ أهل التاريخ، تحقيق صالح أحمد، مؤسسة الرسالة، بيروت، ط 1 1986.

82 – محمد داود، تاريخ تطوان، الجزء الأول، مطبوعات معهد مولاي الحسن، ب – ت.

83 – محمد رزوق، الأندلسيون وهجراتهم إلى المغرب خلال القرنين 16 – 17، إفريقيا الشرق للنشر، الدار البيضاء، ط3، 1998.

84 – محمد زنيبر، المغرب في العصر الوسيط: المدينة، الدولة، الاقتصاد، تنسيق محمد المغراوي، منشورات كلية الآداب والعلوم الإنسانية، الرباط، مكتبة النجاح الجديدة، ط1، 1999.

85 – محمد قشتيلو، الموريسكيون في الأندلس وخارجها، منشورات مركز دراسات الأندلس وحوار الحضارات، الرباط، ط1، 2008.

86 – محمد ماكمان، الرحالون السفراء إلى أوروبا بين الانفتاح والهوية، منشورات جامعة ابن زهر، ط1، 2020.

87 – محمد مزين، حصيلة استعمال كتب النوازل الفقهية في الكتابة التاريخية المغربية، منشورات كلية الآداب والعلوم الإنسانية، الرباط، ط1 1989.

88 – محيي الدين الكافيجي، المختصر في علم التأريخ، تحقيق محمد كمال الدين، عالم الكتب، بيروت، ط1، 1410هـ – 1990.

89 – مخطوطة «تقاييد الارتحال في كشف المآل» اللوحة 01.

90 – مرثيديس غارثيا أرينال، المهاجرون الأندلسيون، ترجمة فكري محمد عبد السميع، المجلس الأعلى للثقافة، القاهرة، ط3، 2011.

91 – مشيل فوكو، حفريات المعرفة، ترجمة سالم يفوت، المركز الثقافي العربي، الدار البيضاء، ط2. د – ت.

92 – من منظور السرديات الأنثربولوجيا، المركز العربي الثقافي، الدار البيضاء، المغرب، ط1، 2018.

93 – مؤرخ مجهول، نبذة العصر في أخبار ملوك بني نصر، تسليم غرناطة ونزوح الأندلسيين إلى المغرب، مكتبة الثقافة الدينية، بور سعيد، مصر، الطبعة 1، 2006.

94 – ميخائيل باختين، الخطاب الروائي، ترجمة محمد برادة، دار الأمان الرباط، د ت.

95 – ناصر الدين سعدوني، من التراث التاريخي والجغرافي للغرب الإسلامي، تراجم مؤرخين ورحالة وجغرافيين، دار الغرب الإسلامي، بيروت، ط 1، 1999.

96 – نضار الأندلسي، تطوان بين المغرب والأندلس، تشكيل مجتمع مغربي أندلسي في القرنين 16 – 17، منشورات دار النقسيس للثقافة والتراث، تطوان، المغرب، ط1، 2020.

97 – نقولا زيادة، الجغرافية والرحلات عند العرب، الشركة العالمية للكتاب، بيروت، 1987.

98 – هايدين وايت، محتوى الشكل الخطاب السردي والتمثيل التاريخي، ترجمة نايف الياسين، منشورات هيئة البحرين للثقافة والآثار، المنامة، ط1، 2017.

99 – هشام جعيّط، تأسيس الغرب الإسلامي، القرن الأول والثاني، دار الطليعة، للنشر بيروت، 2008.

100 – وجيه كوثراني، تاريخ التأريخ: اتجاهات–مدارس – مناهج، المركز العربي للأبحاث ودراسة السياسات، الدوحة، 2013.

101 – ياقوت الحموي، معجم البلدان، دار صادر، بيروت، د – ط، د – ت.

102 – يحيى بن شرف النووي، روضة الطالبين وعمدة المفتين، الجزء 10، المكتب الإسلامي، بيروت، ط1، 1991.

*** المجلات والدوريات:**

– إبراهيم القادري بوتشيش، النص التاريخي بين القراءة التأويلية والهيرمينوطيقا، دورية كان التاريخية، السنة العاشرة، العدد 36، يونيو 2017.

– بلال بوسنة، الذاتية والموضوعية في الكتابة التاريخية الإسلامية المعاصرة المشاكل والحلول، مجلة الإحياء، المجلد 20، العدد 26، سبتمبر 2020.

– جاك لوغرف، العقليات: تاريخ مبهم، ترجمة محمد حبيدة، مجلة فكر ونقد، العدد 20، 1999.

– جوطـار، التاريـخ الشـفهي، ترجمة محمد حبيـدة، مجلة كليـة الآداب والعلوم الإنسانية، جامعة ابن طفيل، القنيطرة، 2004.

– الحبيب الجنحاني، إشـكالية تحديد السـمات المنهجية لمدرسـة تاريخية عربية، مجلة الوحدة، المجلس القومي للثقافة العربية، عدد 42، مارس 1988.

– خالد أمين، المجتمع الإسـباني في القرنين 16 – 17، من خلال وثائق إسـبانية، سلسلة أبحاث تاريخية، كتاب الجيب، العدد 22، 2015.

– خالد ناصر الدين، موسـوعة التكوين العلمي في الرحلات الحجازية المغربية، مجلة كلية الآداب، فاس، العدد 13، 2020.

– سعيد يقطين، خطاب الرحلة العربي ومكوناته البنيوية، مجلة علامات في النقد، العدد 9، المجلد3، 1414هـ – 1993م.

– شاكر مصطفى، التاريخ هل هو علم؟ مجلة عالم الفكر 1974 (pdf).

– عبـد الرحيـم المودن، رحلـة أدبية أم أدبية الرحلة، مجلة فكـر ونقد، العدد 20، 1999.

– عبد الهادي سعدون، الرحلة الموريسكية المتأخرة، مجلة سرود، العد 2، 2019، المغرب.

– العربـي بوحسـون، رحـلات ابـن بطوطة وغرائب مشـاهداته، نمـوذج لفكر أنثربولوجي إسلامي، مجلة أنثربولوجية الأديان، الجزائر، المجلد 1، العدد 11.

– غوميس إبانيس، حكاية الكونت بدرو دي مينيسيس، ترجمة خالد السعدي، مجلة كلية الآداب والعلوم الإنسانية، دمشق، عدد 04، 1999.

– فريد الزاهي: الممانعة والفتنة: الجسـد والذات والصورة، مجلة الكوفة، السـنة 2، العدد2، 2013.

– محمـد حجـي، العلاقات المغربيـة العثمانية في القرن السـادس عشـر، مجلة التاريخية المغربية، عدد 29 – 30، يوليو 1983م.

– محمـد رزوق، الهجرات الأندلسـية إلـى المغرب، مجلة كليـة الآداب والعلوم الإنسانية، ابن مسيك، الدار البيضاء، عدد 14، 1998م.

– محمد صهود، الخريطة التاريخية: من التأصيل الإبستمولوجي للمفهوم إلى تعريف الحدث التاريخي من منظور التأويل الجغرافي، مجلة التربية الجزائرية، العدد 18.

– محمد مفتاح، المؤرخ وثقافة عصره، مجلة أمل، مجلد 5، عدد 15، 1998م.

– محمد مفتاح، المؤرخ وثقافة عصره، مجلة أمل، مجلد 5، عدد 15، 1998م.

- محمد نصر عبد الرحمن، كتب الأنساب مصدراً لتاريخ مكة، كتاب جمهرة نسب قريش الزبير بن بكار نموذجاً، بحث منشور على موقع مجلة المؤرخ بصيغة pdf.

- مصطفى عبد الله الغاشي: المؤرخ والرحلة أو كيف تتصدر الرحلة مدونة المؤرخ، مجلة أسطور، العدد 11 يناير 2020م.

* الرسائل والأطاريح الجامعية:

- الحسن الفكيكي، مقاومة الوجود الإيبيري بالثغور الشمالية المحتلة، أطروحة دكتوراه، مقرونة بكلية الآداب والعلوم الإنسانية، الرباط، 1991.

- سعيد بنحمادة، الماء والإنسان في الأندلس خلال القرنين 7 – 8هـ/ 13 – 14م: إسهام في دراسة المجال والمجتمع والذهنيات، أطروحة دكتوراه، نشرتها دار الطليعة، بيروت، 2007.

- سلطان بلغيت، مناهج البحث العلمي في العلوم الإنسانية بين الذاتية والموضوعية، مجلة الواحات للبحوث والدراسات، د 3، 2009.

- سميرة أنساعد، الرحلة إلى المشرق في الأدب الجزائري، دراسة في النشأة والتطور والبنية، رسالة دكتوراه، جامعة الجزائر، 2006.

- عبد الله بوعزته، الرحلة الحجية المغربية في العصر المريني، أطروحة دكتوراه، 2014.

- محمد رضوان، ليكسوس مُستوطنة فينيقية بالساحل الأطلنطي للمغرب، أطروحة لنيل الدكتوراه في التاريخ، كلية الآداب والعلوم الإنسانية، فاس، 2002.

- محمد فتحة، النوازل الفقهية والمجتمع: أبحاث في تاريخ الغرب الإسلامي (من القرن 6 إلى 9هـ) رسالة دكتوراه، كلية الآداب، الدار البيضاء، 1999.

- يوسف السلامي، التاريخ الاقتصادي من خلال عقود البيع والشراء، قبائل جبالة المغربية في القرن 11هـ، رسالة ماجستير كلية الآداب جامعة عبد المالك السعدي تطوان، 2016.

* المراجع باللغة الأجنبية: الفرنسية والإنجليزية والإسبانية:

1 – Alain Gorbin, le monde retrouve de Louis François pinagot, sur les traces d'un inconnu (1798 – 1876).

2 – Charles Darwin, the voyage of the beagle, free ditorial, juin 9, 1845.

3 – Charles Seignobos, Victor Langlois, introduction aux éludes historiques, paris, édition kimé, 1992.

1 – Epalza Mikel : Los moriscos antes y despues de la expulsion. Madrid 1992.

4 – Fermin Mayorga. Los Moriscos De Hornachos y La inquisicion

5 – Francisco Piferrer: Nobiliario de los reinos y senarios de Espana. Tvi Madrid. 1860.

6 – H,I Marrou , de la connaissance historique, édition du seuil, 1975.

7 – Hans Georg Gadamer, vérité et méthode, les grandes lignes d'une herméneutique philosophique, paris, seuil, 1996.

8 – Hassani Idrissi Mostafa, pensée historienne et apprentissage de l'histoire, Edi Harmattan, 2005.

9 – J, Leduc, Marcos Alvarez, Gostraire l'histoire collection didactique, Bertrand la Coster, 1994.

10 – Josep Maria Castellet, la hora de lector, Barcelona seix – baral, 1957.

11 – Alain Shnapp, Archéololgie, in Dictionnaire des sciences historiques, press universitaire DE France 1986.

الفهرس